Jens Arndt

SACROW

DAS VERWUNDETE PARADIES

L&H VERLAG

SACROW DAS VERWUNDETE PARADIES

Für Pingu

Inhalt

Vorwort

Der Ort ist eine märkische Schönheit. Zwischen Buchenwäldern, Schilfgürteln und stillen Seen liegt Sacrow malerisch an der Havel. Die Idylle mit knapp einhundertfünfzig Einwohnern gehört seit 1939 zu Potsdam. Der Ort ›hinter dem Gebüsch‹ hat eine wechselvolle Geschichte. Immer wieder häutete er sich und veränderte sein Antlitz. Man muss aber vom Aktiv ins Passiv wechseln, um die Sacrower Geschichte zu erzählen: Nicht ›der Ort hat sich verändert‹, sondern ›der Ort wurde verändert‹, muss es heißen. Die jeweiligen Herrscher, die politischen Verhältnisse und der Zeitgeist betrieben den Wandel dieses ›Paradieses‹. Eine einschneidende, gleichwohl stetige Veränderung des *genius loci*.

Den ersten großen Einschnitt gab es schon im 19. Jahrhundert. Am 7. November 1840 kaufte Preußenkönig Friedrich Wilhelm IV. das Gut Sacrow. Dazu gehörten das Gutshaus und 25 Hektar Park. Bereits zwei Tage nach der Unterzeichnung des Kaufvertrages verfügte er, dass eine Kirche im »italienischen Styl mit einem Campanile daneben erbaut werden« soll. Dies sollte das Büdner- und Fischerdorf verändern. Der König wollte aus dem schlichten Sacrow einen »anmutigen, durch Kunst veredelten Lustort« machen. Das Preußische Arkadien an der Havel und die einfachen, meist strohgedeckten Häuschen im Ort – sehr viel größer hätte der Kontrast nicht sein können.

Sacrow im Wandel der Zeit

Der gesellschaftlich-politische Wandel, mit all den daraus resultierenden Wunden im 19. und 20. Jahrhundert, spiegelt sich in Sacrow fast musterhaft wider. Im Fokus der Betrachtung steht die Geschichte des Ortes, des Schlosses und der *Heilandskirche* im 20. Jahrhundert. Besonders die beiden deutschen Diktaturen haben sich auch auf Sacrow verheerend ausgewirkt. Betrachtet man den Ort heute, ist von diesen Schrecken der Deutschen Geschichte äußerlich fast nichts zu bemerken. Scheinbar aus der Zeit gefallen, als ob es keine Deportationen jüdischer Bewohner und kein unmenschliches Grenzsystem der DDR gegeben hätte, liegen Ort, Schloss und Kirche in einer paradiesgleichen Idylle am Wasser.

Es soll hier nicht darum gehen, die Orts- bzw. die Geschichte des Gutes Sacrow mikroskopisch genau über die Jahrhunderte zurückzuverfolgen. Vielmehr sollen die letzten zwei Jahrhunderte betrachtet werden, unter der Fragestellung, wie das märkische Soziotop unter dem Einfluss verschiedener Regierungs- und Herrschaftsformen verändert wurde, und was das für seine Bewohner bedeutet hat.

Im Mittelpunkt stehen Gespräche mit Zeitzeugen, die einst in Sacrow lebten oder immer noch Bewohner des Ortes sind. Die Wunden, die das Paradies erlitten hat, werden erst in den Gesprächen mit ihnen wirklich sichtbar. Viele Wunden sind indessen vernarbt, andere erscheinen wie gerade frisch zugefügt. Die Emotionen, die bei allen ZeitzeugInnen in ihren Erzählungen – zum Teil fast therapiegleich – frei wurden, sind beachtlich. Bei fast allen fällt

tatsächlich das Wort *Paradies*. In einem Brief der jüdischen Kunsthändlerin Grete Ring, die von den Nazis vertrieben wurde, genauso wie im Gespräch mit Christel Hempelmann, deren Bruder von den DDR-Grenztruppen mitten im Ort erschossen wurde.

Die schöne, tatsächlich paradiesgleiche Oberfläche Sacrows verdeckt, was darunter oft an Verletzungen der Menschen verborgen ist. Deren individuelle Seelenverwundungen werden zu kollektiven, wenn man Sacrow als *pars pro toto* für die große deutsche Geschichte vor allem des 20. Jahrhunderts begreift.

Der ORT

Der König und das Büdnerdorf (1840–1870)

Sa crowe ist altslawisch und heißt ›hinter dem Gebüsch‹. Die ursprünglich von Slawen bewohnte Siedlung Sacrow wird bereits 1375 im Landbuch Kaiser Karls IV. erwähnt. Sie liegt auf einem Plateau, das vom Jungfernsee, dem Sacrower See und einer Havelbucht gegenüber der Pfaueninsel umschlossen wird. Später wird sie als Rittergut geführt.

Das Gut, also das spätere ›Schloss‹, war umgeben vom alten Dorf Sacrow, das nur aus wenigen einfachen, meist Stroh gedeckten Häusern bestand. 1796 gab es 3 Kleinstbauern (Kossäten), 2 Büdner (von ›Bude‹ abgeleitet), 7 Landarbeiter ohne festen Wohnsitz, 1 Pfarrer, 1 Krüger, 1 Gärtner, 2 Hirten, 1 Leine-

König Friedrich Wilhelm IV.

weber, 25 Witwen und eine nicht genannte Zahl von Knechten und Mägden. Die Einwohner waren von ihrem Lehnsherren – dem jeweiligen Gutsbesitzer – wirtschaftlich abhängig. Ackerbau und der Anbau von Wein (noch heute existiert der Weinmeisterweg) waren bescheidene Erwerbsquellen. Die Essig- und Weißzuckerfabrik des Bankiers Magnus schuf später weitere Arbeitsplätze für den Ort.

Als König Friedrich Wilhelm IV. das Sacrower Anwesen 1840 erwarb, erfuhr der Ort den ersten großen Wandel: Große Teile des märkischen Büdner- und Schifferdorfes wurden durch den großen Gartengestalter Peter Joseph Lenné in eine arkadische Ideal-Landschaft verwandelt. Erträumt und beauftragt vom Italien liebenden Preußenkönig. Friedrich Wilhelm IV. verfolgte keinerlei wirtschaftliches, sondern fast ausschließlich ein ästhetisches Interesse. Er brauchte Sacrow zur Arrondierung seiner italienisierten Traumlandschaft.

Im Zuge der Verschönerung von Park und Schloss ließ er sehr bald die Magnus'sche Bleizuckerfabrik, die Essigfabrik und auch Ställe und Scheunen des einstigen Gutes abtragen. Ein neuer Geist zog nach Sacrow ein, der den Ort und die Lebensbedingungen verändern sollte.

Doch unmittelbar nach dem Ende des landwirtschaftlichen Gutsbetriebs (frühere Ackerflächen gingen an die Forstverwaltung, die dort den *Königswald* aufforstete, andere Flächen wurden Teil des neu gestalteten königlichen Parks) und der Bleizuckerfabrik drohte Sacrow ein abster-

Das märkische Büdner- und Schifferdorf

bendes Dorf zu werden. Denn der Wegfall einstiger Arbeitsplätze bedeutete, dass es für die wenigen Bewohner kaum Ernährungsmöglichkeiten gab. Die einst dem Gut angeschlossene Kleinbauernwirtschaft konnte sich aus eigener Kraft, d. h. von ihrem Stück Land und wenig Kleinvieh, kaum ernähren. Häufig musste der König unterstützend eingreifen und einem Büdner beispielsweise das defekte Katendach erneuern, weil der kein Geld dazu hatte.

Der Sacrower Schullehrer Wagner berichtet 1867 rückblickend über die Zeit nach dem königlichen Erwerb des Gutes: »Von den im Jahre 1840 vorhandenen 108 Seelen zu Sacrow verloren viele durch die Abgabe der Ländereien an die Forstverwaltung und den Park ihre Einnahmequellen. Mehrere verließen daher den Ort; andere dagegen, welche schon an Jahren vorgerückt waren und befürchten mussten, ihrer Dürftigkeit wegen von anderen Gemeinden abgewiesen zu werden, verblieben und wurden theils von der Regierung unterstützt, theils im Forste und Parke beschäftigt. Ihre Wohnungen mit kleinen Gärten und Feldstücken behielten sie entweder frei oder gegen geringe Miethe bis zu ihrem Tode. Den heranwachsenden Kindern wurde nicht gestattet, sich in Sacrow ansässig zu machen. Die Regierung ließ nun gleich einige der leer gewordenen Tagelöhnerhäuser niederreißen; und es hat sich dieser Vorgang wiederholt, sobald einer der übrig gebliebenen Bewohner starb.«

Zur Pflege des Parks und zur Forstarbeit wurden nur wenige Kräfte aus der unmittelbaren Umgebung gebraucht. Lehrer Wagner zählt 1867 nur noch 82 Sacrower Einwohner.

Preussens Arkadien und Sommerfrische

Doch schon bald sollte die landschaftliche Schönheit des königlichen Traumortes sich auch auf die wirtschaftliche Entwicklung Sacrows auswirken. Nach der Reichsgründung 1871 zog es mehr und mehr Berliner zur Sommerfrische in den Ort.

Sommergäste und die Moderne (1871–1932)

Mit der Reichsgründung kamen vermehrt neue Ideen und Ideale auf. Der Ruf ›raus in die Natur‹ und später die Forderung nach ›Licht, Luft und Sonne‹ für die arbeitenden Menschen, die in den engen Berliner Mietskasernen lebten, wuchsen zu starken gesellschaftlichen Bewegungen. Im Zuge dieser Entwicklungen nahm auch der Ausflugsverkehr nach Sacrow sprunghaft zu. Vor allem Berliner folgten dem Ruf der Schönheit des Ausflugsortes an den Sommerwochenenden in Massen. Eine Fahrt vom Bahnhof Zoo direkt nach Sacrow kostete die mit Kuchen und Butterstullen ausgerüsteten Berliner nur 90 Pfennige. Die Ausflügler – darunter auch viele Potsdamer – bevölkerten die Strände am Sacrower See und spazierten durch den Park zur ›Ausflugskirche‹ (der *Heilandskirche*) an der Havel. Vor allem die Ausflugsgaststätte *Dr. Faust* mit mehreren hundert Biergarten-Plätzen am Wasser war ein beliebtes Ziel. Der Gaststättenbetrieb bot sogar Fremdenzimmer zur Übernachtung an.

Ausflugsgaststätte Dr. Faust

Der Heimat-Autor Ludwig Sternaux beschreibt 1926 blumig die Sacrower Ausflugsidylle: »Die Paddler, die Segler, die Ruderer wissen es, die hier in Rohr und Schilf bei den Fröschen, den Libellen zuweilen Rast machen am heißen Mittag oder im sinkenden Abend. Und auch der Wanderer weiß es, der, der sich ein Streckchen sandigen Weges nicht verdrießen lässt, so hübsch es ist, am buntgedeckten Gartentisch bei einer Tasse Kaffee, einem Glase Bier den Dampfern zuzuschauen, wie sie neue Gäste bringen, alte entführen, oder der Fähre, wie sie vorsichtig hin und wieder über die Enge tuckert.«

Und in den *Mitteilungen des Vereins für die Geschichte Berlins* schreibt Gottfried von Ising 1931 euphorisch: »Welcher Berliner kennt nicht Sacrow, das vom Wannsee aus, auf waldigen Wegen oder auf herrlicher Fahrt mit dem Dampfboot bequem zu erreichen ist. Seine im italienischen Stil erbaute *Heilandskirche* bietet, von der Wasserseite aus gesehen, entschieden das allerentzückendste Landschaftsbild unserer an reizvollen Gegenden auch sonst nicht armen Umgegend von Berlin. Groß ist der Verkehr von Ausflüglern auf der Fähre zwischen Krughorn und Sacrow. Besonders an schönen Sommertagen. Auch kommen dann viele Sportler zu ihren Plätzen auf dem Meedehorn, das für jeden anderen Verkehr abgeschlossen ist.« Der Chronist beschreibt auch, wie der Betrieb der Fähre damals funktionierte: »Die heutige Fähre wird bis jetzt immer noch an einem Drahtseil in der Weise fortbewegt, dass ein oder zwei Leute in das Seil einen hierfür besonders geformten Knüppel einklemmen und an diesem ziehen, indem sie von einem Ende der Fähre zum anderen gehen.«

Wassersport auf der Havel

Um die Jahrhundertwende gab es sogar Pläne, von Sacrow aus eine Brücke über die Havel nach Glienicke zu bauen. Von Ising berichtet dazu rückblickend: »Vor etwa 25 Jahren war vom Meedehorn aus der Bau einer Brücke über die Havel geplant worden. Doch wurde nichts daraus. Denn die Kosten wären wegen des ungeeigneten Baugrundes und der Aufschüttung eines langen, nichts weniger als schönen Dammes viel zu hoch geworden. Das Landschaftsbild hätte jedenfalls gelitten.«

Die Halbinsel Meedehorn ist eine zu Sacrow gehörende Landzunge. Peter Joseph Lenné plante dort eine landwirtschaftliche Nutzung, die nie realisiert wurde. In den 20er Jahren des 20. Jahrhunderts wurde sie für Sport- und Freizeitaktivitäten erschlossen. Zunächst als Sportlersiedlung, dann als Laubenkolonie. Zwischen 1937 und 1941 durften dort ca. 40 Wochenendhäuser auf kleinen Parzellen am Wasser gebaut werden.

Sacrow gilt als Ort am Wasser. Auf einem Grundstück am Hämphorn wurde 1877 sogar eine Werft eröffnet. »Die Kluge Werft war auch Hoflieferant«, erklärt Ortschronist Thomas Friese. »Dort wurde die königliche Mini-Yacht *Royal Louise* überholt. Die Werft meldete 1930 Insolvenz an. Einige Jahre später, wohl 1935/36 übernahm sie die Familie Buchholz.«

Buchholz' betrieben Bootsbau schon in Berlin, bevor sie nach Sacrow übersiedelten. Der Sacrower Gerhard Pahl hat, wie einige Sacrower, eine familiäre Beziehung zum damals größten

Potsdam-Sakrow. Blick auf die Sakrower Enge.

Arbeitgeber des Ortes. »Mein Schwiegervater war gelernter Bootsbauer und stammte vom Ammersee in Bayern. Er hatte 1934 eine Anstellung bei der Bootswerft Buchholz zunächst in Berlin gefunden. Die Werft hatte 1936 zur Olympiade den Auftrag bekommen, die sogenannten O-Jollen für alle Teilnehmer aus den verschiedenen Ländern zu bauen.« Es war sehr ungewöhnlich, dass für einen Wettbewerb alle Boote von einer Werft gebaut wurden. Die Boote für die olympische Regatta in Kiel wurden unter den Teilnehmern verlost. Alle sollten die gleichen Chancen haben. In Sacrow liefen in den folgenden Jahren die wunderschönen Buchholz-Segelboote, vor allem Yachten und Jollenkreuzer, in der Havelbucht vor der Haustür der Werft, vom Stapel.

Doch nicht nur die Havel zieht Wassersportler und Naturliebhaber an. Der romantische, von dichtem Wald umrandete Sacrower See mit seinem kristallklaren Wasser ist ein Juwel in der märkischen Landschaft. Bis dicht an die schilfbesetzte Uferkante reichen die Bäume des Königswaldes. An seinem nördlichen Ufer entstand 1922 in den Gebäuden des 1904 für einen Schwager des deutschen Kaisers errichteten *Jägerhofes* eine staatliche Fischereilehranstalt. Dort wird an der Perfektionierung der Süßwasserfischzucht gearbeitet. Weil auch der Sacrower See dem Institut dient, sind dort Boote nicht erlaubt.

Ein Rundgang aber ist möglich, und lohnend. Die Strecke einmal um den Waldsee ist rund 8,6 Kilometer lang. Gottfried von Ising schrieb 1931: »Den schönsten Eindruck hat man in

Sommergäste verändern das Dorf

ganz starkem Maße bei einem Rundgang um den Sacrower See, der der tiefste in der Mark Brandenburg sein soll. Er bietet mit seinem klaren Wasser guten Schwimmern einen herrlichen Tummelplatz. Auf dem Wege um den prächtigen See finden sich die üppigste Vegetation und auffallend alte Bäume, besonders Eichen. Wundervoll sind überall die Durchblicke auf den leuchtenden See und das gegenüberliegende waldbekränzte Ufer. Dieser stille, wenig bekannte Weg ist einer der schönsten in der Umgegend von Berlin.«

Die Reichen und die Schönen

Sacrow wurde zur Jahrhundertwende ein immer beliebterer Ausflugsort. Doch der schöne Ort, umgeben von Buchenwald und Wasser, geriet immer mehr auch in das Bewusstsein einer gänzlich anderen Klientel. Die Reichen und die Schönen – vor allem aus Berlin – lockte es nun hierher. Besonders am Havelufer ließen sie, der Mode der Zeit entsprechend, Villen und Wochenendhäuser errichten.
»Sacrow besteht aus reizenden, idyllisch gelegenen Landhäusern. Man meint, Gott weiß wie fern von Berlin in einer stillen Sommerfrische zu weilen, die Gärten klettern zur Sacrower Lanke herab«, beschreibt der Autor Ludwig Sternaux die neue Landidylle.

Anders als bei den Berliner Villenkolonien im Grunewald und in Wannsee gab es in Sacrow keine Terrain-Gesellschaft, die Grund und Boden plante und veräußerte. Die Grundstücke

Die Schauspielerin Jenny Jugo

Villa Lesser

wurden größtenteils privat von wenig wohlhabenden alten Sacrower Familien an die reichen Interessenten verkauft.

»Die Bautätigkeit an Villen und Wochenendhäuschen nahm stetig zu«, schreibt Gottfried von Ising 1931 in den *Mitteilungen des Vereins für die Geschichte Berlins* rückblickend und begründete den Boom: »Denn Sacrow ist nicht nur ein hervorragend schöner, sondern auch ein gesunder Ort, wie das hohe Alter beweist, das die meisten Sacrower erreichen.«

Innerhalb von wenigen Jahren veränderten die neuen Gebäude – und die neuen (Wochenend-) Bewohner – das Gesicht und den Geist des Ortes deutlich. Das Ortsbild, das früher allein durch meist eingeschossige Bauernhäuser und Schifferkaten (meist im Bereich des ›alten Dorfes‹ um das Schloss herum) geprägt war, erweiterte sich nun um prächtige Bauten im Stil der Landhausarchitektur des 19. Jahrhunderts und später um einige Ikonen der Moderne im Stil der Neuen Sachlichkeit. Die meisten der neuen Häuser und Wochenendgrundstücke waren nur in den Sommermonaten bewohnt.

Für den Sacrower Alfred Schollbach (geb. 1934) gibt es noch heute – auch sprachlich – eine Zweiteilung des Ortes. Das ›alte Dorf‹ nennt er die Häuser um das Schloss herum. Das ›neue Dorf‹ sind für ihn die Villen jenseits von Brücke und Graben.
»Das Nebeneinander von Neuankömmlingen aus der Stadt und Alteingesessenen wird das

Sacrower Lanke

Dorf und seine Umgebung bis heute prägen«, schrieb der Autor Jan Maruhn 2005. Vor allem in den ersten drei Jahrzehnte des 20. Jahrhunderts traf man in Sacrow – neben den wenigen Dorfbewohnern – hauptsächlich Dienstboten der reichen Berliner, die die Villen und Gärten ihrer Herrschaft an der Havel zu pflegen hatten. An den Wochenenden folgten dann die Herrschaften, um sich mit Naturgenuss und Nachbarschaftsbesuchen vom Stress der Woche zu erholen.

Das ›neue Dorf‹ entstand in einer Zeitspanne von der Gründerzeit über den Ersten Weltkrieg hinein in die Moderne und die Weimarer Republik. Unter den Neu-Sacrowern waren führende Vertreter neuer Industrien – vor allem der modernen Mobilität in Deutschland. Die Autoren Jan Thomas Köhler und Jan Maruhn listen diese Klientel in ihrem Buch ›Sacrow – vom märkischen Dorf zur Moderne‹ (Hrsg. Jürgen Strauss) auf. Mit Maurice Talbot lebte ein Pionier der Mobilität in Deutschland in Sacrow. Vom Eisenbahnwaggon- über den Automobilbau bis zur Fahrradfabrik besaß er verschiedene Produktionsstätten in Deutschland. Direktor Paul Lange errichtete für die ELKA-Flugbootwerft 1910 an der Spitze des Hämphorns eine Versuchsstätte ein. Der Flugpionier und spätere Mitbegründer der Deutschen Lufthansa Eberhard Cranz lebte zwischen 1922 und 1934 im Schloss Sacrow. Und mit Jörgen Rasmussen, dem Eigentümer der DKW-Werke, »schließt sich der Kreis von Ingenieur-Unternehmern, denen Sacrow zur Heimat geworden ist«.

Villa in der Kladower Straße

Auch immer mehr prominente Persönlichkeiten des gesellschaftlichen Lebens bezogen ihre Sommersitze im schönen Sacrow. Politiker, Wirtschaftsvertreter, Künstler und Intellektuelle wohnten Garten an Garten in ihren noblen Häusern – vor allem am Ufer der Havelbucht. Auch die Kunsthistorikerin Grete Ring, eine Nichte Max Liebermanns, hatte ihr Wochenendhaus in Sacrow. Zusammen mit Walter Feilchenfeldt leitete sie den berühmten Kunstsalon von Paul Cassirer nach dessen Tod in Berlin. Die bedeutendsten Künstler der Epoche waren zu Gast in ihrem modernen Bungalow im Weinmeisterweg 2. Der preußische Finanzminister Albert Südeküm (SPD) lebte seit 1920 mit seiner Familie im Schloss Sacrow. Reichswirtschaftsminister Ernst Scholz verbrachte mit seiner Familie die Sommerfrische in einem kleinen Holzhaus am Ortseingang nahe dem Sacrower See. Der Regisseur Eric Charell, der 1931 den erfolgreichen Ufa-Film ›Der Kongress tanzt‹ mit Lilian Harvey und Willy Fritsch inszeniert hatte und als Endecker der *Comedian Harmonists* gilt, erwarb 1930 vom Architekten Moritz Ernst Lesser die Villa an der Spitze des Hämphorns mit Blick auf die Pfaueninsel. Später lebte hier auch Ufa-Star Jenny Jugo. Illustre Gäste aus der Stadt folgten den Einladungen der wohlhabenden Zugezogenen zum »Sonntag auf dem Land«. Sacrow wurde durch die Soirées und Sommerfeste zu einem *place to be* der gehobenen Berliner Gesellschaft.

Sommerhaus Grete Ring

Die Moderne in Sacrow

Waren es kurz vor Beginn des 20. Jahrhunderts vor allem Wochenendhäuser und Villen, dem Landhausstil des 19. Jahrhunderts verpflichtet, die den Ort neu prägten, erhält Mitte der 20er Jahre die moderne Architektur Einzug in Sacrow.
»Was architektonisch in den Jahren 1910, 1920 bis 1930 entstanden ist; die Bohème, die Bürgerlichkeit auf der einen Seite und auf der anderen Seite die neuen Strömungen: Moderne, freier Geist. Beides ist hier zu einem spannenden Konglomerat geformt worden«, staunt Anwohner Markus Peichl. »Diese Mischung macht die Faszination von Sacrow aus.«

Die Architektur des ›neuen Bauens‹, der ›neuen Sachlichkeit‹ beeinflusst vom *Werkbund* und dem immer einflussreicher werdenden *Bauhaus* bildet einen besonders großen Kontrast zu den letzten mit Stroh gedeckten Büdner-Häusern im ›alten Dorf‹ nahe dem Schloss.

»Ich finde fast alle Häuser in Sacrow architektonisch interessant. Aber es gibt drei Bauten, die mich als Architektensohn besonders interessierten und begeistern«, sagt der durch seinen Vater, den bekannten Wiener Architekten Gustav Peichl, geprägte Galerist und Publizist Markus Peichl. »Da ist zuallererst die sogenannte ›Lesser-Villa‹ direkt am Hämphorn. Der Architekt Moritz Ernst Lesser hatte sie 1929 gebaut – wirklich ein absolutes Meisterwerk. In der Bauweise der Neuen Sachlichkeit, des Bauhauses ist das, glaube ich, eines der absoluten Top-Häuser in Brandenburg und Berlin. Und es ist eine Schande, dass das Haus seit Jahren

Interieur Sommerhaus Grete Ring

Villa Lesser

verfällt und da leider nichts passiert. Das zweite Haus, das ich unglaublich faszinierend finde, ist das von Grete Ring. Dieser kleine Pavillon war nur als Sommerhaus geplant und gebaut worden. Aber in seiner Schlichtheit mit den klaren Linien und diesen unglaublich präzisen Proportionen ist es wirklich eine ganz, ganz besondere Architektur.«

Grete Ring erwarb das Grundstück 1927. Der Autor Jan Thomas Köhler schreibt über das hochmoderne Haus mit Flachdach, Sonnendeck und umlaufender Balustrade, das 1928 gebaut wurde: »Weit abgerückt von der Straße, dem kurzen Weinmeisterweg, entrückt selbst vom beschaulichen Leben des kleinen Ortes, steht ein eingeschossiges Sommerhaus, das in den zwanziger Jahren wie ein Fanal gewirkt haben muss. Es ist das erste moderne Haus im Ort. Mit seinen großflächig verglasten Fenstertüren, dem begehbaren Flachdach mit der umlaufenden hölzernen Reling könnte der Kontrast zu der überkommenen Bebauung Sacrows größer nicht sein. Grete Ring gab damit gewissermaßen den Startschuss für den Einbruch der Moderne in das bis dahin verschlafen wirkende Sacrow. (…) Der Architekt des bemerkenswerten Hauses ist Professor Wilhelm Büning (1881–1958) aus Berlin, mit dessen Familie sie freundschaftlich verbunden war.«

Viele Möbel in dem kleinen Sommerpavillon stammten von Ludwig Mies van der Rohe. »Dieses Haus ist eine Ikone der Bauhausarchitektur«, sagt Markus Peichl. »Das dritte Haus, was mich begeistert, ist unseres. Die sogenannte ›Villa Perlis‹ oder ›Villa Nachtlicht‹. Je nach-

Cafe Inselblick 1936

dem, ob man sie nach dem Bauherren oder dem Architekten benennen will. Auch ein sehr interessanter Bau, der architektonisch nicht ganz auf dem Niveau der ›Villa Lesser‹ und dem Sommerhaus von Grete Ring ist. Aber er hat auch etwas sehr besonderes. Leo Nachtlicht war ein Architekt, der noch im Gründerzeit-Baustil begonnen hatte und sich erst als er schon älter war der Neuen Sachlichkeit zugewandt hat. Und das Interessante ist, dass man genau das diesem Haus ansieht. Es hat von seinen Proportionen, von seinen Dimensionen und auch von der Anlage zum See hin noch die klassischen Herangehensweisen der Gründerzeit. Die Räume sind hoch, es gibt ein bisschen Stuck. Die Fassade zum See hin ist achsial aufgebaut. Auf der anderen Seite zur Straße hin ist es aber in der Formensprache und der Funktionalität von der Nüchternheit der Neuen Sachlichkeit und der Moderne geprägt. Das heißt, das Haus – 1928 entworfen, 1929 fertig gestellt – vereinigt Avantgarde und die architektonische Stilprägung der Zeit davor.«

Erster Besitzer der Villa war Julius Perlis, der von 1874 bis 1935 lebte. Der jüdische Bankier aus Berlin beauftragte 1928 Leo Nachtlicht mit dem Bau. Perlis kannte Nachtlicht gut, weil er in zahlreichen Aufsichtsräten saß, deren Mitglieder sich ihre Villen und Berliner Firmenniederlassungen von dem bekannten Architekten bauen ließen. Nach der Machtübernahme der Nationalsozialisten musste Perlis' Frau Rosa Anfang 1939 aus Deutschland fliehen. Im selben Jahr verkaufte sie die Villa. Leo Nachtlicht und seine Frau überlebten den Holocaust nicht. Beide sind, wie auch der Bauherr Perlis, auf dem Jüdischen Friedhof in Berlin-Weißensee begraben.

Kladower Straße Mitte der 1930er

In Sacrow gab es viele jüdische Bewohner, Architekten und Gäste aus Kunst und Kultur. Den immer machtvoller werdenden Nazis war dies ein Dorn im Auge, und gleichzeitig gefundenes Propaganda-Material.

Die Vertreibung aus dem Paradies (1933–45)

Mit der NS-Zeit begann bald die Vertreibung der jüdischen Bewohner aus dem Sacrower ›Paradies‹, wie die Kunsthändlerin Grete Ring den Ort – ›ihren Ort‹ – nannte. Manche jüdische Familien versuchten anfangs, sich dem direkten Einflussbereich der Nazis in Berlin zu entziehen und zogen aus ihren Stadtwohnungen auf's Land, in ihre Sacrower Sommerhäuser. Einige wurden später in den Konzentrationslagern der Nazis ermordet, andere Familien konnten rechtzeitig in alle Welt emigrieren. Zurück blieben ihre Grundstücke und Häuser in Sacrow, auf die örtliche Nazi-Größen ein Auge warfen. Zwangsverkäufe und Enteignungen im großen Stil folgten. Die Vertreibung und Ermordung der jüdischen Bewohner Sacrows bedeutete – wie im gesamten Land – einen großen Verlust und führte mit der NS-Diktatur zu einer einschneidenden Veränderung des *genius loci*.

Die *Nürnberger Rassengesetze* von 1935 bildeten für die Nazis die Grundlage, ihre antisemitische und rassistische Ideologie juristisch zu legitimieren und die in Deutschland lebenden Juden in allen Bereichen gesellschaftlichen Lebens zu diskriminieren und zu ›Untermenschen‹ ohne Rechte zu erklären. Viele Sacrower Familien jüdischen Glaubens waren betroffen.

Der Sacrower Bürgermeister Walter Schulz versuchte am 11.12.1938, den Regierungspräsidenten in Potsdam zu Maßnahmen gegen die jüdischen Grundstücksbesitzer Sacrows zu bewegen. Er fügt eine Liste der Juden in Sacrow an. Im gleichen Schreiben bietet sich Bürgermeister Schulz als »Treuhänder« an, begründet dies mit seinen Funktionen als »Wirtschaftsrechtler und Bürgermeister« und verzichtet großzügig – der Sache wegen – »auf etwaige Gebühren zugunsten der Gemeinde«.

Die allzu durchsichtig eigennützigen Pläne des Bürgermeisters scheiterten. Der Regierungspräsident antwortete im Februar 1939, dass »die zwangsweise Gesamtentjudung von Grundbesitz später in Angriff zu nehmen ist« und dass »in dringenden Einzelfällen für die sofortige Entjudung die Zustimmung des Herrn Reichswirtschaftsministers erforderlich wäre«. Umgehend antwortet Schulz mit einer ›Dringlichkeitsliste‹:

Der Bürgermeister beendet sein Schreiben vom 26. Februar 1939 wie folgt: »In Anbetracht der hochgradigen Verjudung unserer Gemeinde wäre es begrüßenswert, wenn der Herr Reichswirtschaftsminister seine Zustimmung zu den Zwangsmaßnahmen geben würde.«

Die Autoren Jan Thomas Köhler und Jan Maruhn haben zu den jüdischen Bewohnern Sacrows und ihrem Schicksal recherchiert. Die hier aufgeführte Liste erhebt keinen Anspruch auf Vollständigkeit, ist aber beredtes Zeugnis, welchem Terror jüdische Menschen während des NS-Rassenwahns ausgesetzt waren.

Eduard und Meta Lachmann Er war Fabrikbesitzer und lebte mit seiner Frau am Ku'Damm 172. In Sacrow gehörte ihnen das Landhaus Kladower Straße 2. *Meta Lachmann* wurde von den Nazis drangsaliert. Sie wurde gezwungen, Teile ihres Hauses zu vermieten und im Souterrain zu leben. Später wurde sie in ein Vernichtungslager deportiert und dort wahrscheinlich ermordet.

Heinrich und Nelly Goldstaub + Bruder Leo Er war Spirituosenhändler aus Wilmersdorf. An den Wochenenden lebten sie in ihrem Sommerhaus in der Kladower Straße 3. Beide Brüder wurden nach 1933 verhaftet. Leo gelang die Flucht nach Palästina. Heinrich und Nelly flohen nach Holland. Haus und Grundstück in Sacrow kamen nach Zwangsversteigerung in den Besitz der Dresdner Bank. *Heinrich Goldstaub* wurde 1940 in Holland verhaftet, kam ins KZ Westerburg und starb in Theresienstadt.

Dr. Friedrich Wolfgang Unger-Kempinski betrieb das Restaurant *Kempinski* und lebte in der Fasanenstraße in Berlin. 1930 erwarb er in Sacrow das Grundstück Kladower Straße 6. Mit der Machtübernahme der Nazis begannen Boykottaufrufe gegen Kempinski. Nutznießer war das Unternehmen *Aschinger*, das im Zuge der ›Arisierung‹ 1937 alle Kempinski-Restaurants übernahm. *F. W. Unger* ging 1937 ins Exil in die USA. Sein Vater, der konservative Richard Unger, musste sein geliebtes Haus *Kempinski* in der Fasanenstraße aufgeben und zog in das Haus seines Sohnes nach Sacrow. 1939 gelang ihm und seiner Frau nach Warnungen einflussreicher Freunde die Emigration nach London, wo er völlig mittellos lebte, weil der konservative gesetzestreue Gastronom kein Vermögen illegal aus Deutschland transferiert hatte. Nach dem Krieg zog er zu seinem Sohn in die USA. Neffe Walter Unger, der nicht emigrierte, bezahlte das mit seinem Leben. Er war 1943 nach Theresienstadt deportiert worden.

Dr. Ernst und Hertha Solms Er war ein weltberühmter Gynäkologe. Das Sommerhaus in der Kladower Straße 20 erwarb die Familie 1926. 1933 wurde es durch das Büro Egon Eiermann und seinem jüdischen Kollegen Fritz Jaenecke umgebaut. Familie Solms wurde 1939 gezwungen, ihr geliebtes Haus, in dem sie seit 1934 ganzjährig lebte, zu verkaufen. Ihnen gelang die Flucht aus Deutschland. Architekt Jaenecke und seine Frau, eine ›Halbjüdin‹, flohen 1937 nach Schweden. Im Haus war von 1946 bis 1953 eine SED-Parteischule, ab 1962 ein Kindergarten und eine Schule und ab 1975 der Jugendclub untergebracht. Das Haus ist nach der Wende restituiert worden.

Karl Friedenthal Der Architekt lebte mit seiner Familie in Charlottenburg und erwarb 1928 das Grundstück Kladower Straße 10. Er selbst entwarf und baute darauf ein architektonisch interessantes Haus, das die Familie als Wochenend- und Sommerdomizil nutzte. Die Friedenthals waren evangelisch, aber der NS-Rassenwahn stempelte sie zu ›Juden‹. 1938 emigrierte die Familie. Der Sohn kam 1963 aus den USA und wollte das Haus seines Vaters sehen, doch die DDR-Behörden verweigerten ihm den Zugang zum Sperrgebiet Sacrow, weiß Jan Thomas

Verzeichnis der jüdischen Grundeigentümer in Sacrow.

- - -

	Eigentümer :		Grundstück:
1)	Karl Friedenthal (Fanny)	Charlottenburg, Kaiserdamm 37	Spandauerstr.
2)	Dr.Willi Joachimczek	Berlin W., Wittenbergplatz 3a	Am Hemphorn
3)	Erben Eduard Lachmann (Zwangsverwalter Dr.Stephany, Potsdam, Burggrafenstr.32)		Spandauerstr
4)	Arthur Landsberger	Charlottenburg Giesebrechtstr.7	Am Hemphorn
5)	Eduard Nasch	Berlin W., Stülerstr.7	" "
6)	Else Redelsheimer	Sacrow	Spandauerstr.
7)	desgl.	"	Weinmeisterweg
8)	Dr.Grete Ring (im Ausland ?)	Berlin W.35, Schönebrger Ufer 46	"
9)	Rora Perlis (im Ausland ?)	Charlottenburg, Fasanenstr.68	Spandauerstr.
10)	desgl.	"	"
11)	Richard Schroeder	Grunewald, Paulsbornerstr.49	"
12)	Felix Stahl	Berlin W.35, Ludendorffstr.93	"
13)	Eva Stahl (Bevollmächtigter: Felix Stahl)	Palästina	Spandauerstr.1
14)	desgl.	"	" 4
15)	Dr.Unger-Kempinski (Bevollmächtigter anscheinend sein Vater, der auf dem Grundstück wohnt)	England	"

1) Edmund Kegel, Bücherrev., Bln S 42, Ritterstr 11

5) Wirtschaftstreuhand GmbH, Am Karlsbad 1a

13/14) Dr H. Törmer, Chbg 2, Kantstr 158

8) Dr August Weber, Chbg, Mommsenstr 14

9/10) Dr jur Richard Kuenzer, Chbg, Ulmenallee 29

14

26. Februar 1939

Herrn

Regierungspräsident

Potsdam

Betr.: Jüdisches Grundeigentum.

Im Nachgang zu meinem Schreiben vom 11.Dez.1938 und in Beantwortung des dortigen Schreibens vom 14.d.M. teile ich mit, dass ich in folgenden Fällen eine Entjudung für besonders dringlich halte:

Karl Friedenthal (Verwalter: Bücherrevisor Edmund Kegel, Berlin S.42, Ritterstr.11)
xxxxxxxxx, Sacrow bezw. Berlin W.35, Ludendorffstr. 93
Else (jetzt Zilla) Redelsheimer, Sacrow
Eva Stahl, Palästina
Felix (Verwalter: Eva Stahl) Törmer, Charlottenburg 2, Kantstr.158)
Dr.Grete Ring, Italien (?)
(Verwalter: Dr.August Weber, Charlottenburg, Mommsenstr.14)
Rosa Perlis, Ver.Staaten von Amerika
(Verwalter: Dr.Richard Kuenzer, Charlottenbg, Ulmenallee 29)
Eduard Nasch, Paris (?)
(Verwalter: Wirtschaftstreuahnd GmbH, Bln W, Am Karlsbad 1a)
Erich Loewenberg, USA (Kein Verwalter oder Vertreter bestellt)

Von den ersten drei Eigentümern ist mir auf Grund amtlicher Schreiben bekannt, dass sie in nächster Zeit auswandern werden. Die übrigen Eigentümer befinden sich bereits seit längerer oder kürzerer Zeit im Ausland. Die Bestellung der Verwalter ist ziemlich illusorisch, denn die Villen sind kaum zu vermieten. Im übrigen hängt die Bezahlung der Grundstückslasten nicht nur von den Mietseingängen sondern in jedem Falle auch noch von der Genehmigung der Devisenstelle ab. Es ist sind daher bereits grössere Steuerrückstände vorhanden.

Die völlig ungeordneten Besitzverhältnisse erschweren daher nicht nur die Steuererhebung in starkem Masse sondern belasten das ganze Gemeindeleben. Eine Aenderung ohne Zwangsmassnahmen ist auch nicht zu erwarten, da die Verwalter keine Vollmacht zu einem freihändigen Verkauf haben.

In Anbetracht der hochgradigen Verjudung unserer Gemeinde wäre es begrüssenswert, wenn der Herr Reichswirtschaftsminister seine Zustimmung zu Zwangsmassnahmen geben würde.

11.Dez.1938

Herrn

Regierungspräsident

Potsdam

Betr.: Jüdisches Grundeigentum.

Gemäss Artikel II der Verordnung über den Einsatz des jüdischen Vermögens vom 3.Dez.1938 beantrage ich hiermit, den in der beigefügten Liste aufgeführten Juden eine möglichst kurz bemessene Frist (1 Monat ?) zu setzen, ihren in der Gemeinde Sacrow gelegenen Grundbesitz zu verkaufen, und nach erfolglosem Ablauf dieser Frist einen Treuhänder zu bestellen.

Bei den besonderen Verhältnissen in Sacrow ist diese Massnahme dringend erforderlich. Von den 50 Privatgrundstücken sind auch heute noch die in der Anlage Genannten, d.h.also 25 % (!) in jüdischen Händen. Dabei verlangen die Juden immer noch Preise, die weit über dem Einheitswert liegen und dabei natürlich keinen Käufer finden. In der Bevölkerung herrscht selbstverständlich starke Erregung über die fortdauernde Ueberfremdung mit Juden, die dem grossen Fremdenverkehr Sacrows merklichen Abbruch tut.

Ich möchte ergebenst bitten, meinem Antrag baldmöglichst stattzugeben. Als Treuhänder käme notfalls ich selbst in Frage, da ich als Wirtschaftsrechtler (Mitglied NSRB) und Bürgermeister mit den örtlichen Verhältnissen vertraut bin. Auf etwaige Gebühren verzichte ich zu Gunsten der Gemeinde.

Finanzamt Charlottenburg-West
Vollstreckungsstelle

Bln.-Charlottenburg 4, 23. Februar 1939
Bismarckstr. 48/52
Fernruf: 34 00 16 App Nr. 434

Bei allen Schreiben ist folgendes Aktenzeichen anzugeben:
Zimmer: 244 V.Liste Nr. 213/1890

Herrn

Bürgermeister
in
Sakrow
-.-.-.-.-.-.-
Post Neubabelsberg.

Frau Rosa Sara Perlis geb. Weißbrem, früher wohnhaft in Berlin-Charlottenburg, Kastanienallee 22 jetzt im Ausland schuldet meinem Finanzamt die Reichsfluchtsteuer in Höhe von 73.274 RM + Zinsen ab 2.Januar 1939. Frau Perlis ist Eigentümerin des Einfamilienhauses in Sakrow, Spandauerstr., eingetragen im Grundbuch von Sacrow Bd. 3 Bl. 48.

Jch bitte um baldgefl. Mitteilung, wie das Grundstück zur Zeit genutzt wird, welche Verwertungsmöglichkeiten bestehen und welcher Erlös bei einer Versteigerung eventuell erzielt wird.

Jm Auftrage:
gez. Hoffmann
Obersteuerinspektor.

Beglaubigt:

26. Februar 1939

Herrn

Regierungspräsident

Potsdam

Betr.: Jüdisches Grundeigentum.

Im Nachgang zu meinem Schreiben vom 11.Dez.1938 und in Beantwortung des dortigen Schreibens vom 14.d.M. teile ich mit, dass ich in folgenden Fällen eine Entjudung für besonders dringlich halte: Berlin S.42, Ritterstr.11)

Karl Friedenthal (Verwalter: Bücherrevisor Edmund Kegel, XXXXXXXXX , Sacrow bezw. Berlin W.35, Ludendorffstr. 93

Else (jetzt Zilla) Redelsheimer, Sacrow

Eva Stahl, Palästina

Felix (Verwalter: Eva Stahl) Törmer, Charlottenburg 2, Kantstr.158)

Dr.Grete Ring, Italien (?)
(Verwalter: Dr.August Weber, Charlottenburg, Mommsenstr.14)

Rosa Perlis, Ver.Staaten von Amerika
(Verwalter: Dr.Richard Kuenzer, Charlottenbg, Ulmenallee 29)

Eduard Nasch, Paris (?)
(Verwalter: Wirtschaftstreuahnd GmbH, Bln W, Am Karlsbad 1a

Erich Loewenberg, USA (Kein Verwalter oder Vertreter bestellt)

Von den ersten drei Eigentümern ist mir auf Grund

19.April 1938

Herrn

Generalforstmeister
Staatssekretär Alpers

Berlin W.

Betr.: Schloss Sacrow

Die Staatliche Bauleitung für Sonderaufgaben unterrichtete mich s.Zt.davon, dass das Schloss Sacrow als Dienstwohngebäude für den Herrn Generalforstmeister bestimmt worden ist. Nach den mir gewordenen Mitteilungen stehen damit umfangreiche Planungen im Zusammenhang, die auf das Leben unserer Gemeinde entscheidenden Einfluss ausüben könnten. Ich wäre daher für kurze Information über die beabsichtigten Massnahmen dankbar.

Gleichzeitig darf ich eine hier verbreitete Besorgnis weiterleiten, die dahingeht, dass der Schlosspark ganz oder zum grösseren Teil für die allgemeine Benutzung gesperrt werden könnte. Da der Park einer der hervorragensten Anziehungspunkte unsrer Gemeinde ist und diese als eins der beliebtesten Ausflugsziele um Berlin wirtschaftlich stark vom Fremdenverkehr abhängig ist, würde eine Schliessung des Parks die nachteiligsten Folgen für viele Einwohner haben.

Im Zusammenhang mit dem Uebergang der zum Schloss gehörigen Ländereien auf den Forstfiskus möchte ich mir ergebenst gestatten folgende Bitten auszusprechen:

Die Gemeinde hatte bisher die Genehmigung, auf der Parkwiese am Nordwesteingang ihre nationalen Feiern (1.Mai, Erntedank usw) zu veranstalten. Ich darf der Hoffnung Ausdruck geben, dass diese Genehmigung auch für die Zukunft Gültigkeit behält.

Im Interesse der sportlichen Ertüchtigung der Volksgenossen benötigt die Gemeinde dringend ein geeignetes Gelände. Nachdem ein zweckentsprechendes Gelände kaum noch weiter als Viehweide Benutzung finden ~~würde~~ dürfte, wäre ich verbunden, wenn das in der anliegenden Skizze bezeichnete Gebiet der Gemeinde für den gedachten Zweck überlassen werden könnte.

Im Rahmen der Dorfverschönerungsaktion hat unsere Gemeinde erfolgreiche Anstrengungen gemacht, dem Ort ein würdiges Aussehen zu verleihen. Die zu dem von Ihnen übernommenen Ländereien gehörige, in der Skizze bezeichnete Einzäunung ist nun im Laufe der Jahre in einen Zustand geraten, der einen reichlich verwahrlosten Anblick darbietet und um dessen Abstellung ich zu bitten mir hiermit erlaube.

Heil Hitler !

Bürgermeister

Eing: 14/XI.

Potsdam - Sakrow, den 7. 11. 1945.

60

An die

Kreisverwaltung

Potsdam.

Betr.: Bodenreform, Nazigrundstück Stinzing.
Beschluss vom 7.11.1945

Das Grundstück Weinmeisterweg Ecke Zufahrtsweg zur Fasanerie gehört dem Kaufmann Gustav Adolf Stinzing Berlin W8 Leipzigerstr23. Eshat eine G rösse von 2574,- qm und 372,- qm Anteil am Zufahrtsweg zum Graben gemeinschaftlich mit dem Grund - stück Quaritsch. Ausser einem Schuppen sind keine Gebäude auf dem Grundstück. Es lagert dort aber Baumaterial für ein kleines Nothaus - sogen. Leyhaus -

Es ist nicht einwandfrei festzustellen ob Stinzing Parteimitglied der N.S.D.A.P. war. Jedenfalls ist er mit dem Partei - abzeichen (Adler mit Hakenkreuz) gesehen worden. Zeuge hierfür ist:

1) H einrich Dornblüth Sakrow, Weinmeisterweg
2) Gustav Klöhn Sakrow Weinmeisterweg

Wenn er auch nicht Parteigenosse gewesen sein sollte, so waren seine Meinungsäusserungen und sein Auftreten in politischer Hinsicht schlimmer als die eines Nazi,s. Ermachte die Juden und Katholiken für alles das verantwortlich, was auf das Schuldkonto der Partei geschrieben werden muss. Seine Einstellung war so nazistisch, daß er selbst auf seine Briefe, Rechnungen u.s.w. schrieb :

Auf die Terrorangriffe unserer Feinde gibt es nur eine Antwort : „Nun erst recht zu Führer und Volk stehen! Dem Kriegstreiber Juda Vernichtun g ! Führer bleibe hart!

Als die Kriegslage immer kritischer wurde, verschwand er nach Flensburg und ist seitdem nicht wieder zurückgekehrt. Vorher hat er sein Grundstück an seinen Gärtner Diehr verpach tet.

Das Gru ndstück selbst ist nur zu etwa 1/4 ausgenutzt. Eine Rehnung als Beweis wurde dem Schreiben vom 20. 10. beigefügt. Es wird gebeten dieses Grundstück dem Bodenfonds zuzuführen.

Die Gemeindekommission.

LANDESREGIERUNG
BRANDENBURG
MINISTER DES INNERN

ENTEIGNUNGSURKUNDE

An

Herrn Wilhelm Oertel
Potsdam, Am Horn

Betr.: Sonstiges Vermögen

Die Enteignung Ihrer auf Grund des Befehls Nr. 124 des Obersten Chefs der Sowjetischen Militär-Administration in Deutschland vom 30. Oktober 1945 beschlagnahmten Vermögenswerte ist durch die Deutsche Wirtschaftskommission gemäß Befehl Nr. 64 des Obersten Chefs der Sowjetischen Militär-Administration in Deutschland vom 17. April 1948 bestätigt und damit rechtskräftig geworden.

Potsdam, den 30. November 1948

DER MINISTER DES INNERN

Beglaubigt:
Reg.-Sekr.

Seite 28–29:
Dokumente der Enteignung und Vertreibung

Köhler zu berichten. Ab 1961 zog eine Bootskompanie der DDR-Grenztruppen in das Haus. Sie nutzten den Steg des Hauses, um die Grenzboote zu betanken.

Julius und Rosa Perlis Der Bankier ließ sich von dem jüdischen Architekt *Leo Nachtlicht* 1928/29 in der Kladower Straße 12 eine Villa in der Formensprache der Moderne als permanenten Wohnsitz bauen. Leo Nachtlicht bekam unter den Nazis sofort Berufsverbot. Eine Ausreise wurde ihm nicht genehmigt. Er starb 1942 im Jüdischen Krankenhaus – wahrscheinlich an den Folgen eines Selbstmordversuches. Seine Frau Anna wurde einen Monat später in Riga ermordet. *Julius Perlis* starb 1935 unter nicht bekannten Umständen. Seiner Frau Rosa gelang es 1939 zu emigrieren.
In den Akten des Potsdamer Stadtarchivs findet sich ein zynisches Dokument, das die unverhohlene Ausplünderung emigrierter Juden deutlich macht. Das Finanzamt Charlottenburg West, dass für die Familie Perlis zuständig war, erhebt in einem Schreiben vom Februar 1939 an den Sacrower Bürgermeister Ansprüche auf eventuelle Verkaufserlöse des Perlis-Grundstückes, da Rosa ›Sara‹ Perlis dem Deutschen Staat die ›Reichsfluchtsteuer‹ samt Zinsen schulde.

Dr. Grete Ring Die Kunsthistorikerin und Kunsthändlerin erwarb das Grundstück, auf dem sie später einen Pavillon im Stil der Moderne errichten ließ, im Jahr 1927. Noch bis 1935 arbeitete *Grete Ring* für die Firma Cassirer in Berlin. Auf Drängen von Freunden emigrierte sie 1938 nach London. Ihr Haus in Sacrow wurde zwangsweise verpachtet. Grete Ring starb 1952. Ihre Erben konnten nach 1989 das Sommerhaus – heute ein Baudenkmal – perfekt restaurieren.

Elsa und Paul Redelsheimer Seine Firma in Berlin spezialisierte sich auf Innenarchitektur, Innenausbau und Möbel. Ende der 1920er Jahre erwarb er ein Haus in der Kladower Straße 8. In Sacrow verbrachte die ganze Familie glückliche Wochenenden. Damit war es nach der Machtergreifung der Nazis bald vorbei. Tochter Martha, mit Mann und Enkelin Lilli verließen Deutschland schon 1933 und entgingen so dem Holocaust. Martha versuchte vergebens, auch die Eltern zu diesem Schritt zu bewegen. *Elsa* und *Paul Redelsheimer* glauben nicht, dass der Nazi-Terror noch lange dauern würde. (S. Kapitel ›*Das Foto hinter der Scheuerleiste*‹, S. 86) Im Sommer 1939 mussten sie ihr Haus für einen Spottpreis verkaufen. Sie lebten verarmt und entrechtet zurückgezogen im Gärtnerhaus in Sacrow, wo sie 1942 von der Gestapo verhaftet und später nach Theresienstadt deportiert wurden. Dort starb Paul Redelsheimer. Seine Frau Elsa wurde am 3.5.1944 in Auschwitz ermordet.

Felix Stahl war Kaufmann. Er erwarb 1927 das Anwesen Kladower Straße 11 als Sommersitz der Familie. Nach 1933 musste die jüdische Familie die Berliner Wohnung aufgeben und zog ganz nach Sacrow. Die Tochter kam zu dieser Zeit zurück aus einem schwedischen Internat und spürte in der Dorfschule die Ideologisierung der Kinder im Ort, die Uniformen der Hitlerjugend (HJ) und des Bundes Deutscher Mädel (BDM) trugen. Später musste die Familie Stahl ihre eigene Villa vermieten, sie zogen ins Souterrain in die Hausmeisterwohnung. Jan Thomas Köhler recherchierte, dass auch hier 1939 der Zwangsverkauf folgte. Der Kauferlös ging auf ein Sperrkonto und war somit nutzlos für die Familie, der die Flucht über Shanghai nach Südamerika und später in die USA gelang.
Felix Stahls Bruder *Julius Stahl* hatte das Schweizerhaus nahe der Brücke zum Schloss erworben. Seine Familie emigrierte 1936 und ließ ihr Eigentum zurück, recherchierte Jan Maruhn.

Dr. Fritz Kahn war Arzt und visionärer Wissenschaftsautor, dessen Werke in hoher Auflage gedruckt wurden. Kahn erklärte den Körper und seine Funktionen in spektakulären Grafiken im Stil der Moderne. Er wurde in den 1920er Jahren ein Star der Populärwissenschaft. 1929 hatte *Fritz Kahn* das Haus Kladower Straße Nr. 7 gekauft. Im selben Jahr veröffentlichte er ein Buch, das mit der NS-Rassenideologie abrechnete. Den Nazis war er deshalb ein Dorn im Auge. Sofort mit der Machtergreifung 1933 bekam er Arbeitsverbot. 1935 emigrierte er nach Palästina. Kurz nach der ›Reichskristallnacht‹ 1938 wurden Kahns Publikationen auf die ›Liste des schädlichen und unerwünschten Schrifttums‹ gesetzt. Das Buch ›Unser Geschlechtsleben‹ wurde außerdem polizeilich verboten, alle auffindbaren Exemplare wurden vernichtet. Kahn wagte es, nach Europa zurückzukehren, was sein Leben in Gefahr brachte. Von Paris floh er 1940 vor der einmarschierenden Wehrmacht nach Spanien und Portugal. Mithilfe der Fürsprache von Albert Einstein gelang es Kahn, ein Visum für die USA zu bekommen, wo er jahrelang lebte und arbeitete. Er starb 1968 in Locarno.

Erik Charell hieß mit bürgerlichem Namen *Erich Karl Löwenberg* und war Regisseur, Schauspieler und Impresario. Er erwarb 1930 das im Stil der Neuen Sachlichkeit vom Architekten Moritz Ernst Lesser gebaute Landhaus an der Spitze des Hämphorns. Charell wurde von Max Reinhard mit der Leitung des Großen Schauspielhauses betreut und feierte unter anderem Triumphe mit Revue-Operetten wie dem ›Weißen Rössl‹. Später galt er als eines der vielversprechenden Regie-Talente des Deutschen Films. Doch 1933 löste die Ufa wegen Charells jüdischer Abstammung den Vertrag über weitere Filmvorhaben mit dem Hinweis auf dessen »Rassenzugehörigkeit«, so der Autor Jan Maruhn. Erik Charell emigrierte 1937 in die Vereinigten Staaten

Ufa-Schauspielerin Jenny Jugo

und ging nach Hollywood. Nach dem Krieg arbeitete er wieder als Filmregisseur in der Bundesrepublik. Im Alter von 80 Jahren starb er in München. Sein Sacrower Landhaus überließ er 1935 der jungen Ufa-Schauspielerin Jenny Jugo, die er persönlich kannte, zu treuen Händen.

Die Jugo in Sacrow

In den 1930er Jahren gehörte Jenny Jugo zu den bestbezahlten und erfolgreichsten Schauspielerinnen Deutschlands. Vor allem in Zusammenarbeit mit dem Regisseur Erich Engel gelang ihr ein Kassenerfolg nach dem anderen. Der Autor Guido Altendorf schreibt 2007 im Begleitheft zu einer Ausstellung über die Jugo: »Jenny Jugo ist ein erklärter Liebling Hitlers. Er schickt ihr Blumengrüße und lädt sie zu offiziellen Empfängen. Von ihrem Wassergrundstück in Sacrow sind es nur wenige Minuten mit dem Boot nach Schwanenwerder, wo Propagandaminister Goebbels mit seiner Familie eine Villa bewohnt. Magda Goebbels, (...) freundet sich mit Jenny Jugo an. Auf Magdas Einladung verkehrt sie von nun an regelmäßig im Hause Goebbels.«

Ihre Nähe zur Macht wird auch in einer Homestory der *Köllnischen Illustrierten Zeitung* von 1938 deutlich. Unter der Überschrift ›Ein Besuch in Sakrow‹ ist neben den Bildern der Schauspielerin auf ihrem Sacrower Grundstück auch ein Foto von ihr mit Adolf Hitler, Josef Goebbels und dessen Kindern abgedruckt. »Die schönste Anerkennung für Jenny Jugo: als Gast des Führers auf dem Berghof«, lautet der Kommentar. Weiter heißt es: »Seit einigen Jahren

Jenny Jugo mit Familie Goebbels zu Gast bei Adolf Hitler

wohnt Jenny Jugo mit ihrem Ehemann Friedrich ›Rico‹ Beuser in ihrem reizend eingerichteten Landhaus in Sakrow, dessen gepflegter Steingarten an die Ufer der Havel grenzt. Wer zu den Freunden des Hauses gehört, der trifft ›bei Jugos‹ abends in zwangloser Geselligkeit Theo Mackeben, Willi Forst, Heinz Rühmann oder andere Berufskollegen. Denn Jenny und Rico sind gute Kameraden nicht nur zueinander, sondern auch zu anderen. Und diese Herzlichkeit prägt sich auch in ihrem Spiel aus, ein Grund, weshalb die Millionenzahl der Bewunderer sich ihrer Kunst auch menschlich verbunden fühlt.«

Guido Altendorf schreibt über das Haus in Sacrow, das immer noch dem emigrierten Erik Charell gehörte: »Die deutschen Behörden erwägen ab 1939 die Zwangsversteigerung, eine damals übliche Art des Umgangs mit jüdischem Besitz. Die Jugo bezahlt alte Hypotheken und kann einen Verkauf zunächst abwenden. Nach dem Kriegseintritt der USA fällt das Grundstück als ›feindliches Vermögen‹ an das Deutsche Reich, da Charell inzwischen als amerikanischer Staatsbürger gilt. Jenny Jugo hat berechtigte Angst, ihr geliebtes Domizil verlassen zu müssen. Obwohl sie die Immobilie 1942 für RM 70.000 erwirbt, bleibt diese unter reichsdeutscher Zwangsverwaltung. Vielleicht aus Loyalität zum eigentlichen Besitzer Erik Charell lässt sich Jenny Jugo nicht ins Grundbuch eintragen. Da Jenny Jugo keinen Grundbucheintrag vorweisen kann, erhält sie das Anwesen nach dem Mauerfall nicht zurück.«

Lokale NS-Größen

Der Preußische Generalforstmeister Friedrich Alpers war der ranghöchste Nationalsozialist in Sacrow. Der Vertraute Görings zog 1938 nach aufwändigem Umbau in das Schloss Sacrow. Der Orts-Bürgermeister Schulz traute sich am 19. April 1938, den hohen Parteivertreter auf die Angst der Sacrower vor Schließung des Parks hinzuweisen.

Friedrich Alpers' Hinterlassenschaften im Schloss wurden Jahre später einem jungen Sacrower zum Verhängnis. Andreas Rüffers Eltern wohnten in einem Nebengelass des Schlosses. Im Alter von sieben Jahren fand er Ende der 1960er Jahre auf dem Dachboden des Schlosses etwas, das zu Komplikationen für den Jungen führen sollte. »Wir Kinder haben uns immer auf dem Dachboden des Schlosses rumgetrieben. Und eines Tages fand ich da einen langen weißen Papierstreifen, auf dem oben das Foto eines ganz hübschen, schicken Mannes war. Ich war fasziniert von diesem Mann. Diesen Streifen habe ich dann als Lesezeichen in meine Lesefibel getan. In der Schule kreischte dann meine Lehrerin auf: ›Was ist denn das?‹ Sie hat mich angebrüllt und mir den Streifen sofort weggenommen. Mein Vater musste sofort in die Schule kommen und ich weiß noch, wie er mich angebrüllt hat, und irgendwann ist dann der Name Goebbels gefallen. Sein Name stand wohl auch unter dem Foto auf dem Streifen, aber ich konnte doch noch nicht lesen. Ich wusste natürlich auch nicht, wer Goebbels ist. An die Geschichte muss ich heute noch denken, wenn ich ein Lesezeichen sehe, weil sie ja damals dramatische Folgen für mich hatte: Stubenarrest und Fernsehverbot – alles wegen Goebbels.«

1939 wurde die Eingemeindung Sacrows nach Potsdam vollzogen. Zu dieser Zeit (1938/39) war Wilhelm Oertel, der mit seiner Familie Am Hämphorn 22 wohnte, NSDAP-Ortsgruppenleiter.

Der Krieg

Lange blieb Sacrow von Kriegsschäden verschont. Erst in den letzten Tagen traf es ausgerechnet zwei Ausflugslokale. Das strohgedeckte *Cafe Inselblick* brannte genauso ab wie der Fährkrug *Dr. Faust*, der am 28. April 1945 im Endkampf um Berlin in Flammen aufging.

»1945 musste ja die Heimat verteidigt werden. Mit der Holzpanzerfaust und dem Holzgewehr. Meine Mutter ist extra zur Bootswerft Buchholz gegangen und hat dort für mich einen Karabiner aus Holz bauen lassen. Und im Park haben wir dann Krieg gespielt und dreieckige Schützengräben gebuddelt«, erinnert sich der damals 11-jährige Alfred Schollbach. »Die Engländer mit ihren *Spitfires*, die kamen immer aus der Sonne, dadurch konnte man die nicht sehen. Also sind wir, sobald wir das Gebrumme gehört haben, ab in die Schützengräben. Auf dem Meedehorn stand ein Scheinwerfer mit einem drei Kilometer langen Strahl, den sie auf die Flieger gerichtet hatten. Mit der Artillerie haben sie dann geschossen, meist daneben, aber ich habe auch beobachtet, wie sie einen Flieger runtergeholt haben.«

In den ersten Tagen des Mai 1945 besetzte die Rote Armee den Ort. »Wir hörten die Rufe ›Huree, huree‹, als die kamen. Im nahen Wald haben zu der Zeit noch einige ganz junge Burschen aus Ungarn an Schützengräben geschippt. Die haben die Russen alle erschossen. Alles 17- und 18-jährige dienstverpflichtete Ungarn – das war furchtbar«, sagt Schollbach. Noch heute findet man die Gräber der jungen Ungarn auf dem Sacrower Friedhof.

Alfred Schollbach war mit seiner Mutter und anderen Nachbarn im Keller ihres Hauses, als die russischen Soldaten den Ort durchstreiften. »Im Keller hieß es ›Wir müssen die Fahne raushängen!‹ Ich dachte: ›Was wollen die?!‹ Ich wusste genau, dass unsere Hakenkreuzfahne immer noch hinter dem Ofen war. Meine Mutter konnte die Fahne nicht verbrennen, bevor die Russen kamen, weil die Werwölfe oder letzte SS-Leute sie dann abgeknallt hätten. Deshalb war sie hinter dem Ofen. Und ich dachte, ›sind die denn bekloppt, die wollen jetzt die Hakenkreuzfahne raushängen‹. Dann verstand ich langsam, dass mit ›Fahne‹ eine weiße Flagge gemeint war, die sie raushängen wollten. Das war aber wenige Stunden vorher auch hochgefährlich, die Werwölfe machten mit einem kurzen Prozess, wenn sie eine ›Kapitulation vor dem Feind‹ entdeckten«, erzählt Schollbach. »Als die Russen dann runter in den Keller kamen, hatte ich mich hinter der Tür versteckt. Ein Russe sah mich, drückte meine Mutter beiseite, kam auf mich zu und zog mich da raus. Ich dachte, jetzt ist es passiert, jetzt schneidet er dir die Zunge ab oder so was. Goebbels hatte ja immer gesagt, wenn der Russe kommt, dann schlitzt der euch auf, und schneidet euch den Sack ab. Ich habe gleich angefangen zu weinen, aber der Russe hat in seine Tasche gegriffen und eine Tafel Schokolade rausgeholt. Er brach sie halb durch und gab mir eine Hälfte. In gebrochenem Deutsch sagte er, ich solle keine Angst haben.«

Die Autoren der Sacrower Festschrift von 1993, die anlässlich des 1000-jährigen Potsdamer Stadtjubiläums erschien, berichten darin vom Kriegsende: »Als die Rote Armee im Mai 1945 Sacrow besetzt hatte, war der Krieg eigentlich entschieden. Auf der Sacrow gegenüberliegenden Pfaueninsel lag aber noch SS und Volkssturm. Ein sowjetischer Major schickte ein Boot, drei Mann mit einer weißen Fahne, als Parlamentäre zur Insel. Sie wurden erschossen. Zwei

Stunden später fuhr erneut ein Boot mit Freiwilligen zur Insel. Gesehen wurde, wie sie in die Meierei geführt und 20 Minuten später getötet aus dem Haus geworfen wurden. Noch immer hat dieser Major keine Artillerie eingesetzt; ›da sind 300 junge Burschen, die das Land weiterhin zum Leben braucht,‹ soll er gesagt haben. Als das dritte Boot landete, war die SS besoffen und die Männer und Jungs vom Volkssturm beendeten den Krieg an dieser Stelle.«

Überall im Ort und der Umgebung lagen wenige Tage nach Kriegsende noch Waffen und Munition herum. Auch Alfred Schollbach und seine Freunde waren fasziniert von dem gefährlichen Spielzeug. »Im Mai 1945 haben wir Kinder eine Kiste Eierhandgranaten und eine Kiste mit Stielhandgranaten gefunden. Damit wollten wir Fische fangen, so wie wir es bei den Russen gesehen hatten. Wir hatten uns ein Kanu genommen, sind raus auf den Sacrower See, und haben die Granaten ins Wasser geworfen, aber die gingen alle nicht hoch. Nur eine letzte hatten wir noch. Da wurde dann einer von uns ausgewählt, damit nicht alle tot gehen, wenn was schief läuft. Der hat gezählt ›21, 22 …‹ und dann erst geworfen. So ist die Granate einen Meter unter Wasser explodiert. Das Ergebnis war aber nicht doll: nur ein paar 10 Zentimeter lange Plötzen, so wie große Ölsardinen, kamen hoch durch die Explosion. Und außerdem haben wir zu Hause noch Ohrfeigen kassiert, weil wir so leichtsinnig waren.«

Die Mauer und das Sperrgebiet (1946–1989)

Mit dem Ende des Zweiten Weltkriegs vollzog sich ein weiterer spürbarer Wandel des Ortes. Denn 1945 verdoppelte sich die Einwohnerzahl nahezu, als Flüchtlinge aus den Ostgebieten nach Sacrow kamen. Spätestens seit der sowjetischen Besatzung waren die letzten Villenbewohner verschwunden. Von zwei Diktaturen aus dem Paradies vertrieben. Ihre großzügigen Anwesen wurden zum Teil als Kinder- oder Altenheime genutzt, in der Regel aber eiligst mit Hilfe von Trennwänden in Kleinst- oder Behelfswohnungen für Flüchtlinge aufgeteilt. Viele von ihnen lebten unter schlimmen Bedingungen im Ort.

1945 gehörte der Ort zur Sowjetischen Besatzungszone. Truppenteile der Roten Armee lagerten im nahen Königswald und gegenüber im Glienicker Park. Auch in der ehemaligen Wehrmachtskaserne in Krampnitz wurden Soldaten stationiert. Einige Offiziere der Roten Armee wurden in Wohnungen der nun verlassenen Villen einquartiert.

Ausflugsschiff vor der abgeriegelten Heilandskirche

Entnazifizierung

Von Übergriffen gegen die deutsche Bevölkerung ist in Sacrow wenig zu hören. Schon 1945 gab es Enteignungen im Zuge der Bodenreform – meist begründet mit der NS-Vergangenheit einiger alter Bewohner oder Pächter von Sommergrundstücken. Beim Kaufmann Stinzing hatte man keine eindeutigen Beweise für seine NSDAP-Mitgliedschaft, aber man zog Zeugen aus der Nachbarschaft heran, die Stinzings ideologischen Gleichklang mit den Nazis belegen sollten.

Entscheidende Grundlage für die Enteignung ehemaliger NSDAP-Mitglieder war der ›Befehl 124‹ vom 30. Oktober 1945 der Sowjetischen Militäradministration in Deutschland. In Sacrow waren einige Grundbesitzer davon betroffen.

Interessant ist der Fall des einstigen NSDAP-Ortsgruppenleiters Wilhelm Oertel. Als »aktiver Verfechter der Ideen des Nationalsozialismus« wird am 8.7.1946 die Enteignung seines Grundstücks Am Hämphorn 22 vom Stadtkreis Potsdam vorgeschlagen. Alle Vertreter verschiedener gesellschaftlich-politischer Gruppen dieser Zeit hatten per Unterschrift dem Vorschlag zugestimmt. Aus dem Heidelberger »Exil« bittet Wilhelm Oertel am 31.3.1947 um die Rücknahme dieses Beschlusses. Sein sechsseitiges Schreiben mit der »Erklärung zur Beurteilung des polit. Verhaltens u. Lebenslauf« ist der Versuch, sich selbst einen ›Persilschein‹ auszustellen und damit die Enteignung rückgängig zu machen. Seine Rechtfertigungen schwanken zwischen verlogener Unverfrorenheit und Selbstbetrug. Parteigänger Oertel schrieb: »Als im Januar 1933 die NSDAP an die Macht kam, war für den Außenstehenden die Aufgabe gestellt, einen Weg zu finden, dass diese mit Fanatismus empor getragene Bewegung letzten Endes zum Segen unseres Volkes wirken müsse. Maßgebliche Persönlichkeiten meines geschäftlichen Kundenkreises ersuchten mich, der Partei beizutreten, was ich zunächst ablehnte.«

Die Ablehnungsphase kann nicht lange gedauert haben, denn Oertel berichtete weiter: »Die Lage in meiner kleinen Wohngemeinde Sakrow bei Berlin mit nur 200 Einwohnern war folgende: In der Gemeinde gab es bis 1933 nur ein einziges Parteimitglied, der Direktor einer Flugzeugfabrik, in unserer Gemeinde gleichhoch angesehen als Mensch, als aufopferndes Mitglied in der Gemeindepolitik und als unbedingter Anhänger der evang. Kirche. Sein Einfluss beseitigte die noch vorhandenen Bedenken. Mit wenigen Ausnahmen entschloss sich fast der gesamte erwachsene Teil der Bevölkerung im April bis Juni 33 aus oben genannten Gründen zum Eintritt in die Partei. M. W. waren es damals 50 Männer und Frauen bei einer Gesamtzahl von 200 Einwohnern.« Wenn man Kinder, andere nicht Wahlberechtigte und sicherlich die jüdischen Bewohner abzieht, kann man davon ausgehen, dass in Sacrow die NS-»Reihen fest geschlossen« waren, wenn Oertels Aussage stimmen sollte.

Die für seine Enteignung entscheidende Tatsache, nämlich dass er NSDAP-Ortsgruppenleiter war, dreht er fast zu einer Widerstands-Geste um: »Als im Jahr 1938 der bisherige Ortsgruppenleiter (...) ausschied, wurde ich von ihm dringen(d)st gebeten, das Amt zu übernehmen. (...) Aus diesem Freundschaftsdienst und aus der Überlegung heraus, dass vielleicht ein 100 %iger unsere ganze Aufbauarbeit zunichte machen könnte, übernahm ich das Amt.«

Oertel behauptet sogar, Judenfreund gewesen zu sein: »In Sakrow wohnten 12 jüdische Familien, mit denen ein durchaus gutes Einvernehmen bestand. (...) Wir hatten in Sakrow keine Ursache, gegen die Juden Stellung zu nehmen.« Eine Behauptung, die an Zynismus kaum zu übertreffen ist, wenn man das Schicksal der dort lebenden Bewohner jüdischen Glaubens betrachtet. Doch Oertel geht noch weiter: »Ich persönlich pflegte verschiedene Freundschaften mit jüdischen Familien in Berlin, von denen die meisten vor 1938 ausgewandert sind. Den verbliebenen habe ich Schutz und Hilfe gewährt.« Soviel Chuzpe ist noch steigerungsfähig: »Ich habe meine jüdischen Freunde bis zum Kriegsende geschützt und ihnen Wohnung in unserem Haus gewährt. Wenn ich angezeigt worden wäre, würde ich des KZ sicher gewesen sein. Da ich in der Gemeinde keine Feinde hatte, was auf die von mir vertretenen Grundsätze zurückzuführen ist, bin ich nicht angezeigt worden.

Bei den im November 1938 von der SA Führung befohlenen Judenverfolgungen ist in meiner Gemeinde Sakrow keinem Juden sachlicher oder persönlicher Schaden zugefügt worden. (…) Lediglich um scheinbar etwas getan zu haben, brachten wir an den beiden Kolonialwarenläden des Ortes Schilder ›Juden unerwünscht‹ an. (…) Ich stelle also ausdrücklich fest, dass (aufgrund) meiner Tätigkeit als Ortsgruppenleiter in Sakrow keinerlei die Juden schädigenden Maßnahmen erfolgten.«

Wilhelm Oertel hoffte auch mit Russen- und Sowjet-Freundlichkeit bei den neuen Machthabern in der sowjetisch besetzten Zone zu punkten: »Von der sogenannten ›Ostpolitik‹ habe ich mich völlig distanziert und der Hoffnung Ausdruck gegeben, dass die mir als richtig erscheinende Freundschaft mit Russland verwirklicht werde. In diesem Sinne habe ich den Abschluss des Freundschaftspaktes zwischen Deutschland und der Sowjetunion begeistert begrüßt. (…) Ich habe mich um das Wohl der mir anvertrauten Fremdarbeiter, insbesondere derjenigen russ. Staatsangehörigkeit, die bekanntlich unter der Degradierung durch das Nazi-System besonders zu leiden hatten, mit besonderer Sorgfalt und unter Anwendung aller mir zur Verfügung stehenden Mittel gekümmert.«

Zum Schluss des Schreibens versuchte er, die für Oertel nun gefährlich lange Parteimitgliedschaft zu erklären. »Trotz meiner von dem NS-Gedankengut völlig abweichenden Überzeugung bin ich nicht aus der NSDAP ausgetreten, weil ich mich dadurch meiner Wirkungsmöglichkeiten beraubt hätte.« Dass es ohne Wilhelm Oertel alles noch schlimmer mit dem Faschismus in Sacrow gekommen wäre, glaubte die Kommission jedoch nicht.

In einem baulichen Gutachten vom 28.6.1947 wurde zudem festgestellt, dass besagtes Grundstück (ein 3.500 qm großes Wassergrundstück) Am Horn in Sacrow »am 9.1.1939 in der Zwangsversteigerung von dem Oberingenieur Wilhelm Oertel für RM 37.400 erworben, obwohl der Einheitswert seit dem 10.2.1936 auf RM 67.200 festgelegt war. Ein Vergleich der beiden Zahlen lässt sofort erkennen, dass bei der Versteigerung besondere Umstände vorgelegen haben müssen, sonst wäre der ungewöhnlich billige Erwerbspreis nicht zu erklären. Oertel war Ortsgruppenleiter der NSDAP, und der Vorbesitzer war Jude.«

Am 30. November 1948 wird vom Minister des Inneren der Landesregierung Brandenburg die anspruchsvoll gestaltete Enteignungsurkunde an Herrn Wilhelm Oertel ausgestellt.

Kinderumzug zum 1. Mai

Anders ging das Enteignungsverfahren gegen Adolf Landré, Weinmeisterweg 4 aus. Der Ausschuss für Entnazifizierung warf ihm vor, (nach Oertel) Ortsgruppenleiter und seiner Frau, Ortsfrauenschaftlerin in Sacrow gewesen zu sein. Landré gelang es in einem Rehabilitierungs-Schreiben vom Mai 1946 nachzuweisen, dass er 1941 »nur Stellvertreter des stellvertretenden Ortsgruppenleiters Zedler war«. Er wurde zwar 1933 NSDAP-Mitglied, weil er »davon überzeugt war, dass die Ziel der NSDAP für die arbeitende Bevölkerung von Nutzen seien und dass meine Tätigkeit für meine Volksgenossen und besonders für Sakrow von Vorteil wären«. Er betonte aber ebenfalls seinen »freundschaftlichen Verkehr mit Juden« und fügte eine Erklärung von Frau Nelly Schlüssler, einer Nachbarin aus dem Weinmeisterweg bei, die besagt, »dass im Hause des Herrn Landré auch nach dem Jahre 1933 noch Juden gewohnt haben und Herr Landré und seine Angehörigen mit diesen und anderen Juden freundschaftlich verkehrt haben. Der Schwiegersohn von Herrn Landré, Walter Schulz, wurde deswegen von der Kreisleitung der NSDAP mit einem Verweis bestraft«. An diesem Punkt erscheint ihre gesamte Stellungnahme höchst zweifelhaft. Walter Schulz war der Bürgermeister von Sacrow, der mit seinen Schreiben an den Potsdamer Regierungspräsidenten 1938/39 versuchte, im eigenen Interesse die ›Entjudung‹ von Sacrower Grundstücken zu erwirken.

Adolf Landré fügte in seinem Rehabilitierungsschreiben noch hinzu, dass er nach der Besetzung Sacrows durch die Rote Armee »alle gewünschten Auskünfte, soweit mir das möglich war, gegeben und meine Kenntnisse der hiesigen Verhältnisse zur Verfügung gestellt« habe. Sein

Feier im Altenheim

Kostümfest 1949

Anwalt unterrichtete im Juni 1947 die Kommission, dass »eine Ortsgruppe der Frauenschaft in Sacrow nicht bestanden hat. Die Frau konnte also auch nicht Frauenschaftsleiterin gewesen sein.« Im Mai 1949 wird Landrés Enteignung rückgängig gemacht.

Sacrow und die deutsche Teilung

Die Gründung der DDR 1949 hatte für Sacrow eine besondere Bedeutung. Das gegenüberliegende Ufer war nun nicht nur das Territorium des ›Klassenfeindes‹ – drüben war jetzt ›das andere Deutschland‹. Die Wassergrenze bei Sacrow wurde, obwohl sie zu diesem Zeitpunkt noch kaum gesichert war, zur Demarkationslinie zwischen den politischen Systemen in Ost und West.

In den ersten Jahren nach dem Krieg kamen vereinzelt Ausflügler aus West-Berlin und westliche Laubenbesitzer vom Meedehorn noch in den Ort. 1952 verbot die DDR-Regierung ihnen den Zutritt. Zu dieser Zeit wurde auch die Verbindung über die Straße ins West-Berliner Kladow unterbrochen. Die kurze Seilfähre nach Glienicke auf die West-Seite wurde ebenfalls eingestellt. Die einzige Verbindung des Ortes nach draußen war nun ein Fährboot, das von Sacrow aus zum Potsdamer Brückenkopf der Glienicker Brücke und von dort weiter nach Klein-Glienicke fuhr. Sacrow war also bereits weit vor dem Mauerbau zur ›verbotene Zone‹ geworden.

Grenzziehung durch Sacrow

Mit der Grenzziehung am 13. August 1961 wurde Sacrow nicht nur vom Westen, sondern zugleich vom Rest der bedeutsamen Potsdamer Kulturlandschaft, die im 19. Jahrhundert mit weiten, grenzenlosen Sichtbeziehungen gestaltet wurde, abgeschottet. Die *Heilandskirche* und der von Peter Joseph Lenné geschaffene Park mit dem Gutshaus verschwanden hinter Stacheldraht und Todesstreifen.

Am Ortseingang – Richtung Krampnitz – wurde der Kontrollpunkt mit Schranke und Grenzposten eingerichtet. Die Anwohner bekamen einen Stempel in ihren Ausweis, den sie bei jeder Ein- und Ausreise aus dem Grenzgebiet vorzeigen mussten. Ortsfremde kamen ohne Passierschein gar nicht nach Sacrow.

In Folge der Errichtung der Grenzanlagen wurde Sacrow eines Großteils seiner ursprünglichen Schönheit, ja seines genius loci beraubt. Der Ort am Wasser hatte nun keinen Zugang mehr zur Havel. Der Wassersport, die Ruderer, der Ausflugsverkehr, die Dampfer, und auch die Sacrower Fähre – alles fand ein abruptes Ende mit der hermetischen Abrieglung des Ortes durch die Grenztruppen der DDR. »Wir durften nach dem 13. August 1961 natürlich auch nicht mehr ans Wasser, an die Havel«, erinnert sich Anwohner Gerhard Pahl. »Alle Bootsbesitzer mussten ihre Boote rausnehmen und bekamen einen Ersatzstandort auf Hermannswerder. Das war sehr bitter, auch für die Angler, die Segler, überhaupt für alle Sacrower. Wir als Feuerwehrleute hatten dadurch auch ein sehr großes Problem, denn die vier wichtigen Wasserentnahmestellen

Bootswerft Buchholz

Jungfernfahrt mit Grenzboot

an der Havel waren nun nicht mehr zugänglich, wir konnten nur noch am Graben zwischen Sacrower See und Havel mit unseren Pumpen ans Wasser ran.«

Die Bootswerft am Grenzstreifen

Der Mauerbau hatte drastische Folgen für den größten Arbeitgeber des Ortes – die Bootswerft Buchholz. Am Hämphorn, direkt am Ufer der Sacrower Lanke gelegen, hatte die Werft nun nur noch eine Fläche von 50 mal 100 Meter im Wasser, wo Boote ins Wasser gelassen werden konnten. Das Areal war durch Pfähle abgegrenzt und von einem Zaun mit einem Tor darin umgeben. »Für die Buchholz-Werft war die Grenzziehung natürlich ein Problem. Die Werft musste allerdings nicht schließen, sie wurde weiterbetrieben, hatte nach wie vor einen Zugang zum Wasser, aber der war extra abgesichert mit Zaun und Bewachung vom Wasser aus«, erinnert sich der Sacrower Thomas Friese, dessen Großvater »auf Buchholz« gearbeitet hatte. »Ein Teil der Boote, die hier produziert wurden, ist bis zu einem gewissen Zeitpunkt sogar noch über das Wasser von Grenzbooten nach Potsdam rüber geschleppt worden. Natürlich ohne Motor hinten dran. Im Zaun war ein Tor, was die Grenzer dafür aufgeschlossen haben.«

Die nach wie vor privat betriebene Werft hatte einen guten Ruf, weil sie vor allem Segelboote in sehr hoher Qualität baute. »Die exportierten sogar nach England – zur DDR-Zeit. Deshalb bekamen die auch das entsprechende Material: Mahagoni, Bootsbeschläge, Nieten und Kup-

Aus Sacrow in die Welt: Segelboote für den Export

fernägel – all das wurde aus der Bundesrepublik importiert. Die Schiffe wurden durch eine staatliche Stelle, den Deutschen Innen- und Außenhandel, hier abgeholt und nach England geliefert«, erinnert sich Gerhard Pahl, dessen Schwiegervater beim Familienbetrieb Buchholz als Bootsbauer arbeitete. Thomas Friese ergänzt: »Yachten und Jollenkreuzer und Folkeboote aus Sacrow wurden Anfang der 1950er Jahre auch auf einer Messe in Westdeutschland zum Verkauf angeboten. Sie wurden da als ›Russenboote‹ bezeichnet, weil sie aus dem Osten kamen. Sie wurden zu einem Preis angeboten, bei dem kein Bootsbauer aus Westdeutschland mithalten konnte.«

Mit dem weiteren Ausbau der Grenzanlagen wurden auch der Stapellauf, das Probefahren und die Überführung der Schiffe nach Potsdam über das Wasser verboten. Alle reparierten oder neuen Boote wurden nun per LKW über Land ins Sacrower Grenzgebiet und wieder hinaus transportiert. Noch führte aber der Kolonnenweg der Grenzer nicht über das Werftgelände. »Das änderte sich erst 1980, als Frau Buchholz, die Inhaberin der Werft, starb. Die erste Maßnahme war der Abriss der Bootshalle, so dass die Grenzer einen durchgängigen Kolonnenweg an der Sacrower Wasserlinie hatten«, berichtet Gerhard Pahl.

Ursula Rhus, die Tochter der Familie, ging mit ihrem Mann, der ebenfalls Bootsbauer war, schon 1956 in den Westen. Von dort schickte sie ihren Eltern manchmal dringend benötige Kupfernägel rüber in den Osten. Jeden Sonntag – bis ihre Mutter starb – winkte sie mit einem

weißen Taschentuch von Nikolskoe rüber nach Sacrow, wo sie ihre Eltern zur verabredeten Zeit mit dem Fernglas über die Havel sehen konnte.

Maueropfer – die Fluchten

Anders als in anderen Grenzgebieten, in denen es aufgrund der Nähe zu den Sperranlagen und der Kenntnis des Bewachungssystems durch die Anwohner häufig zu Fluchten kam, gab es in Sacrow im Laufe der 28 Mauerjahre nur wenige ›Grenzverletzungen‹, wie Fluchten im Sprachjargon der Grenztruppen der DDR hießen. Eine genaue Zahl der von Sacrow aus versuchten und gelungenen ›Republikfluchten‹ gibt es nicht. Welche dramatische Bedeutung Flucht und Fluchtversuch für den einzelnen auch in Sacrow hatten, lässt sich an Beispielen belegen.

Hans-Hermann Hertle vom Zentrum für Zeithistorische Forschung und Maria Nooke (*Stiftung Berliner Mauer)* haben die Opfer an der Berliner Mauer erforscht. Aus dem Bereich Sacrow benennen sie im Portal *Chronik der Mauer*:

Lothar Lehmann (geb. 1942) ertrinkt am 26. November 1961 bei dem Versuch, von Sacrow aus über die Havel in die Freiheit nach West-Berlin zu gelangen. Der gelernte Schlosser hatte die Taubenzucht als Hobby. Er leistete zu der Zeit seinen Wehrdienst. Bei seiner Flucht erlitt er offenbar einen Kälteschock im eiskalten Wasser und verlor dann das Bewusstsein. Als Todes-

Grenzanlagen

ursache wird »Unfall« angegeben. Die ›Republikflucht‹ und die Fahnenflucht mussten verschwiegen werden.

Erna Kelm (geb. 1908) ertrinkt am 11. Juni 1962 in der Havel. Ihre Leiche wird auf der West-Berliner Uferseite nahe der Moorlake in Zehlendorf von einem Angler im Wasser treibend gefunden. Er verständigt die Polizei, die die Tote später mit einem Boot an Land bringt. Das Fluchtmotiv der Heimleiterin ist nicht bekannt. Nur durch den in einem Strumpf versteckten DDR-Personalausweis weiß man, dass sie aus Sacrow stammte und vermutlich von dort aus versuchte, über das Wasser zu flüchten. Unter ihren Kleidern trug sie einen Schwimmgürtel.

Rainer Liebeke (geb. 1951) ertrinkt am 3. September 1986, kurz vor seinem 35. Geburtstag, bei dem Versuch, nach West-Berlin zu flüchten, im Sacrower See. Der begeisterte Motorsportler teilte sein Hobby mit dem neun Jahre jüngeren Dirk K. Die beiden Männer, die freundschaftliche Verbindung zu Sportfreunden aus der Bundesrepublik aufgenommen hatten, wollten in den Westen. Von Potsdam aus machen sie sich auf den Weg zum Sacrower See, dessen östliche Seite Grenzgebiet ist. Der Begleiter von *Rainer Liebeke* ist mit diesem Grenzabschnitt bestens vertraut, er leistete dort zwischen 1983 und 1985 seinen Wehrdienst ab. Die beiden Männer haben unwegsame Sumpf- und Schilfgebiete zu durchqueren, bis sie bei Dunkelheit an den Sacrower See gelangen. Es sind etwa 500 Meter bis zum anderen Ufer. Vorsicht ist geboten, da Scheinwerfer in unregelmäßigen Abständen das Gebiet ableuchten. Während der Jüngere zügig

An der Mauer wohnen

vorweg schwimmt, dürfte Rainer Liebeke eine Schlüsselbeinverletzung zunehmend behindert haben. Mit leisen Zurufen versuchen die Männer, miteinander in Kontakt zu bleiben. Doch als Dirk K. das Ufer erreicht, merkt er, dass der Ältere nicht mehr hinter ihm ist. Er sucht noch einige Zeit nach ihm, dann setzt er, um sich nicht selbst zu gefährden, seine Flucht durch den Wald fort. Ziemlich genau in der Mitte zwischen zwei weit auseinander liegenden Postentürmen und von diesen nicht einsehbar überwindet Dirk K. mit Hilfe eines Baumpfahles schließlich die Grenzanlagen, die ihn noch vom Havelufer trennen. Er löst dabei Alarm aus, doch als die Grenzposten nach ihm fahnden, ist er schon über die Grenze geschwommen, die hier in der Flussmitte verläuft. »Die Spur verliert sich feindwärts des vorderen Sperrelements in Richtung Havel«, heißt es in einem Bericht des Grenztruppenkommandeurs. Unversehrt erreicht K. das West-Berliner Ufer.

Rainer Liebeke hingegen überlebt die Flucht nicht; zwei Schüler entdecken eine Woche später seinen Leichnam im Sacrower See und benachrichtigen die Volkspolizei. Kurz darauf wird er von der Besatzung eines Bootes der DDR-Grenztruppen geborgen und anhand der mitgeführten persönlichen Unterlagen identifiziert.

Lothar Hennig (geb. 1954) wurde in der Nacht des 4. November 1975 in Sacrow auf offener Straße in den Rücken geschossen. Er verstarb wenige Stunden später am 5. November 1975 an den Folgen der Schussverletzung. Sein Tod stellte ein besonderes Drama dar: Ein Mauertoter, der nicht fliehen wollte. (S. Kapitel ›*Sagen sie doch, dass sie ihn erschossen haben*‹, S.152)

Mauerstreifen am Hämphorn

Lothar Henning wurde im Weinmeisterweg nahe dem *Konsum* angeschossen. Anwohner Gerhard Pahl erinnert sich: »In der Nacht, als Lothar Hennig hier erschossen wurde, haben wir die Schüsse gehört, weil wir unmittelbar daneben gewohnt haben. Vorher, während der Abendstunden haben wir schon gesehen, dass sehr viele von den Grenztruppen aus Groß Glienicke im Ort waren. Die haben wohl nach einem russischen Soldaten gesucht, der aus der Kaserne in Krampnitz abgehauen war, und sie vermuteten, dass der von Sacrow aus nach West-Berlin rüber wollte. Als Lothar Hennig dann nachts aus dem Bus ausstieg, wusste er nicht, dass die Grenztruppen in Alarmbereitschaft waren. Er ist, wie er es immer tat, die letzten Meter nach Hause gerannt. Dabei wurde er von einem Grenzposten angeschossen, lag wohl auf der Straße, verlor viel Blut und ist später gestorben. Lothar Hennig war ja auch bei uns in der Freiwilligen Feuerwehr. Unsere Feuerwehrkameraden wurden von der Stadt und den Grenztruppen vorgeladen, zur Information über die Sache. Da gab es keine Entschuldigung – gar nichts. Im Ort fragten sich die meisten, ob das sein musste mit dem Schießen, man hätte ihm doch hinterher rennen können … Es war eine schlimme Sache. Bei der Beerdigung in Babelsberg waren wir mit der Freiwilligen Feuerwehr auch dabei.«

Nach der Wiedervereinigung kam heraus, dass sich Lothar Hennig wenige Monate vor seinem Tod als IM bei der Stasi verpflichtet hatte. Als die *Stiftung Berliner Mauer* 2011 eine Stele für das Maueropfer Lothar Hennig an der Stelle aufstellen wollte, wo er erschossen wurde, kam es zu Protesten der Anwohner. *Der Tagesspiegel* schrieb dazu: *»Dass auch in diesem Fall genau wie sonst nahe des Todesortes die orangefarbene Betonstele, mit 3,60 Metern so hoch wie die*

Gedenkstele für das Maueropfer Lothar Hennig

Mauer, und daneben eine kleinere Säule mit einem Bild des Opfers, Biografie und Angaben zu den Todesumständen aufgestellt werden sollen, geht manchen zu weit. ›Jeder Bewohner, jeder Besucher defiliert an einem Stasi-IM vorbei‹, sagt ein Anrainer. Das sei die ›Grundmeinung auch in der Nachbarschaft‹. Wenn man die Stele wolle, dann ›etwas abgelegen‹. Das aber widerspricht den Grundsätzen des Projekts der Stiftung. Die nimmt die Debatte so ernst, dass sie die Aufstellung der Säule zurückstellt, wie Direktor Axel Klausmeier bestätigt: ›Wir suchen das Gespräch.‹ Man wolle nichts überstürzen und um Verständnis werben für den Ansatz, an alle Maueropfer zu erinnern: an die, die bei ihrer Flucht aus dem SED-Regime ihr Leben verloren, an getötete Grenzsoldaten und an die, die durch tragische Umstände im Zusammenhang mit dem Grenzregime umkamen. Und Maria Nooke sagt: ›Wir nehmen keine moralische Bewertung der Opfer vor, wir teilen sie nicht in gute und böse.‹ Schließlich zeige auch dieser Tod: ›Es wurde auf jeden geschossen, der in Verdacht geriet, selbst wenn es eigene Leute traf. Auch das zeigt, wie menschenverachtend die Mauer war.‹ Zudem sei der Fall vielschichtig und widersprüchlich. Da sei der junge Mann, der als lebenslustig und eher unangepasst galt, in Diskotheken vor allem Westmusik auflegte. Warum er sich einige Monate vorher mit der Stasi einließ, sei ungeklärt. Nach den Akten habe er sich regelmäßig mit dem Führungsoffizier getroffen, aber etwa die Begegnung mit einem Flüchtling im Sperrgebiet nicht gemeldet, gegen alle Vorschriften. ›Er war nicht das Stasi-Schwein‹, sagt Nooke.« Die Stele wurde nach langen Diskussionen schließlich in der Kladower Straße aufgestellt.

Auch die wenigen geglückten Fluchten im Bereich Sacrow offenbaren menschliche Schicksale, die der deutschen Teilung geschuldet sind. Der 13. August 1961 ließ viele DDR-Bürger, die sich mit dem Gedanken trugen, ihre Heimat Richtung Westen zu verlassen, nun die risikoreiche Flucht über die von bewaffneten Soldaten gesicherte Grenze wagen. Es war immer ein lebensgefährliches Vorhaben und immer ein Abschied von Eltern, Freunden und der Heimat.

Das Leben von **Rita Bergemann** (geb. 1940) ist auf dramatische Weise mit Sacrow verknüpft. 1961 ging es hier für sie um Leben und Tod. Auf dem Meedehorn hatte die Familie ihres Freundes Michael ein Wochenendhaus, wo sie glückliche Stunden verlebte. Es wurde das »zweite Zuhause« der jungen Potsdamerin, die mit ihrer Familie in der Berliner Vorstadt – nahe der Glienicker Brücke – lebte. Sacrow war für sie der Sehnsuchtsort. »Im Sommerhaus in Sacrow war es wunderschön, wenn wir an den schulfreien Wochenenden auf der Hollywoodschaukel unsere Freizeit genossen – immer eng zusammen«, erinnert sich *Rita Bergemann*. »Michael und ich waren eine ganz große Jugendliebe. Wir lernten uns mit 16 Jahren auf dem Gymnasium kennen. Und von da an stand für uns fest, dass wir für immer zusammenbleiben wollten.«
Rita und Michael – die beiden 21-jährigen – fühlten sich in der DDR in ihrer Freiheit eingeschränkt. Michael studierte im Sommer 1961 in West-Berlin und geriet immer mehr ins Visier der Stasi. Das junge Paar beschloss, in den Westen zu fliehen. Michaels Vater, der als Selbständiger ebenfalls große Probleme mit dem Staat hatte, bekräftigte die beiden. Seine Mutter weinte, möchte den Sohn nicht verlieren. Doch Rita und Michael beschließen, die gefährliche Flucht zu wagen. Sie sprechen mit ihren Eltern darüber nicht, um sie und sich nicht zu gefährden.
Vom Meedehorn ist es nur ein kurzer Weg über das Wasser nach drüben – in den Westen. 14 Tage nach dem Mauerbau ist die Grenze hier noch nicht völlig dicht, deshalb patrouillieren unablässig Boote mit bewaffneten Grenzern an Bord, um Fluchten zu verhindern. Auch an Land gibt es verstärkte Kontrollgänge. Am 28. August 1961 wagt sich das Liebespaar Richtung Grenze.
»Wir hatten weder Papiere noch Geld dabei, denn wir sollten ja als Liebespärchen, was den schönen Abend genießt, irgendwelchen Kontrollen Stand halten«, erzählt Rita Bergemann. »Wir schlichen durch das Gebüsch … Das war eine abenteuerliche Sache, denn wir wussten nie, wann stoßen wir auf Grenzpolizisten? Aber wir wussten: auf dem Wasser drohte die größte Gefahr.« Die Boote der Grenztruppen fuhren in hoher Frequenz. Die Besatzungen waren mit Kalaschnikows bewaffnet. Dem jungen Paar war klar, dass ihre Flucht tödlich enden konnte.
»Ich hatte das Gefühl, das Schwimmen verlernt zu haben. Ich dachte, ich kriege keine Schwimm-

bewegungen mehr hin, es zieht mich etwas nach unten. Ich habe immer Richtung *Heilandskirche* geschaut und dachte, vielleicht hilft die Kirche, sie wird uns schon irgendwie begleiten, dass wir das andere Ufer erreichen können«, sagt Rita Bergemann. »Als wir etwa in der Mitte des Flusses waren, bog ganz plötzlich an der *Heilandskirche* ein Grenzer-Boot um die Ecke und nahm Kurs genau auf uns Schwimmende. Wir hatten vorher abgesprochen, wenn wir entdeckt werden sollten, wollten wir uns nicht erschießen und auch nicht in ein Gefängnis bringen lassen, sondern wollten lieber zusammen untergehen – uns untergehen lassen. Aber wie durch ein Wunder drehte das Boot plötzlich ab, nahm wieder Kurs auf Nedlitz und verschwand. Wir schwammen dann zügig zum anderen Ufer hinüber. Als wir auf der westlichen Seite ankamen, blieben wir erst einmal eng umschlungen, erschöpft und frierend liegen.«
Rita Bergemann ist heute wieder oft an der *Heilandskirche*. Lange Jahre lebte sie in Köln. Nach der gelungenen Flucht aus Sacrow 1961 zog sie mit ihrem Freund Michael dort hin, um neu anzufangen. Die Geschichte ihrer dramatischen Flucht hatte kein wirkliches Happy End im Westen. »Wir waren in Köln nie richtig zu Hause. Michael war geprägt von ganz intensivem Heimweh. Er hatte eine starke Bindung an seine Heimat. Und ich merkte schon nach ganz kurzer Zeit, dass sich Michaels Psyche veränderte und er nicht mehr der war, der er in Sacrow und in Potsdam war. Dass er einfach den Verlust seiner Heimat, seines Elternhauses nicht verkraftet hat und psychisch sehr krank wurde. Nach einiger Zeit ist er sehr jung verstorben, ohne je seine Heimat wiedergesehen zu haben.«

Die Bezirksverwaltung Potsdam des MfS meldete in der *Information Nr.: 34/84* an den *Zentralen Operativstab* nach Berlin (im Verteiler: Markus Wolf und Günther Neiber):

> Ungesetzlicher Grenzübertritt DDR – Berlin (West) durch einen Bürger der DDR von der Halbinsel Meedehorn in der Nähe der Ortschaft Sacrow/Potsdam (...)
> Am 9.1.1984, gegen 12.20 Uhr, wurde bekannt, daß ein Bürger der DDR die Havel durchschwommen hat und mit Unterkühlungen in das Krankenhaus Berlin (West), Verwaltungsbezirk Zehlendorf, eingeliefert wurde. (...)
> Der Grenzverletzer hat in den Mittagsstunden des 9.1.1984 das von Grenzposten der Grenztruppen der DDR gesicherte Tor zur Halbinsel Meedehorn ordnungsgemäß passiert, um in den Bungalow seines Vaters zu gelangen, welcher sich im Grenzgebiet befindet.
> Gegen 14.10 Uhr stellte eine Kontrollstreife der Grenztruppen der DDR im Handlungsraum Fußspuren fest.

Die Fußspuren stammten von dem 17-jährigen **Jürgen W.** Er überwand alle Sperranlagen und schwamm durch das eiskalte Wasser auf die West-Seite nach Krughorn rüber. »Wir haben alle gedacht, der ist ertrunken«, erinnert sich Hartmut Kathrey, der damals als Grenzoffizier bei der Spurensicherung nach der Flucht dabei war. »Er muss ein Stück über den zugefrorenen Fluss gelaufen sein, dann kam die Wasserrinne, die der Eisbrecher aus Potsdam immer freihielt, um eben Fluchten zu verhindern. Da ist er wohl durchgeschwommen und dann wieder über das letzte Stück Eis rüber nach Krughorn gelaufen.« Wenige Stunden später verifizieren Aufklärer von MfS und Grenztruppe, wer der Flüchtling ist. Die Nachricht schlägt ein wie eine Bombe. *Jürgen W.* ist der Sohn eines Stasi-Mitarbeiters. *»Bei der Überprüfung wurde in Zusammenarbeit mit der Bezirksverwaltung für Staatssicherheit Potsdam, Abt. IX bekannt, daß es sich um einen hauptamtlichen Mitarbeiter der Abteilung XIX der Bezirksverwaltung für Staatssicherheit in Potsdam handelt«,* schreibt Oberstleutnant Oppel vom Grenzregiment 34 in einem Bericht vom 10.1.1984. »Das schlug hohe Wellen damals«, sagt Hartmut Kathrey. »Erich Mielke hat höchstselbst folgenden Deal abgesegnet: Die Großeltern wurden mit dem Auftrag nach West-Berlin geschickt, den Jungen zu überreden, dass er zurückkommt. Das ist auch gelungen. Aber Familie W. musste die Datsche auf dem Meedehorn abgeben und musste raus aus dem Grenzgebiet. Auch haben sie dann die Zutrittsregelungen für das Erholungsgebiet Meedehorn verschärft. Jugendliche durften in Folge überhaupt nicht mehr alleine rein. Und im Winter war der Aufenthalt nun generell nur bis 18 Uhr gestattet.«

Badestelle am Sacrower See

Die letzte geglückte Flucht vom Meedehorn im Sommer 1988 stürzte eine Familie ins Unglück. Der Ehemann von **Bärbel Stürzebecher** (s. Kapitel ›*Heimweh*‹, S. 170) verließ nicht nur die ihn beengende DDR, sondern auch seine Familie mit zwei Kleinkindern. Wäre im November 1989 die Grenze nicht gefallen, hätten die Kinder ihren Vater wohl nie im Leben wiedergesehen.

Leben im Sperrgebiet

Sicherlich sind Akten und Dokumente der DDR-Nomenklatura, die Vorkommnisse im Ort oder die Stimmung der Bevölkerung beschreiben, häufig ›gefärbt‹. Man will bestätigen, »was sein soll«. Das ›was ist‹, also die ehrliche Abbildung der wirtschaftlichen und politischen Situation und vor allem der Kritik der Anwohner, könnte unangenehme Wahrheiten ans Licht bringen, die die Fürsorge von Partei und Staat für ›ihre‹ Bürger diskreditieren würde. Dennoch ist das *Protokoll der öffentlichen Sitzung des Rates der Stadt Potsdam gemeinsam mit der Nationalen Front in Sacrow vom 16.3.1966* interessant. Zeigt es doch – fünf Jahre nach dem Mauerbau – den schmalen Grat zwischen Anpassung und Unzufriedenheit im Grenzgebiet Sacrow. Im Protokoll geht es um das Verhältnis der Einwohner zu Grenze und Grenztruppen und um Privilegien bei der ständig diskutierten Passierscheinregelung:

Lauben am Meedehorn

> Zahlreiche Anfragen gab es zur Passierscheinregelung. Von den Sacrower Bürgern wurde schon lange bemängelt, daß die Bürger, die auf dem Meedehorn ein Grundstück haben, für sich, Verwandte und Bekannte Passierscheine erhalten. Für die anderen im Ort, deren Familienangehörige durch Heirat oder andere Umstände verzogen sind, gibt es nur in den seltensten Fällen Passierscheine.

Im selben Protokoll wird aber auch der Schulterschluss der Sacrower mit ihren Bewachern ausdrücklich thematisiert: »*Es wurde eingeschätzt, daß ein gutes Verhältnis der Bürger Sacrows zu der stationierten Grenzeinheit der NVA besteht und daß die Genossen der NVA aktiv im Wohnbezirksausschuss der Nationalen Front mitarbeiten. 34 Bürger haben sich als freiwillige Grenzhelfer zur Verfügung gestellt.*«

War es wirklich so? Auf jeden Fall ist die Zahl der freiwilligen Helfer der Grenztruppen in Sacrow im Laufe der Jahre größer geworden. Sie waren zivile Unterstützer der DDR-Grenztruppen. Also Menschen aus dem Ort, die nach damaliger Definition »*aktiv bei der Gewährleistung der öffentlichen Ordnung und Sicherheit zum Schutz der Arbeiter- und Bauernmacht mitwirken sollen*« und damit ihren »*gesellschaftlichen Beitrag zur Festigung des Sozialismus auf deutschem Boden*« leisteten. Ihre wirkliche Aufgabe war das Spitzeln, um eventuelle Fluchtversuche zu vereiteln und Flüchtlinge aufzuspüren.

Die Zone in der Zone

Das Meedehorn war zur DDR-Zeit ein Sperrgebiet im Sperrgebiet. Die Halbinsel war seit 1937 ein Naherholungsgebiet. Weil die Fluchtgefahr von dort besonders groß war, wurde darauf geachtet, dass die »Datschen« darauf zum Großteil von linientreuen Genossen bewohnt wurden, von denen man annahm, dass bei ihnen die Fluchtgefahr geringer ist. Wer dort sein Wochenendhäuschen hatte, galt als hundertprozentig verlässlich. Dennoch gelangen die meisten Fluchten im Bereich Sacrow von dort aus.

Nach einer Flucht vom Meedehorn 1984 analysiert das MfS die Situation dort:

> Die Kleingartensparte SACROW MEEDEHORN liegt auf einer vorgelagerten Halbinsel von einer Größe von ca. 12 ha, die insgesamt für die Naherholung genutzt wird. Auf diesem Territorium befinden sich ca. 120 gepachtete Grundstücke, wobei ca. 400 Bürger dort mit einer Nebenwohnung registriert sind. Zu diesem Personenkreis wurden bisher keine negativen Hinweise bekannt. Zirka 150 Personen dieser Bewohner sind Mitarbeiter des MfS oder Angehörige anderer bewaffneter Organe.
> Das Genehmigungsverfahren zum Betreten der Halbinsel MEEDEHORN wird mit Passierscheinen und Zutrittskarten sowie Eintragung im Personalausweis als zweiter Wohnsitz geregelt.
> Die Betretungsordnung legt weiterhin fest, daß Versorgungsfahrzeuge für MEEDEHORN durch eine Kfz-Streife der Grenztruppen zu begleiten sind.

Der abgeriegelte Ort

Die Nachweisführung erfolgt durch:
- Bürger mit 2. Wohnsitz MEEDEHORN hinterlegen bei der Einreise die Kennkarte, bei gleichzeitiger Vorlage des Personalausweises beim Postenführer am Kontrollpunkt Eingang MEEDEHORN und erhalten diese bei der Ausreise zurück.
- Bei Bürgern mit 1. und 2. Wohnsitz von SACROW und von der ANGLERWIESE (Naherholungsgebiet am Sacrower See) sowie Bürgern mit Passierscheinen nach MEEDEHORN wird die Ein- und Ausreise durch den Postenführer Kontrollpunkt Eingang MEEDEHORN im Nachweisbuch nachgewiesen.

Die (Not-)Gemeinschaft

Der Status des Grenzgebietes mit Passierscheinregelung, Mauer, Todesstreifen und Grenzzäunen um den Ort bedeutete für die Sacrower eine »soziale Abriegelung«. Weil man kaum Verwandte, Freunde und Arbeitskollegen »rein« bekam, blieb man gezwungenermaßen unter sich.

»Es war gewiss nicht immer leicht im Grenzgebiet, mit all den Beschwernissen zu leben. Viele gingen fort, doch die, die hier blieben, blieben, weil sie dieses Fleckchen Erde lieben, trotz allem! Die Bürger sahen sich in einer Notgemeinschaft«, sagt Anwohnerin Erika Schultz. »Da keine fremden Bürger in den Ort durften, wuchs das Gemeinschaftsgefühl. Dem *Kulturaktiv* verdankte Sacrow schöne Stunden. Im Laufe des Jahres gab es mehrere Tanzveranstaltungen

Feier »600 Jahre Sacrow«

mit Kapelle und andere Unterhaltungs-Abende mit Lesungen, Kabarett, Abende mit Feuerzangenbowle am Kamin, Abende am Samowar mit Dia-Vorträgen und vieles mehr.«

1975 wurden unter Federführung der *Nationalen Front* 600 Jahre Sacrow und 30 Jahre Befreiung vom Faschismus gefeiert. Neben einem Kaffeenachmittag für ältere Bürger, Disko-Veranstaltungen für die Jugend (bei denen der wenige Wochen später erschossene Lothar Henning noch Schallplatten auflegte), und einem Lampionfest für die Kinder gab es drei Kaminabende. Der erste mit Feuerzangenbowle und dem Lichtbildervortrag »Die Bergwelt des Tatra-Nationalparkes«, der zweite war der »Jägerabend am Kamin« mit Wildgulasch, Jagdliedern und der Teilnahme von Jägern und Förstern, mit dem Lichtbildervortrag »Durch den Kaukasus zum Schwarzen Meer«. Der dritte war ein »Thüringer Abend« mit Rostbrät'l am Kaminfeuer mit dem Lichtbildervortrag: »Die sonnige Bergwelt Bulgariens.« Der Osten lebte. Mehr DDR ging nicht. Aber es gab so etwas wie eine (Dorf-)Gemeinschaft.

»Die gemeinsame Arbeit vieler Bürger und der enge Zusammenhalt wurden nach 1980 durch den Wechsel zu einem systemtreuen Vorsitzenden der hiesigen *Nationalen Front* merklich gestört. Viele Bürger zogen sich zurück. Misstrauen und Angst wuchsen«, sagt Erika Schultz.

»Man wusste auch von Briefen, die zur Stadt/Abteilung Inneres, zum Grenzregiment oder zur Staatssicherheit geschickt wurden, in denen Sacrower berichteten, dass gewisse Personen West-

Mutter Hennig im Kinderheim Sacrow

fernsehen gucken und das auch noch so laut, dass man es bis auf die Straße hört. Oder, dass Nachrichten vom ›Feindsender‹ RIAS gehört wurden«, erinnert sich Anwohner Thomas Friese. »Aber die hatten nicht den Arsch in der Hose, diese Briefe mit Namen zu unterschreiben, sondern die petzten anonym. Ganz gemein war, dass die auch manchmal mit einem anderen Namen aus dem Ort unterschrieben hatten.«

Die Abgeschiedenheit des »Ortes hinter der Mauer« machte sich die DDR zu nutze. Immer wieder lassen sich in den Akten der Staatssicherheit Vermerke über »Einweisung von Kindern in das Kinderheim Sacrow« finden. Immer sind es Kinder von ›Grenzverletzern‹, von enttarnten West-Spionen oder von Menschen, denen »Medikamentenmissbrauch« vorgeworfen wurde. Die Eltern saßen in einem DDR-Gefängnis – die Kinder kamen in ein Heim nach Sacrow. Sie wurden »Kofferkinder« genannt, wie die Autorin Renée Zucker zu berichten weiß. Ein Ort menschlicher Tragödien – mitten im ›Paradies‹.

»Unsere Muttter hatte im Vorschulheim gearbeitet – das war in der ›Lesser-Villa‹, wo einst die Schauspielerin Jenny Jugo wohnte«, erzählt Christel Hempelmann, die in Sacrow aufwuchs. »Dort waren Kinder zwischen drei und sechs Jahren untergebracht, und sie hatte dort als Nachtwache gearbeitet. Über die ›Kofferkinder‹ durfte unsere Mutter nie reden. Sie hatte absolute Schweigepflicht. Aber weil sie das so belastet hatte, erzählte sie später doch, wie furchtbar es für sie war, wenn nachts Stasi-Leute geklingelt haben und dann ein oder zwei Kinder gebracht

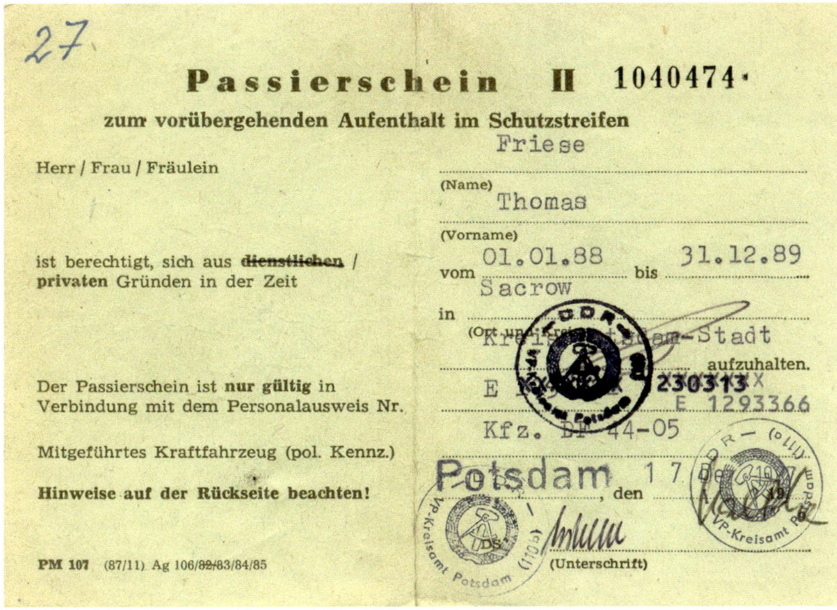

27

Passierschein II 1040474

zum vorübergehenden Aufenthalt im Schutzstreifen

Herr / Frau / Fräulein Friese (Name)
Thomas (Vorname)

ist berechtigt, sich aus ~~dienstlichen~~ / **privaten** Gründen in der Zeit vom 01.01.88 bis 31.12.89 in Sacrow (Ort und Kreis) aufzuhalten.

Der Passierschein ist **nur gültig** in Verbindung mit dem Personalausweis Nr. E 230313 / E 1293366

Mitgeführtes Kraftfahrzeug (pol. Kennz.) Kfz. 44-05

Hinweise auf der Rückseite beachten!

Potsdam, den 17

(Unterschrift)

PM 107 (87/11) Ag 106/~~82~~/83/84/85

Kontrollierter Zugang

haben. Die Kleinen waren natürlich total verunsichert, weinten und waren völlig verstört. Die wussten ja gar nicht, wie ihnen geschah. Mutter sollte die Kinder irgendwie beruhigen, aber sie durfte nicht nachfragen. ›Wir haben wieder Kofferkinder gekriegt‹, erzählte sie dann zu Hause. Sie kannte die Umstände nicht und wusste natürlich nicht genau, wo sie die aufgegriffen haben, aber sie wusste, dass es Kinder von Leuten waren, die beim Versuch, aus der DDR zu fliehen, erwischt wurden. Und die wurden erstmal in Heime gebracht. Und wenn es Kleinkinder waren, dann wurden sie eben hier nach Sacrow ins Heim gebracht. Das hat unsere Mutter unheimlich belastet. Gerade weil sie Kinder so geliebt hatte. Ihr taten die Kleinen einfach leid.«

Die Passierscheinregelung

Das Thema Passierscheinregelung wird bereits 1966 im *Protokoll über die Bürgeranhörung in Sacrow von den Vertretern der Nationalen Front* angesprochen:

> Es wurde geklärt, (…) daß die Bürger Sacrows entsprechend der Festlegung der Grenzordnung nur Besuch empfangen können, wie es die Ordnung vorsieht. Diese Maßnahmen sind zum Schutz der Staatsgrenze notwendige.

»Wir waren immer unter Kontrolle, abgeschirmt, eingesperrt! Wie viele Ängste, Nöte und Sorgen es in den einzelnen Familien nach der strengen Abgrenzung und den Kontrollen im Wohngebiet Sacrow gab, lässt sich kaum beschreiben«, erzählt die Sacrowerin Erika Schultz. »In einer

257

Abt. VII
GMS "Vermesser"

BSTU 0206

21.09.82

Information vom Sondergebiet Medehorn.

Der GMS berichtete, daß auf Medehorn zur Zeit keine gute Stimmung ist und es wahrscheinlich bald Eingaben von den dortigen Bürgern geben wird. Dazu nannte der GMS Beispiele. Einem Bürger ist eine voll gefüllte Tiefkühltruhe deffekt gegangen. Dieser setzte sich sofort mit "Monsator" in Verbindung, um eine kurzfristige Reperatur herbeizuführen. ES wurde ihm zugesagt, daß ein Handwerker mit Passierschein für das Kreisgebiet Potsdam zu Reperatur kommen wird. Dieser erschien auch am selben Tag, wurde aber durch die Grenzposten nicht durchgelassen, da auf seinen Passierschein nicht der Vermerk war, daß er Medehorn betreten dürfe. Die eingefrorenenWaren sind verdorben. Dieser Bürger wird wahrscheinlich dem Grenzregiment zum Schadenersatz auffordern.
Ein alter Arbeiterveteran, welcher schon über 30 Jahre auf Medehorn ist und während der faschistischen Zeit dort illegale Zusammenkünfte hatte und dessen Frau vor kurzem gestorben ist, stellten für seine Schwiegersohn eine Antrag für eine Passierschein, zwecks Betreuung seiner Person. Dieses wurde abgelehnt. Eine Bürgerin ist verstorben, welche von Wilhelm Pieck ein Haus geschenkt bekommen hat, da sie ihn damals betreute. Dieses Haus hat jetzt ihre Tochter und dessen Ehemann übernommen. Der Schwiegersohn stellte ebenfalls den Antrag auf Passierschein, da sein Vater stark zuckerkrank ist und ständig betreut werden muß. Der Antrag wurde ebenfalls abgelehnt. Die Quelle stellt sich hier die Frage, wie eigentlich mit den Menschen umgegangen wird?

F.d.R.d.A.
Schröther, Ultn.

gez. Vermesser

Bericht vom Meedehorn

Nacht gab es einmal drei schwerkranke Menschen, die unbedingt ärztliche Hilfe benötigten. Ein Herzanfall, ein Magendurchbruch und eine schwere Erkrankung einer Frau aus dem Pflegeheim. Doch die medizinische Hilfe konnte nicht erfolgen, da der Arzt den Grenzkontrollpunkt nicht passieren durfte, weil er keinen Passierschein hatte. In Einwohnerversammlungen wurden die Passierscheinprobleme häufig angesprochen, doch es gab keine Erleichterungen, sondern von Jahr zu Jahr spürbare Verschärfungen und auch viel Willkür. Die Passierscheine, die Ablehnungen, die haben sehr viel Leid verursacht.«

Ihr Mann Karl-Heinz Schultz ergänzt: »Man musste wochenlang vorher einen Antrag stellen, dass Besuch, Verwandte oder Bekannte hier rein können. Oft wurde das einfach aus irgendwelchen Gründen abgelehnt. Der Grund wurde übrigens auch nie genannt. Gerade für die Jugendlichen war das schwierig. Unsere Kinder waren ja in dem Alter, wo sie auch mal einen Freund hatten oder eine Freundin, und die haben sie eben nicht hier reingekriegt. Die mussten sich sonst wo treffen, aber nicht hier auf unserem Grundstück. Das war für alle hart, auch für die älteren Menschen, wenn die ihre Verwandtschaft hier nicht reingekriegt haben zur Goldenen Hochzeit oder zum Geburtstag. Das war sehr belastend.«

Sogar durchaus linientreue Genossen hatten unter der Passierscheinregelung zu leiden, wie GMS »Vermesser« (*Gesellschaftlicher Mitarbeiter für Sicherheit* der Stasi) 1982 von der Kleingartensparte Meedehorn zu berichten weiß.

Maueröffnung 1989

Kurz vor der Öffnung der Mauer begann sich auch in Sacrow die Unzufriedenheit der Bürger zu manifestieren, weiß Erika Schultz zu berichten: »Im Oktober 1989 spitzte sich die politische Lage ja im ganzen Land zu. Im gleichen Monat beriefen wir in Sacrow eine Bürgerversammlung ein. Gefordert wurde die Öffnung des Ortes, der Schlagbaum sollte fallen. Es kam zu einer Abstimmung mit nur sechs Gegenstimmen – das war die erste demokratische Handlung nach 1949.«

Der 9. November 1989

Die Öffnung der Mauer hatte für das abgeriegelte Grenzgebiet Sacrow eine ganz besondere Bedeutung. Das Ehepaar Schultz war aber am 9. November wie fast alle im Ort überrascht, dass nun nach 28 Jahren das Grenzsystem bald Vergangenheit sein sollte. »Das war für uns in den Tagen nach dem 9. November das wichtigste: Wann fällt hier der Schlagbaum? An der Glienicker Brücke wurde ja schon Tag und Nacht gefeiert. Man hat ja den Krach und den Jubel, der über das Wasser rübergeschallt kam, in Sacrow gehört, als die vielen Leute aus dem Osten drüben auf der Westseite der Brücke lautstark empfangen wurden«, sagt Karl-Heinz Schultz. »Wir wussten, dass es nun vorbei ist mit der Mauer und der Grenze. Aber wir kamen erst am 12. November dran. Da wurde unser Schlagbaum zum Grenzgebiet Sacrow abgebaut und wir waren alle dabei. Da war ein Haufen Grenzer – denen haben wir Sekt angeboten, um das mit uns zu feiern. Aber die durften nicht, denn es bestand deren Befehl zur Sicherung noch weiter,

bis die Grenzanlagen abgebaut wurden.« »Die waren verunsichert, die Grenzer. Einen Tag vorher hätten sie noch Sicherungsmaßnahmen durchführen, uns festnehmen oder gar schießen müssen«, ergänzt seine Frau.

Karl-Heinz Schultz dokumentierte die Öffnung der Grenze und später den Abbau der Grenzanlagen in Sacrow mit seiner nagelneuen Videokamera aus dem Westen. »Mein Onkel aus dem Westen hat mir '89 über den Intershop eine Video-Kamera geschenkt«, erzählt er. »Diese für uns neue Technik kam natürlich gerade richtig – fast genau zum 9. November und dem Fall der Mauer. Einen Tag später bin ich durch den Ort gegangen und habe noch Aufnahmen von der Grenze gemacht, weil ich dachte, wer weiß, wie lange ich das noch sehen kann. Ich habe den Abbau unseres Schlagbaumes gefilmt, den schrecklichen Todesstreifen an der *Heilandskirche*, als wir wieder hin durften, und habe noch ein paar Aufnahmen auf dem Hämphorn gemacht, um das alles festzuhalten. Vorher durfte man natürlich nicht im Grenzgebiet filmen. Es sei denn, man hätte das heimlich gemacht. Aber es bestand immer die Gefahr, dass man von den sogenannten *Grenzhelfern (Zivilisten, die als Unterstützung für die Grenztruppen verdächtige Bewegungen an der Staatsgrenze beobachteten und meldeten)* gesehen wird. Wir wurden ja oft genug angezeigt von denen, weil wir hier im Garten gezeltet haben oder wegen sonst irgendwas.
Das war schon bewegend diese Zeit. Aber als der Schlagbaum weg kam, da hab ich gesagt: Nun ist endgültig vorbei mit der Grenze, mit dem Grenzsystem. Jetzt kannst du hier frei filmen und fotografieren.«

Abbau des Schlagbaums

Am 12.11.1989 um 12 Uhr wurde der Sacrower Schlagbaum demontiert. Bis 24 Uhr mussten trotzdem Ausweise oder Passierscheine gezeigt werden.

»Die Emotionen im Ort waren groß, die Euphorie schlug hohe Wellen. Erst jetzt wurde allen bewusst, wie sehr sie 28 Jahre ihrer Freiheit beraubt und beschnitten worden waren«, erinnert sich Erika Schultz. Ihr Mann ergänzt: »Hier in Sacrow war die Freude über die Grenzöffnung natürlich besonders groß. Das war unglaublich, wie ausgelassen da alle gefeiert haben, auch Leute, von denen man das nie gedacht hätte. Sogar ehemalige Grenzer, die hier wohnten, haben mitgefeiert. Wie sich die Menschen hier alle gefreut haben – das war schon bewegend. Und wir durften das miterleben, das ist so viel wert. Unsere Eltern hätten sich das auch gewünscht, das erleben zu dürfen. Die Öffnung der Grenzen, und dass es bald nur noch einen deutschen Staat geben würde.«

Alt und Neu – die Heilung? (1990–heute)

»Wir haben in den Tagen nach dem Mauerfall eine Art Bürgerkomitee gegründet und versucht, so schnell wie möglich die Straße nach Kladow frei zu kriegen«, erinnert sich Anwohner Gerhard Pahl. »Am Anfang war die noch gesperrt, aber irgendwelche Leute hatten ein großes

Wertvolle Bausubstanz

Loch in den Zaun geschnitten, so dass wir da durchklettern konnten. Einige Sacrower hatten aber tatsächlich das Loch anfangs immer wieder zu gemacht. Die hatten befürchtet, wenn die alte Verbindung nach Kladow wieder offen ist, dass die Leute dann in Scharen nach Sacrow kämen. Einige wenige wollten das nicht. Die hatten sich wohl an die Ruhe des Grenzgebietes ohne großen Autoverkehr zu sehr gewöhnt.« Die Öffner setzen sich durch. Die Straße ist vor allem für die Neu-Sacrower die Startbahn nach Berlin. Die Spandauer Innenstadt und Potsdam sind ungefähr gleich weit von Sacrow entfernt.

Die Öffnung der *Heilandskirche* und des Sacrower Parks ließen in der Tat immer mehr Schaulustige nach Sacrow kommen. Besonders West-Berliner, die Sacrow nur als Blick auf die Persius-Kirche vom anderen Ufer kannten, waren nun neugierig, den Kirchenbau aus der Nähe, aber auch den unbekannten Ort dahinter kennenzulernen.

1992 wurden Park und Kirche offiziell in die Welterbeliste der UNESCO aufgenommen.

Die (zynische) These, dass »Armut der beste Denkmalpfleger ist«, fand in Sacrow ihre Bestätigung. Wie ein Kokon hatte sich die DDR-Zeit bewahrend über die architektonisch so wertvollen Villen gelegt. Viele Häuser waren zwar extrem renovierungsbedürftig, aber dafür war vom Original-Fenstergriff bis zum Dielenboden noch die ursprünglich-schöne Bausubstanz erhalten geblieben.

Es gehörte nicht viel Fantasie dazu sich vorzustellen, welche Begehrlichkeiten die Schönheit des Ortes und der umgebenden Natur nach der Wiedervereinigung weckte: ein plötzlich – wie Phönix aus der Asche – aufgetauchtes Paradies vor der Haustür der Metropole Berlin.

Die Rückübertragungen

Viele Sacrower Bürger – auch solche, die Wende und Wiedervereinigung positiv empfanden, – sahen sich bald mit Unsicherheit und Zukunftsängsten konfrontiert. Die Befürchtung, die Wohnung oder das Haus zu verlieren, in dem man jahrzehntelang lebte, wurde für einige bald Realität.

Das Unrecht, das zwei Diktaturen in Deutschland an ihren Gegnern verübt hatten, sollte nach der Wiedervereinigung juristisch getilgt werden. Menschen, die vom NS-Staat und von der DDR enteignet wurden, sollten ihre Grundstücke zurückbekommen. In Sacrow waren davon besonders viele betroffen. Vor allem die Enteignung jüdischer Bürger während der Nazi-Zeit, aber auch von Grundstücken zum Ausbau des Grenzstreifens zur DDR-Zeit spielten hier eine große Rolle. »Wenn circa zehn Prozent der alten Sacrower noch hier sind, dann wären das viele«, sagt Anwohner Thomas Friese. »Es war bedrückend mitzukriegen, wie viele Familien, auch Freunde, ausziehen mussten, weil unterschiedlichste Rückübertragungsansprüche da waren. Größtenteils auf ehemals jüdische Grundstücke, die von den Nazis enteignet wurden. Völlig klar, dass das riesengroßes Unrecht war, was denen angetan wurde, bis hin zur Ermor-

Villa auf dem Hämphorn

dung jüdischer Bürger aus Sacrow. Aber die Rückübertragungen bedeuteten eben auch, dass Menschen, die später jahrzehntelang hier lebten, dann aus den Häusern und Wohnungen ausziehen mussten.«

Neue Bewohner

Mitte bis Ende der 1990er Jahre begann der Zuzug vor allem von West-Berlinern nach Sacrow. Man war nun nicht mehr »unter sich« – fremde Menschen mit einer ganz unterschiedlichen Sozialisation wurden nun Nachbarn. Auch Eva Tanner und ihr Mann kamen aus dem Westteil Berlins. »Als wir 1999 in das Haus in der Kladower Straße 8 zogen, war Sacrow noch komplett DDR«, erinnert sie sich. »Es gab die Rückübertragungen, vor allen Dingen bei den wasserseitigen Häusern. Viele standen noch leer. In anderen wohnten Sacrower – meist als Mieter. Die waren fuchsteufelswild, die wollten uns alle nicht. Das änderte sich aber wirklich ziemlich schnell in dem Maße, in dem diese Rückübertragungen dann abgewickelt wurden. Anders als zum Beispiel in Kleinmachnow oder in Groß Glienicke, wo sich Ost und West wirklich an den Kragen gegangen sind, fand so etwas in Sacrow nicht statt.«

Markus Peichl, der heute in der Kladower Straße 12 wohnt, beschreibt die Atmosphäre im Ort, als er 2003 nach Sacrow zog: »Damals war es hier noch ganz anders. Es waren viele Häuser noch nicht hergerichtet. Es waren auch weniger Menschen am See an den Wochenenden.

Begehrte Wasserlage

Sacrow war einfach noch ein viel größerer Geheimtipp. Der Ort war auch noch viel unfertiger, viel wilder und viel roher. Manche Grundstücke sahen wirklich aus wie ein Dschungel.«

Unter den ›Neuen‹ sind auch viele Intellektuelle und Menschen aus dem Kulturbetrieb. Somit scheint sich ein Kreis zu schließen. Bis zur Machtübernahme der Nazis lebte genau diese Klientel hier – zumindest an den Wochenenden. Das Magazin der Wochenzeitung *Die Zeit* betitelte Sacrow wegen seiner Lage zu Berlin, die mit jener der ›Hamptons‹ zu New York City vergleichbar sei, sogar als ›Kramptons‹. Der Name ist vom allerdings wenig glamourösen Nachbarort Krampnitz abgeleitet. Dennoch ist an dem Vergleich etwas dran. Das Ostende der Insel Long Island ist Wochenend- und Sommerdomizil der Reichen und Schönen der USA, viele Prominente besitzen dort eine Immobilie – und die Preise gehören zu den höchsten weltweit.

Tatsächlich haben einige Prominente Sacrow für sich entdeckt. Darunter der Künstler Max Raabe. Der renommierte Klimaforscher Hans Joachim Schellnhuber hat sich in Sacrow genauso niedergelassen wie der 2014 verstorbene Mitherausgeber der *Frankfurter Allgemeinen Zeitung* Frank Schirrmacher.

Der Autor Michael Angele schrieb 2018 in seiner Biografie ›Schirrmacher: Ein Porträt‹: »Man könnte die Menschen in solche unterscheiden, die von Schirrmacher eingeladen wurden, und solche, die keine Einladung erhielten. Die Liste der Einladungen schien endlos. Prominente

Elysische Landschaft

Freunde finden sich darauf ebenso wie hoffnungsvolle Talente, die aus den Einladungen größte Hoffnungen ableiteten. (…) Viele dieser Besuche mündeten in einer Fahrt auf Schirrmachers Boot. Auch die Schauspielerin Katie Holmes gehörte dazu, die Schirrmacher als Begleiterin von Tom Cruise während der Dreharbeiten zu *Valkyrie* in Babelsberg kennengelernt hatte. (…) Frank Schirrmacher schrieb in der *FAZ* über Sacrow von einer ›elysischen Landschaft‹.«

Ost-West

Der Filmproduzent Joachim von Vietinghoff (S. Kapitel *›Ein Sehnsuchtsort – hier bin ich angekommen‹*, S. 244) gehörte mit zu den ersten ›Wessis‹, die in den Ort zogen. »Wir haben sofort angefangen, uns mit den Leuten, die gegenüber wohnten, zu unterhalten und haben Geschichten vom Ort gehört. Ich merkte bald, dass da eine – im positiven Sinne – eingeschworene Gemeinschaft war. Weil die Sacrower natürlich durch die Mauer eingesperrt waren, und somit total aufeinander angewiesen waren. Also die mussten sich vertragen, und sie haben sich vor allem auch geholfen. Das hat mir atmosphärisch sehr gut gefallen. Ich habe da überhaupt keine Berührungsängste gehabt.«

Von Vietinghoff gehört zu den Gründungsmitgliedern von ›Ars Sacrow e. V.‹ Der Verein kümmert sich um die Ortsgeschichte und veranstaltet Kunstausstellungen im Schloss Sacrow. Die meisten Mitglieder sind allerdings Neu-Sacrower. »Ich glaube auch, dass es wichtig war, dass

Dorfgemeinschaft

wir mit ›Ars Sacrow‹ das Schloss wieder öffneten und dort Programm machen«, sagt von Vietinghoff. »Die Alt-Sacrower sind bisher nicht in Massen zu den Veranstaltungen gekommen, aber immer waren welche dabei – bis heute. Ich habe gemerkt, wie wichtig ›Ars Sacrow‹, die Feuerwehr, der Sportverein und die Kirche sind – so wie sich das für ein funktionierendes Dorf gehört. Das war eine Brücke zwischen Ossis und Wessis, denn dort gab es die Begegnungen. Mit der Kirche hat das sogar sofort funktioniert. Ich weiß nicht, wie verbürgt die Geschichte ist, aber sie hat mir wahnsinnig gut gefallen. Das Haus, das Nachbar Heiner von Bothmer gekauft hat, war zur DDR-Zeit das Gemeindehaus. Dann haben die Sacrower ganz traurig gesagt: ›Im Gemeindehaus haben wir immer unsere Weihnachtsfeier gemacht.‹ Und da hat Heiner von Bothmer gesagt, ›ja dann machen wir das weiter so‹. Da war dann die ganze Kirchengemeinde da. Das fand ich sehr bemerkenswert.«

Gerhard Pahl, der schon seit 1941 im Ort Sacrow lebt (s. Kapitel ›*Die Bayerische Tante im Sperrgebiet*‹, S. 136) hat einige Neu-Sacrower als Nachbarn. »Von den vielen Zugezogenen versucht der überwiegende Teil, Sacrower zu werden, also sucht Kontakt zu den Einheimischen wie zur Gärtnerei Schultz. Doch es gibt auch Familien, die nur ihr eigenes Leben hier leben und keinen Kontakt suchen. Für die spielt das Dorf mit den alten Einwohnern kaum eine Rolle. Das ist schade. Aber das ist die Minderheit.«

Geschichtsspuren

Für einen Ort, in dem sich die deutsche Geschichte der letzten 150 Jahre so eindrucksvoll widerspiegelt, sind auf den ersten Blick nur wenige Spuren dieser prägenden Zeiten zu entdecken. Man findet sie aber auf den zweiten Blick. Reste der Berliner Mauer oder der Grenzanlagen sucht man vergebens, aber zwei – unter den Bewohnern nicht unumstrittene – Stelen erinnern an die Mauertoten im Ort. Die Inschriften auf den Steinen der *Heilandskirche* (s. Kapitel ›*Die Kirche*‹, S. 186) wo sich Grenzsoldaten der DDR verewigten, sind genau wie die baulichen Überformungen im Schloss aus der Zeit des NS-Generalforstmeisters Alpers beredte Zeugnisse vergangener historischer Epochen.

Die Villen und Landhäuser – heute weitestgehend saniert – zeugen von einer Glanzzeit, als architektonisch wertvolle Bauten im Ort entstanden und Sacrow zu einem Hort des modernen Bauens wurde. Anwohner Markus Peichl sieht den Erhalt dieser architekturgeschichtlichen Kleinode im Kontext mit der politischen Geschichte: »Natürlich war die DDR-Zeit mit dem abgeriegelten Sperrgebiet ein Fluch. Sie war aber auf der anderen Seite für die Architektur und die Natur ein Segen. Denn weil hier alles Sperrgebiet war, wurde fast nichts mehr angefasst. Deshalb sind diese beiden Pole, diese wesentlichen Säulen der Faszination von Sacrow, ziemlich unangetastet erhalten. Sowohl die Natur als auch diese wunderbaren Bauten. Und das macht den Reiz des Ortes eben aus. Und wir alle, die wir in Sacrow leben, sind uns hoffentlich einig, alles zu tun, um das auch zu erhalten.«

Ruinöse Spekulation

Die ›Lesser-Villa‹ an der Spitze des Hämphorns ist leider zu einer negativen Geschichtsspur der Nachwende-Zeit verkommen. Immobilien-Spekulation ließ das Baudenkmal fast zu einer Ruine verfallen.

Historisches ›Erbe‹ der unerwarteten Art tauchte 2010 auf: das Gelände am Schloss Sacrow war mit Blei verseucht. Die *Märkische Allgemeine Zeitung* berichtete: »Ein Mieter der Stiftung Preußische Schlösser und Gärten (SPSG) informierte die Untere Abfall- und Bodenschutzbehörde der Stadt darüber, dass sich auf dem Gelände des Schlossparks Sacrow zwischen 1817 und 1840 eine Bleizuckerfabrik befunden haben soll. Da der Mieter zwei kleinere Beete auf dem Gelände gärtnerisch nutzt, hat er den Oberboden (bis 30 cm) durch ein Labor privat untersuchen lassen. Das Ergebnis der Untersuchungen wies eine deutliche Überschreitung der Werte gemäß Bundesbodenschutzverordnung für den Schadstoff Blei auf. Als Sofortmaßnahme wurde in Abstimmung mit den betroffenen Mietern eine erneute Beprobung des Bodens durch die zuständige Behörde, Landeshauptstadt Potsdam beauftragt. Die Ergebnisse liegen nun vor und haben den Anfangsverdacht bestätigt. Die einschlägigen Grenzwerte für den Schadstoff Blei sind durchschnittlich um das 3,5-fache überschritten.« 5.335 Tonnen kontaminierten Bodens mussten ausgebaggert und regelrecht gewaschen werden. Zwei Jahre lang musste auch das Schloss aus Sicherheitsgründen geschlossen bleiben.

Laubenkolonie auf dem Meedehorn

Seine historischen Ver- und Überformungen sehen dem wunderbar rekonstruierten Park Sacrow nur Gartendenkmalpfleger an. Für die meisten Besucher ist hier »alles Lenné«. An der während der NS-Zeit als ›tausendjährig‹ erklärten Eiche werden heute ab und zu Esoterik-Seminare abgehalten. Ein Schamane trommelt sich und seine Eleven auf die »Reise zum Geist des Baumes«.

Die Zukunft

Markus Peichl engagiert sich seit Jahren gegen den Fluglärm, den die Region bei Fertigstellung des BER erdulden müsste. Nun hat er eine weitere Bedrohung ausgemacht, die den Geist dieses Ortes empfindlich stören würde: den stark zunehmenden Straßenverkehr durch Sacrow und den Königswald aufgrund der Bebauung des Geländes der ehemaligen Kaserne Krampnitz mit Wohnungen für 5.000 bis 8.000 Menschen. »Wenn das kommt, dann ist hier wahrscheinlich relativ schnell Schluss mit Weltkulturerbe, mit dem Flora-Fauna-Habitat und mit dieser unglaublichen historischen Einzigartigkeit, die dieser Ort hat. Wir schwärmen so oft von der Idylle hier, die viele Menschen auch als Paradies bezeichnen. Aber wir müssen uns im Klaren sein, dass es dafür auch heute reale Bedrohungen gibt.«

Zufluss von der Havel in den Sacrower See

Von nun an war

SACROW NIE WIEDER KINDHEIT

KLAUS VON DOHNANYI (*1928) ist ein deutscher Jurist und Politiker (SPD). Er war von 1972 bis 1974 Bundesminister für Bildung und Wissenschaft und von 1981 bis 1988 erster Bürgermeister der Stadt Hamburg. Sein Vater Hans von Dohnanyi war einer der führenden Köpfe des Widerstandes gegen Hitler. Er wurde am 9. April 1945 im KZ Sachsenhausen ermordet. Die Familie lebte zwischen 1941 und 1945 in Sacrow.

» Ich hatte, noch 16jährig, unser Haus in Sacrow im Kriegswinter 1944/1945 zuletzt gesehen, damals, bevor ich zum Reichsarbeitsdienst eingezogen wurde. Wir sollten allerdings gar nicht ›arbeiten‹, sondern uns als völlig unzureichend ausgestattetes (holländische Beutegewehre und deutsche Munition!) sogenanntes Kampfbataillon an irgendeiner Stelle bei Berlin den immer näherkommenden russischen Truppen entgegenstellen; ein Todesurteil. Der Chef dieser Kindertruppe, dem Range nach ein ›Feldmeister› Herrmann, entschied sich aber beim ersten näheren Kanonendonner doch lieber zur Umkehr, und so wurden wir dann von ihm nach dem Tage der Kapitulation in Mecklenburg erschöpft, aber lebendig mit einem dreifachen ›Sieg Heil‹ auf den längst toten ›Führer‹ in eine kurze Gefangenschaft entlassen.

Hans von Dohnanyi

Mit seinen Kindern

Ich gelangte in den Westen und sah unser Haus erst kurz nach der Wende wieder, 45 Jahre später. Jetzt war ich 62.

Nun klingelte ich etwas befangen an meiner eigenen Haustür! Eine griesgrämige Mittvierzigerin öffnete und fragte, was ich wohl wolle. Als sie erfuhr, dass ich hier bis 1945 gewohnt habe und dass dies Haus eigentlich unserer Familie gehöre, wurde sie unwirsch und hätte wohl am liebsten die Tür einfach wieder zugemacht. Aber da waren hinter ihr plötzlich eine Reihe halbwüchsiger Mädchen aufgetaucht, und als ich diese freundlich begrüßte, blieb die Tür offen: Unser friedliches und familiäres Haus hatte über Jahrzehnte als stasikontrolliertes Heim für die Beaufsichtigung unliebsamer DDR-Kinder gedient, wie ich später erfuhr.

Verwundert stand ich vor meiner Jugend. Das Haus war ja viel kleiner, als ich es in Erinnerung hatte. Und alles war anders und zugleich auch wieder so, wie ich es ein fast halbes Jahrhundert mit mir herumgetragen hatte. Denn schon vor dem Haus hatte ich den Baum mit den weichen Augustäpfeln vermisst, dort, neben dem Eingang zur Garage. Ungepflegt lag mein schöner Garten hinter dem Haus, wir hatten ihn zu einem ordentlichen Kartoffelacker und zu sauberen Gemüsebeeten gemacht. Im kleinen Abstellraum um die Ecke, wo wir Ziegen und Hühner gehalten hatten, nur ein schmutziges Durcheinander alter, offenbar kaum genutzter Gartengeräte. Doch auf der anderen Seite des Zauns erkannte ich sofort die Bootswerft Buchholz wieder, in der uns der Vater angehalten hatte, im Tischlerhandwerk anzulernen – nicht ganz

Seite 76–77:
Klaus von Dohnanyi mit seinen Geschwistern Bärbel und Christoph

Aquarell des Hauses in Sacrow von Hans von Dohnanyi

ohne Erfolg, übrigens. Die Weide am Wasser stand dort wie früher, etwas gebeugter vielleicht, aber wie früher ganz herrschender Blickfang.

Nur unser täglicher Weg über den Bootssteg zum Wasser war jetzt unterbrochen durch einen geebneten Gang, einen Patrouillenpfad der Grenzer mit Hund. Denn unser Haus, Am Hämphorn 5, hätte ein idealer Ort für eine Flucht aus der DDR werden können: Jenseits der Havel, von uns aus gesehen, liegt gegenüber die Pfaueninsel, in DDR-Zeiten zugänglich für den Westen, am äußersten Ende offen zum Wannsee; für uns Brüder häufiges Ziel unserer kleinen, seetüchtigen Jolle. Aber man konnte das Ufer der Pfaueninsel eben notfalls auch nach einer Dreiviertelstunde schwimmend erreichen. Das Hämphorn war folglich eine Stasifestung der DDR geworden, geschützt auch durch Stasisiedlungen auf dem Meedehorn, der anderen Halbinsel, die unsere Havelbucht von der gegenüberliegenden Seite her umarmt.

Mein Vater hatte sein Arbeitszimmer auf der linken Seite des Hauses, hinter dem Flur, wenn man von der Straße hereinkam. Damals ehrerbietend für mich, mit Bibliothek und einem modernen Plattenspieler, den mein Vater gelegentlich abends zum Klingen brachte: Am liebsten Lieder von Richard Strauss oder das Trio Cortot/Thibaud/Casals mit diesen so kräftig-zarten Klängen der deutschen Romantik. Daneben das Esszimmer, in dem auch der Flügel stand. Wenn meine ungarische Großmutter, selbst eine hervorragende Pianistin, abends die leisen Chopins, Schumanns oder Schuberts anklingen lies, schliefen wir im Stock darüber milde ein –

Hans von Dohnanyi: Selbstbildnis im KZ Sachsenhauen

eine bis heute nachklingende, unvergessliche Erinnerung. An Sonntagen musizierte hier auch Dietrich Bonhoeffer, und mein rundherum hochbegabter Bruder sang mit heller Stimme die vielen berühmten Lieder der deutschen Klassik.

Angesichts des rauen Umfeldes dieses übrig gebliebenen, einst stasikontrollierten Heimes verblassten mir schnell alle Erinnerungen an das, was mein Sacrow einst gewesen war: Ein behütetes Zuhause in einer ringsum bedrohlichen Welt. Es ist erstaunlich zu erkennen, wie schnell der Mensch bereit ist, seine Vergangenheit zu sortieren und dann dasjenige zu bewahren, was wirklich wichtig war. In Sacrow gab es für mich eigentlich nur gut zwei relativ unbekümmerte Jahre – und dann die Verhaftung meiner Eltern am 5. April 1943. Noch heute geht in meinem Leben kein 5. April vorüber, ohne dass mir dieses Ereignis wieder vor Augen erscheint: Ich kam mit dem Fahrrad zurück von einer Gärtnerei in Kladow, wo ich arbeitete, eigentlich nur wegen meiner ›grünen‹ Interessen. Ich bog in die Hämphornstraße ein, da standen die beiden schwarzen Mercedes vor dem Haus und ich sah, wie meine Mutter gerade durch eine Wagentür geschoben wurde; erst danach erfuhr ich, dass die Gestapo zuvor meinen Vater in seinem Amt und den Bruder meiner Mutter, Dietrich Bonhoeffer, im Hause der Großeltern in Berlin-Charlottenburg abgeholt hatte.

Von nun an war Sacrow nie wieder Kindheit – und die nächtlichen Brände über Potsdam und Berlin, die wir natürlich fürchteten, wurden trotz aller Sorgen um den Vater und die anderen

Weihnachtsgeschenk von Klaus und Christoph für Ihren Vater im Gefängnis 1944

Selbstporträt Hans von Dohnanyi 1943

in den Gestapogefängnissen dann doch eher zu einem Hoffnungsschein für ein baldiges Ende des Krieges und die ersehnte Befreiung.

Allerdings hatten die Bombenangriffe auch Folgen für Freunde und Verwandte in Berlin, und so füllte sich das Haus in Sacrow immer mehr mit aus der Stadt Geflüchteten. Meine Mutter war nach einigen Wochen Haft krank entlassen worden, hatte sich aber dann stabilisiert und organisierte nun einen immer größeren Haushalt für immer mehr Menschen. Und dann, nach dem 20. Juli 1944, dem fehlgeschlagenen Attentat gegen Hitler, wurden auch ein zweiter Bruder meiner Mutter, Klaus Bonhoeffer, und ihr Schwager Rüdiger Schleicher verhaftet. Jetzt waren auch deren Kinder immer häufiger bei uns in Sacrow. Ich bewundere noch heute, wie viel äußere Gelassenheit und Ruhe meine Mutter damals ausstrahlte, während sie doch mit ihren Gedanken und ihrer Fürsorge ständig bei unserem verhafteten Vater und den anderen Verfolgten war. Und trotzdem ließ sie sich abendliches Vorlesen für uns und sonntägliche Spaziergänge um den Sacrower See nicht nehmen. Sie war der ruhende Mittelpunkt für all die vielen Menschen im Haus während der letzten Phase des Krieges. Eine zarte, starke Frau.

Das alles hatte ich im Kopf und jetzt, wo ich zurückgekehrt unser altes Sacrow wiedersah, wusste ich nicht recht, was ich zu der Heimleiterin und den Kindern, die ja erst so viel später freie Menschen sein konnten, sagen sollte. Ahnungslos bewohnten sie meine Jugend und wuselten herum in Haus und Garten, als ob hier nie die zivile Kommandozentrale des militärischen

Dohnanyi-Villa Am Hämphorn 3: Kinderheim seit 1946

Widerstands gegen Adolf Hitler und seine Häscher gewesen wäre. Mein Vater hatte damals sicherlich auch in diesem Zimmer mit meiner Mutter beraten, wie er sein Versprechen gegenüber jüdischen Freunden halten könne, ihnen werde am Ende nichts passieren, ›über meine Leiche‹, wie er sein Versprechen bekräftigt hatte. Noch 1942 konnte er sie mit ihren Familien in die sichere Schweiz schmuggeln und wurde dafür dann postum in *Yad Vashem* geehrt. Auch hier in diesem Zimmer hatte mein Vater, den die Gestapo wohl mit viel Grund wegen seiner nun aufgedeckten Staatsstreichpläne seit 1938/39 das ›geistige Haupt des 20. Juli‹ nannte, hier, wo einst sein Schreibtisch gestanden hatte und jetzt ahnungslose Menschen unbedacht frühstückten, hier hatte er sicher noch Anfang März 1943 (also ganz kurz vor seiner Verhaftung) darüber beraten, wie er wenige Tage später eine Bombe nach Smolensk bringen könne, um sie dort in das Flugzeug Hitlers schmuggeln zu lassen – was auch gelang. Doch bei 30 Grad Kälte im Gepäckraum der JU 52 sprang dann der englische Zünder nicht an! Wie verzweifelt muss er an diesen Tagen hier an seinem Schreibtisch gesessen haben. Und hier diktierte er vermutlich auch meiner Mutter den sogenannten ›X-Bericht‹ mit den Ergebnissen der auch von ihm veranlassten geheimen Verhandlungen mit den Alliierten über mögliche Friedensbedingungen nach einem Sturz Adolf Hitlers.

Jugendliche Unbefangenheit und allzu erwachsene Sorgen vermischen sich in meiner Erinnerung an Sacrow. Mit den Kindern des Nazis Oertel gegenüber spielten wir vergnügt, vielleicht besonders gerne, weil es auch nette Mädchen waren; den Bruder Kiko, oder so ähnlich, lachten

wir innerlich aus, wenn er von seiner Zukunft als Wehrbauer am Don schwärmte. Auf der Straße ›Am Hämphorn‹ spielten wir Fußball und vollführten Radkunststücke: Freihändig, mit links und rechts an einem anderen Rad, bis zur Fähre, um Freunde und Verwandte abzuholen. Unser Schulweg ging per Rad über eine Fähre nahe der heutigen Friedenskirche nach Potsdam in das Viktoria-Gymnasium, heute Helmholtz-Gymnasium; ich sah das Gebäude wieder, als in den 1990er Jahren die Fotografin Annie Leibowitz dort ein wirklich schönes Foto von mir auf meiner ehemaligen Schulbank machte. Die Fähre zogen wir mit dem Fährmann an einem Drahtseil über den Fluss, und der Weg führte über die später legendäre Glienicker Brücke.

Schon als ich nun zum ersten Mal wieder auf das Hämphorn, die sandige Halbinsel meiner kurzen Jugend, einbog, diesmal nicht mit dem Fahrrad, sondern wohlsituiert mit dem Auto, erfasste mich das Gefühl einer unbeantworteten Vergangenheit, und die Frage erhob sich schnell: Sollte ich, sollten wir, die Geschwister, nach dem Tod unserer Eltern noch einmal zurückkehren in das so fremd gewordene Land und in dieses über Jahrzehnte unerreichbar ferne Haus? Ich hatte ja, anders als meine Mutter und meine Geschwister, den Einmarsch der Russen nicht erlebt: Meine Schwester versteckt in einer Nische über dem Wandschrank, mein Bruder mit vorgehaltener Pistole vergeblich aufgefordert, ein altes Auto in der Garage in Gang zu bringen: Das alles, diesen letzten Abbruch einer behüteten Jugend, hatte ich ja in Sacrow nicht mehr erfahren. Sollten wir noch einmal? Ich wollte es versuchen.

Klaus von Dohnanyi, Jurist, Politiker

Die Antwort aber gab eine neue Welt. Das Stasiheim war bereits von der Evangelischen Jugendfürsorge (EJF) übernommen worden und ich konnte, trotz aller Paragrafen zu Gunsten von Naziopfern, nicht genügend Arbeitsplätze nachweisen, um einen Wiedererwerb zu begründen. Und außerdem erschwerte eine Gang, die sich als Vertreter jüdischer Interessen ausgab und eine angebliche jüdische Erbin vorschob, die es aber gar nicht gab, den Weg zurück. Über diese Gang berichtete später, auch im Zusammenhang mit unserem Haus, der *Der Spiegel*. Als dann die Evangelische Jugendfürsorge schließlich obsiegte, zeigte man unseren Interessen schlicht die kalte Schulter. Ich wollte das Haus zum Marktpreis zurückkaufen, aber Bischof Huber, sonst ein großer Bewunderer Dietrich Bonhoeffers, wollte sich mit der Jugendfürsorge nicht anlegen, wie er mir sagte, und so gingen die Dinge ihren Weg, eigentlich wie früher: Das Haus meiner Eltern, das Haus, in dem auch Dietrich Bonhoeffer so viele Wochen und Monate verbracht hatte, es folgte den materiellen Interessen der Evangelischen Kirche.

Meine Mutter war damals schon viele Jahre tot. Wir Geschwister hatten ohnehin nichts geerbt. Und das war gut so. Wir mussten für uns selbst sorgen und haben das geschafft. Nur: Wenn meine Mutter nach der Wende dies hätte hinnehmen müssen, es hätte ihr das Herz noch einmal gebrochen.

Das Foto hinter DER SCHEUERLEISTE

EVA TANNER (*1944) arbeitete hauptberuflich als Dozentin für Englisch und studierte an der dffb. 1999 kaufte sie mit ihrem Mann, Peter Gründahl, ein Haus an der Havel-Bucht in Sacrow.

» 17 Jahre lang lebte ich für eine alte Villa und für die ehemaligen Bewohner. Auch noch Jahre später, als wir schon ausgezogen waren, da ich die Geschichte der ermordeten Bewohner so gut kannte.
Ich bin von Anfang an zweigleisig gefahren. Zum einen wollte ich in einem Roman unsere Geschichte der Sanierung dieses Hauses erzählen und zum anderen die jüdische Familie Redelsheimer aus dem Vergessen holen, sie sichtbar machen, mit ihrem Leben in Sacrow, nicht in erster Linie mit ihrem Sterben in deutschen Vernichtungslagern.
So habe ich in meinem Roman zwei Erzählstränge miteinander verbunden. In der Jetztzeit wird die Geschichte von Friederike und Clemens erzählt, den neuen Eigentümern – quasi unser Alter Ego. An den Nahtstellen zwischen Damals und Heute beginnt die Geschichte der Familie Redelsheimer.

Elsa, unbekannt, Paul und Lili Redelsheimer 1935

Einrichtungshaus Redelsheimer am Kurfürstendamm

Aber am Anfang stand diese Villa. Wir lieben alte Häuser, denn in ihnen kann man vergangenes Leben spüren. Dass wir nach Sacrow kamen, war reiner Zufall. 1999 rief uns ein Makler an und sagte, dass ein Haus Kladower Straße 8 zu verkaufen sei. Ein Grundstück, auf dem früher auf der Wasserseite die Mauer verlief. Die Bewohner hatten keinen Zugang zum Wasser, sie konnten die Sacrower Bucht noch nicht einmal sehen. Auch nicht schwimmen gehen oder mit Booten fahren. Zu unserer Zeit war die Mauer schon abgerissen und nur noch ein heller Streifen durch den Garten zeigte an, wo die DDR-Grenzer ihren Kontrollweg hatten. Für uns waren Haus und Grundstück Liebe auf den ersten Blick, auch wenn das Haus vollkommen vermüllt war.

Alle haben uns vom Kauf abgeraten. Bei alten Häusern kann man nie wissen, was auf einen zukommt, und eine Modernisierung ist wahrscheinlich risikoreicher als ein Neubau. Wir mussten Kauf und Sanierung mit Krediten finanzieren – mit Hypotheken auf dem Haus in Sacrow und ebenfalls auf unserem Haus in Spandau. Es gab in Sacrow keinen Anschluss an das öffentliche Wassernetz, wir bezogen Wasser aus einem alten Brunnen. Das Brauchwasser musste abgepumpt werden. Das Haus war eigentlich als ein Sommerhaus geplant gewesen. Während der DDR-Zeit haben die Bewohner dann durch alle Wände Rohre geschoben und Öfen angeschlossen, damit es überhaupt beheizt werden konnte.

Seite 86–87:
Die Kinder der Familie Redelsheimer 1930

Uns war also klar, dass sehr viel Arbeit und hohe Kosten auf uns zukommen würden. Gott sei Dank ziehen wir beide immer an einem Strang. Das Haus in Sacrow wurde also zu unserem Zuhause, wir fühlten beide, dass wir angekommen waren, dass es das war, was wir immer gesucht hatten.

Kurz nach dem Kauf haben wir mit dem Sanieren und Renovieren begonnen. Im Wohnzimmer wurden die Scheuerleisten entfernt, sie waren ziemlich hoch und sehr schön, wir konnten sie also wiederverwenden. Dabei fiel ein Negativ hinter einer Scheuerleiste heraus. Ich hielt es gegen das Licht und konnte sehen, dass darauf ein Mensch abgebildet war. Nach dem Entwickeln sah ich auf dem Abzug eine schöne junge Frau. Natürlich wollte ich sofort wissen, wer das sein könnte. Ich schickte das Foto mit einem Brief an den Voreigentümer, und der sagte: ›Die Redelsheimers hatten eine Adoptivtochter, und das könnte sie natürlich sein.‹

Den Namen Redelsheimer kannte ich aus dem Grundbuch. Da war als Alteigentümerin unseres Hauses Elsa Redelsheimer eingetragen. Von ihrem Mann Paul wusste ich damals noch nichts. Der Gärtner Peter Schultz aus Sacrow erzählte uns dann, dass die Redelsheimers Juden waren, die ihr Haus verkaufen mussten und in ihr Garagenhaus zogen. Das Garagenhaus kannte ich von außen, es lag im Weinmeisterweg. Von dort wurden sie von der Gestapo abgeholt und deportiert. Wohin, wusste er nicht.

Sommerhaus der Redelsheimer in Sacrow

Lili Redelsheimer mit Freundinnen

Diese Information und auch das Foto, das hinter der Scheuerleiste gelegen hatte, haben mich so gepackt, dass ich dachte, ich muss unbedingt herausbekommen, was aus dieser Familie wurde. Und da war auch so eine Atmosphäre, so ein Gefühl, dass die verstorbenen Redelsheimers wollten, dass ich sie in die Erinnerung zurückholen sollte, dass dies meine Aufgabe sei – sie sollten wieder gesehen werden. Ich habe ziemlich schnell bemerkt, dass Elsa und Paul fast unsichtbar waren. Es gab keine Geschichten über sie, keine Erinnerungen, keine Bilder – gar nichts. Sie waren nicht im Berliner Gedenkbuch, dem Buch, in dem alle Berliner Juden, die deportiert wurden, aufgeführt sind.

Die erste Originalakte, in die ich Einblick nehmen durfte, führte mich in das Brandenburgische Landeshauptarchiv in Potsdam. Die NS-Oberfinanzdirektion hatte eine komplette Akte über die Briefe und Anträge der Familie Redelsheimer angelegt, ihre Bittschreiben, ihre Ausreiseanträge. Auf jede Seite war ein dickes J gestempelt.

Das Wichtigste aber war, noch nachfolgende Generationen oder Erben, also Überlebende, dieser Familie aufzuspüren. Dabei hat mir sehr geholfen, dass ich Frau Rosche, damals die älteste Bewohnerin Sacrows, interviewen konnte. Sie hat mir erzählt, dass sie als Kind mit Lili, der Enkelin von Elsa Redelsheimer, gespielt habe. Und irgendwann sei Lili mit ihrer Mutter, also der Tochter von Elsa und Paul, ausgereist. Ihre Mutter hatte Paul Bernstein geheiratet.

Seite 89:
Martha Redelsheimer, ca. 1926

Spielende Kinder im Garten

Nach langer Suche: Eva Tanner trifft Suzanne Collet, Stieftochter von Lili Redelsheimer

Aber ob die unbekannte Schöne auf dem Foto Lilis Mutter war, wusste sie auch nicht. Die Familie Bernstein lebte in der Witzlebenstraße in Berlin. Im Sommer und während der Schulferien war Lili wohl immer in Sacrow. Als sie ungefähr sieben oder acht Jahre alt war, habe die ganze Familie Deutschland verlassen, Richtung London.

Das stimmte zwar nicht, denn Familie Bernstein ist nach Belgien emigriert. Lilis Großeltern, Elsa und Paul Redelsheimer, waren die einzigen, die nicht flüchteten. Wollte Paul seinen ganzen Besitz nicht aufgeben? Es gab ja immerhin ein Geschäft und Konten und mehrere Wohnungen in Berlin, neben dem Haus in Sacrow. Sicherlich dachten sie auch, was viele Deutsche damals dachten, nämlich, dass der Nazi-Spuk bald vorbei sein würde.

Eva Tanners Recherche nach der Familie Redelsheimer stand 1999 noch am Anfang. Noch immer wusste sie nicht den Namen der Frau auf dem Foto hinter der Scheuerleiste. Doch eine erste Spur führte zu Enkelin Lili nach London. Sie schrieb 56 Bernsteins dort an. Als Eva Tanner die Hoffnung schon fast aufgab, kam ein Brief mit einem wichtigen neuen Hinweis: In Paris lebe jemand, der über den Verbleib von Lili Bescheid wusste. Eva Tanner nahm Kontakt auf, und es meldete sich Suzanne, die Stieftochter von Lili.

Wir führten ein längeres Telefonat, und wenige Wochen später besuchte uns Suzanne in Sacrow. Sie kam mit ihrem Mann Jean-François in ihrem Wohnmobil aus Paris.

Eva Tanner, Suzanne Collet und ihr Mann Jean-Francois

Lili, ohne Jahr

Lili, 1927

Dieser Besuch war sehr bewegend, wir haben bis tief in die Nacht im Wintergarten gesessen und geredet, und ich habe Fotos und vor allen Dingen Dokumente bekommen, über die gesamte Familie – Geburtsurkunden, Sterbeurkunden. Und von Suzanne erfuhr ich endlich auch, wer die Frau auf dem Negativ hinter der Scheuerleiste ist, nämlich Martha Redelsheimer, die Mutter von Lili. Sie war im französischen Exil 1940 an Krebs gestorben. Es stimmte also, was der Vorbesitzer des Hauses in Sacrow vermutet hatte: Martha war die Tochter von Elsa und Paul Redelsheimer. Leider war auch Lili bereits im Jahr 2000 gestorben, da besaßen wir das Haus schon. Es wäre schön gewesen, wenn sie noch einmal hierher gekommen wäre. Suzanne meinte, dass Lili sehr traurig und verbittert war über alles, was den Großeltern in Deutschland widerfuhr, und dass sie deshalb fast nie über Sacrow gesprochen habe.

Ich erzählte Suzanne von meinen bisherigen Recherchen und erwähnte auch die Geschichte von Elsa Redelsheimers Tagebuch. Bevor wir das Haus kauften, lebte dort bis zu ihrem Tod die Malerin Annemarie Kranz. Überall im Haus lagen ihre wunderschönen Aquarelle achtlos verstreut umher – ihr Sohn zeigte an den Bildern seiner Mutter keinerlei Interesse. Und als ich ihn kontaktierte wegen dieses Fotos hinter der Scheuerleiste, gab er mir den Hinweis auf die Tochter der Redelsheimers, und fügte zugleich hinzu: ›Ja, wenn Sie die Redelsheimers so interessieren, hätten Sie wahrscheinlich auch gerne Elsa Redelsheimers Tagebuch gelesen.‹ ›Ein Tagebuch?‹, fragte ich aufgeregt. ›Wo ist es?‹ ›Das habe ich weggeschmissen‹, sagte er lapidar. Ich war entsetzt. ›Aber das haben Sie doch gesehen, das lag offen rum, damals bei der Hausbe-

Beinahe vergessen: Das Schicksal der Familie Redelsheimer

sichtigung‹, fügte er noch hinzu. Zwischen all diesem Müll hatte ich das natürlich nicht entdecken können. Aber ich hatte es sogar unbewusst fotografiert, als ich die Räume dokumentierte. Im Nachhinein entdeckte ich auf einem meiner Fotos, das in einer Abseite so eine Kladde lag, mit einem roten Deckblatt, zugebunden mit einer Schleife. Das war Elsas Tagebuch.

Er sagte dann zu mir: ›Hätten Sie es doch mitgenommen!‹ Er hatte alles beseitigen lassen, auch seine eigenen Schulzeugnisse und natürlich dieses Tagebuch. Ich habe ihm einen bitterbösen Brief geschrieben: ›Ihre Mutter hat dieses Tagebuch über ein halbes Jahrhundert aufbewahrt und Sie werfen es in den Müll!‹

In diesem Tagebuch hat Elsa sicher beschrieben, wie ihr Leben hier in Sacrow verlief. Diese Einträge habe ich gedanklich wieder aufleben lassen, mich hineinversetzt. Zusammen mit den Nürnberger Gesetzen und der Akte der Oberfinanzdirektion wurden die vermeintlichen Tagebucheinträge zu meinem Leitfaden, um das Leben der Redelsheimers darzustellen.

Die Nationalsozialisten haben Paul seine Firma am Kurfürstendamm weggenommen, nachdem sie in der Pogromnacht am 9. November 1938 bereits zerstört und geplündert worden war. Er entwarf dort Interieur und Möbel. Das Geschäft lief sehr gut, und Paul Redelsheimer beschäftigte zehn Mitarbeiter. Sie haben Villen ausgestattet und teilweise mit Holzpaneelen versehen. Auch im *Haus Cumberland* auf dem Kurfürstendamm wurde ein Großteil der Innen-

Der Unternehmer Paul Redelsheimer, ohne Jahr

architektur von Paul Redelsheimer ausgeführt. Ich selbst bin jahrelang durch einen wunderschönen Wandelgang, der mit Intarsien versehen war, zur Kantine der Oberfinanzdirektion zum Mittagessen gegangen, ohne zu wissen, dass dies Paul Redelsheimers Arbeit war.

Wie viele Juden in dieser bedrohlichen Zeit versuchten auch die Redelsheimers, keine Aufmerksamkeit zu erregen. Sie zogen zu Beginn der 1930er Jahre in ihr Sommerhaus nach Sacrow. Doch bald mussten sie auch dieses Haus für einen lächerlich geringen Preis an einen Ariseur verkaufen. Das Geld ging auf ein Sperrkonto. Elsa und Paul lebten verarmt und hungernd auf ihrem Grundstück im Weinmeisterweg, im sogenannten Garagenhaus. Das alles hätte Elsa bestimmt in ihrem Tagebuch beschrieben, das es nun nicht mehr gab.

> *Das fehlende Tagebuch war für Eva Tanner eine Initialzündung. Konnte man ein Leben rekonstruieren? Anhand von reinen Fakten allein würde es schwer sein. Es müsste literarische Ergänzungen geben. Szenen, wie es Elsa und Paul Redelsheimer ergangen ist in Nazi-Deutschland, wo das Leben für Juden von Tag zu Tag unerträglicher gemacht wurde. Sie könnten helfen, das Leiden und das Unrecht, das ihnen angetan wurde, erlebbar zu machen. Eva Tanner belegte Kurse für Autoren und lernte zu schreiben. Ihr Manuskript besteht aus dokumentarischen Elementen – also Recherche-Erkenntnissen – und fiktiven Passagen, in denen sie versuchte, das Leben der Redelsheimers in Nazi-Deutschland wirklichkeitsnah zu rekonstruieren. ›Die Redelsheimer‹ sollte zu einer doppelten Herausforderung werden. Für*

Stolpersteine für Paul und Elsa Redelsheimer

die eigene Arbeit an ihrem Roman und für ihre selbstgestellte große Aufgabe: Paul und Elsa Redelsheimer aus dem Vergessen herauszuschreiben.

Der ganze Ort wusste, dass die Redelsheimers zurückgezogen in ihrem Garagenhaus lebten. Sie machten auch nachts, wenn möglich, kein Licht an. Irmi Rosche erzählte mir, dass sie ihnen heimlich Lebensmittel gebracht habe. Ihr Vater führte einen Lebensmittelladen im Weinmeisterweg, er hatte ›Juden unerwünscht‹ in die Tür gehängt. Elsa pflanzte wohl auch Gemüse an. So haben sie auf kleinem Terrain versucht zu überleben. 1942 wurden sie dann von der Gestapo abgeholt – das hat mir Frau Rosche bestätigt. Als sie in dem Gestapowagen fortfuhren, soll noch eine Freundin von Frau Rosche gewunken haben, und Elsa habe zurückgewinkt.

Vor ihrer Deportation mussten jede Familie eine Inventarliste erstellen, über jedes Unterhemd, jeden Löffel und jeden Stuhl. Das wusste ich von meinen Recherchen im Internet. Die Gestapo hat auch den Hausschlüssel an sich genommen und vorher geprüft, ob auch geputzt worden war. Ich habe dann im Roman noch einen Zweitschlüssel unter einen großen Stein legen lassen. Das Tagebuch musste ja auch noch aus der Küchenschublade gerettet werden und seinen Weg zurück in die Redelsheimer-Villa finden.

Für meinen Roman habe ich das Gestapo-Auto über den Kurfürstendamm fahren lassen, damit Elsa und Paul ihr Geschäft, das arisiert worden war, noch einmal sehen konnten.

Elsa und Paul Redelsheimer wurden von der Großen Hamburger Straße aus nach Theresienstadt deportiert. Dort starben viele Inhaftierte an Typhus, und so habe ich eine Sterbeszene für Paul Redelsheimer geschrieben. Elsa blieb übrig und musste noch zwei ganze Jahre in Theresienstadt leiden, alleine, ohne ihren Paul, bis sie dann 1944 nach Auschwitz transportiert wurde, wo sie in der Gaskammer ermordet wurde.

Es war am Anfang schwierig, hierfür Belege zu finden. Doch Eva Tanner recherchierte überall. In Archiven, in den Akten von Ämtern und anhand von Befragungen. Insgesamt 17 Jahre hat sie an ihrem Buch ›Die Redelsheimer‹ gearbeitet. Neun Jahre Recherche und acht Jahre Schreiben. Im Haus der Wannsee-Konferenz, wo die Nazis ›die Endlösung der Judenfrage‹ im Januar 1942 beschlossen, fand sie Gewissheit über Elsa Redelsheimers Tod in Auschwitz.

Ich besuchte die Ausstellung im *Haus der Wannsee-Konferenz*, dort in der oberen Etage gibt es eine Bibliothek, in der ich Einträge über Elsa Redelsheimer unter ihrem von den Nazis auferlegten Namen Cilla in den KZ-Gedenkbüchern von Theresienstadt und von Auschwitz fand. Alle Transporte und Namen wurden akribisch aufgeführt.

Eva Tanner meldete die bisher dort unbekannten Namen Elsa und Paul Redelsheimer als Holocaust-Opfer in der Gedenkstätte Yad Vashem in Israel an. Am Kurfürstendamm 47, wo Paul Redelsheimer seine Innenausstattungs- und Möbel-Firma hatte, wurden 2016 feierlich zwei Stolpersteine für Elsa und Paul niedergelegt. Der Direktor des Hotel Mondial, das heute an der Stelle des im Krieg ausgebombten Hauses steht, war auf Eva Tanner und ihre Recherchen gestoßen. Das Hotel-Restaurant wurde als Reminiszenz an die Vorbewohner ›Redelsheimer‹ genannt. Suzanne reiste aus Paris an, um bei der Stolperstein-Niederlegung dabei zu sein. Während ihrer Rede bedankte sie sich bei Eva Tanner, »weil diese mit ihrer Arbeit den Redelsheimern in der Erinnerung wieder ein Leben gegeben und damit die von den Nazis gewollte ›Vernichtung‹ eines jüdischen Lebens in Deutschland aufgehoben hat«.

Zuerst wollte ich das Manuskript den Redelsheimern widmen. Aber dann dachte ich: ›Lieber doch den Lebenden‹. Deshalb habe ich es Suzanne Collet gewidmet: ›Für Suzanne, in Liebe‹. Suzanne ist auch nicht mehr jung, und ich machte mir Sorgen, dass ich es nicht rechtzeitig schaffen würde, das Manuskript zu beenden. Aber nun habe ich es doch geschafft. Suzanne lebt noch und wir treffen uns regelmäßig und sind uns sehr nah.

Jetzt suche ich einen Verleger für das Buch. Auch ein Großteil meines eigenen Lebens steckt in diesem Manuskript. Die Figur der Friederike ist weitgehend autobiografisch, während Clemens, ihr Mann, fast völlig fiktiv ist. Alles, was das Haus in der Kladower Straße 8 betrifft, ist authentisch, und der Atem, den ich den Szenen von Elsa und Paul Redelsheimer und von Lilli Bernstein eingegeben habe, ist natürlich meiner.

Ich wollte vor allen Dingen das Leben von Elsa und Paul zeigen, nicht ihren Tod. Das Leben und die Liebe spielen die größte Rolle. Ich habe mich ja auch in diese Familie verliebt, in den Ort Sacrow, in das Haus Nr. 8. Man kann so vieles lieben, nicht nur den eigenen Ehepartner oder seine Kinder. Man kann auch ein Haus lieben. Ich glaube nicht, dass irgendjemand dieses Haus noch einmal so lieben wird, wie ich es tat. Das war der Zauber, der mir half, dieses Buch zu schreiben.

> *2006 mussten Eva Tanner und ihr Mann den Traum vom Haus am Wasser in Sacrow aufgeben. Die Sanierung verschlang zu viel Geld, sie konnten das Haus nicht mehr halten und mussten es verkaufen. Sie lebten noch weitere drei Jahre im Nachbarhaus zur Miete. 2010 zogen sie aus Sacrow fort.*

Sacrow war für mich ein Traum, ein Paradies. Ich bin jeden Tag schwimmen gegangen, es war phantastisch. Als ich dann mein Zuhause verlor, hat es mir fast das Herz gebrochen. Ich wollte nie wieder an diesen Ort zurückkehren. Aber wenn ich heute nach Sacrow fahre, tut es nicht mehr weh, weil inzwischen doch viel Zeit vergangen ist. Ich lebe nicht mehr im Paradies, aber ich werde es nie vergessen.

Der Ort ist, glaube ich, tatsächlich so geworden, wie er einmal war – etwas Besonderes, etwas ganz Besonderes. Familie Redelsheimer könnte heute wieder in Sacrow wohnen – sie würden gut hineinpassen.

Das SCHLOSS

Das Gut und der König

(1840–1918)

Erst seit König Friedrich Wilhelm IV. 1840 das Anwesen erwarb, sprach man vom »Schloss« Sacrow. Das Gebäude entspricht eher der landläufigen Vorstellung eines Herren- oder Gutshauses. Der König selbst soll übrigens im Schloss Sacrow keine einzige Nacht verbracht haben. Damen und Herren seines Hofes durften bisweilen zum Sommeraufenthalt dort wohnen. Der umgebende Park ist in seiner gartenhistorischen Bedeutung mindestens ebenso wichtig wie das Herrenhaus selbst. Gebäude und Garten erlebten im Laufe der Jahrhunderte untrennbare parallele Geschichten.

König Friedrich Wilhelm IV.

Schloss Sacrow

Sacrow war einst ein Rittergut. Erwähnt werden Gut und Dorf erstmals 1375 im Landbuch Kaiser Karls IV. Das Gut wechselte während der folgenden Jahrhunderte mehrmals den Besitzer. Die Landwirtschaft und die Einnahmen der Fährstelle waren die wichtigsten Erwerbsquellen der jeweiligen Gutsbesitzer.

1764 übernahm Generalmajor Graf von Hordt, der Festungskommandant der Zitadelle Spandau, das Gut. Er ließ 1773 eine neues Herrenhaus im barocken Stil mit Wintergarten, ein Gewächshaus und einige Nebengebäude errichten. Hordt stellte 1778 auch die für Sacrow charakteristische Sonnenuhr an der Gartenseite des Haupthauses auf. Trotz vielfacher Überformungen stellt das Hordt'sche Haupthaus bis heute die Grundform von Schloss Sacrow dar.

Theodor Fontane hat im Havelland-Band seiner ›Wanderungen‹ kein eigenes Wort für Sacrow übrig. Er zitiert aber den Geistlichen, der Sacrow als Filiale von Fahrland zwischen 1774 und 1800 betreute. Der Pastor, der sonst weniger gut auf seinen Patron zu sprechen war, schreibt hier über den schwedischen Grafen Hordt: »Man muß dem Grafen Hordt die Gerechtigkeit widerfahren lassen, daß er das elende Sacrow umgeschaffen hat. Das schöne Wohnhaus, der ganze Plan des Gehöfts, des Gartens und des Dörfleins, alles kommt von ihm her. Wenn ich Sacrow jetzt mit dem von 1750 vergleiche, da kann ich nur sagen, Sacrow war damals ein Rattenloch.«

Die tausendjährige Eiche

Thusnelda im Schlosspark

1779 verkaufte von Hordt das Gut für 23.000 Taler an Heinrich Karl Baron de la Motte Fouqué. Der königlich-preussische Oberst und Kommandeur eines Grenadierbataillons stammte aus einer altadligen französischen Hugenottenfamilie, sein Sohn Friedrich de la Motte Fouqué gilt als einer der bedeutendsten Schriftsteller der Deutschen Romantik. Er verbrachte seine Kindheit zwischen 1781 und 1788 auf Schloss Sacrow. Es heißt, dass er am nebligen Havelufer, am von dunklen Wäldern umrandeten Sacrower See und im verwunschenen Park des Anwesens wesentliche Inspirationen zu seinem wichtigsten Werk, dem Nixenmärchen ›Undine‹ bekommen hat.

1787 erwarb Graf August Ferdinand von Häseler, ein königlicher Kammerherr, das Anwesen. Er unterhielt dort eine Pfauenzucht, aus der wohl die Pfauen auf der gegenüberliegenden Pfaueninsel entstammten.

1811 wechselte das Anwesen erneut den Besitzer. Der sehr vermögende Kommerzienrat Jean Balthasar Henry war vorher preußischer Geschäftsträger in Madrid. Er starb nur drei Jahre später. Somit stand das Gut wieder zum Verkauf.

Der Berliner Bankier Johann Mathias Magnus erwarb es 1816 und baute dort eine Essigbrauerei und eine Bleizuckerfabrik. Nach dessen Tod 1821 blieben seine fünf Söhne Eigentümer des Anwesens, das König Friedrich Wilhelm II. schon 1828 wegen seiner landschaftlichen Reize kaufen wollte. Doch die geforderten 170.000 Taler waren selbst für den König eine zu gewaltige Summe, so dass der Kauf nicht zustande kam.

Als nach dem Regierungsantritt von Friedrich Wilhelm IV. das Gut wieder zum Verkauf anstand, gab es die Befürchtung, dass durch einen neuen Eigentümer weitere Rodungen besonders in dem für die Sichten über das Wasser so wertvollen Uferbereich durchgeführt werden. Die Aussicht vom Neuen Garten, von Prinz Carls Glienicke, von Nikolskoe und der Pfaueninsel – also fast der gesamtem Kulturlandschaft an der Havel – drohte »verunziert« zu werden. Im Oktober 1840 entschloss sich deshalb König Friedrich Wilhelm IV., das Gut Sacrow und die es umgebende Halbinsel für 60.000 Taler zu erwerben. Sacrow war in der von Gartendirektor Peter Joseph Lenné – zusammen mit dem König – erdachten weiträumigen Kulturlandschaft ein zwar entlegenes, aber doch zentrales Areal dieses Gesamtkunstwerkes.

Definitiv war es persönlicher Wunsch und Wille des Königs, darüber die ästhetische Kontrolle zu bekommen. Sofort wurde Peter Joseph Lenné mit der Planung für die Verschönerung des Parks beauftragt. Ehemalige Ackerflächen verschwanden und Kiefern wurden durch Laubgehölze ersetzt. Die strahlenförmig vom Schloss zum Havelufer verlaufenden weiten Sichten auf eindrucksvolle Bauten Potsdams entstanden. Der schön geschwungene Uferweg, von dem aus die Architekturen der Kulturlandschaft sich wie auf einer Kette aufgereiht so eindrucksvoll präsentieren, entstand ebenso wie die weiten offenen Wiesenbereiche, die die Luftigkeit und Weitatmigkeit des Parks ausmachen.

Die Gebäude der ehemaligen Bleiweißfabrik wurden abgetragen, am Wasser wurde mit einer italienisch anmutenden Exedra-Bank in halbrunder Form ein romantischer Aussichtsplatz geschaffen. Auch für das Schloss selbst hatte Friedrich Wilhelm IV. neue Pläne. So wollte er darin Friedrich de la Motte Fouqué, der einen Teil seiner Kindheit auf dem Anwesen verbrachte, eine Wohnung für seinen Lebensabend einrichten. Der König verehrte die Ritter- und Heldensagen seines einstigen Spielkameraden, doch der Dichter starb im Jahr 1843, so dass der Plan nicht zur Ausführung kam. Im Schloss wurde dann eine Wohnung für den Prediger der zu bauenden *Heilandskirche am Port zu Sacrow* eingerichtet.

Das Fährhaus *Zum Dr. Faustus*, am Anleger der Fähre, diente als Wohnhaus für den Pächter der Fähre und war eine bei Potsdamern und Berlinern beliebte Restauration. Es war von Havel und Jungfernsee in seiner exponierten Lage am Wasser gut sichtbar. Doch in seiner sehr einfachen Form störte es das Schönheitsempfinden des Königs. Also beauftragte Friedrich Wilhelm IV. Ludwig Persius mit der Umgestaltung. Dieser baute wenige Jahre nach der Fertigstellung der *Heilandskirche* den Fährkrug als schönes zweigeschossiges Gebäude im Stil einer italienischen Landvilla um.

Beliebtes Ziel eines Parkrundgangs war (und ist) die ›tausendjährige Eiche‹ westlich vom Schloss. Gottfried von Ising schwärmt in den *Mitteilungen des Vereins für die Geschichte Berlins* 1931: »Sie gewährt einen so großartigen Anblick, wie sonst kaum irgendein anderer Eichbaum im deutschen Vaterlande. Ihr mächtiger Stamm hat in Brusthöhe einen Umfang von mehr als 6 Metern und die dichtbelaubte Krone einen Durchmesser von 35 bis 40 m.« Kurz vor der NS-Zeit hatte das Etikett »tausendjährig« in Deutschland Hochkonjunktur. Davor, um die Jahrhundertwende, hieß sie nur die ›hundertjährige Eiche‹. Parkgärtner Uwe Held hat festgestellt, dass sie wahrscheinlich 1790 gepflanzt wurde, in der Zeit des frühen Landschaftsgartens in Sacrow. In den 1920er Jahren befestigte man an der Eiche Zugeisen mit Schellen, um ein Auseinanderbrechen der mächtigen Krone zu verhindern. Die Strangulierung führte aber zur Verpilzung, weshalb der Baum 1989 weitgehend auseinander brach. Die Eiche ist heute ein Naturdenkmal.

Weimarer Republik und NS-Zeit (1918–1945)

War es in den letzten Jahrzehnten des 19. Jahrhunderts und während des Ersten Weltkriegs still um Schloss Sacrow geworden, lassen sich in den folgenden Jahren Zeitgeist und Herrschaftsverhältnisse der Weimarer Republik und der NS-Zeit in seiner Nutzung gut ablesen.

Nach dem Ende der Monarchie in Deutschland gingen Park und Schloss Sacrow 1918 in Staatsbesitz über. Der preußische Finanzminister Albert Südekūm (SPD) bezog an den Wochenenden das Schloss. Ab 1920 wohnte er dort fest mit seiner Familie. Später ging Südekūm in die Privatwirtschaft, wo er zahlreiche Aufsichtsratposten bekleidete. Er war Vorstandsmitglied des *Vereins zur Abwehr des Antisemitismus* und engagierte sich später im Widerstand gegen Hitler.

Von 1922 bis 1934 wohnte der Flugpionier und Mitbegründer der Deutschen Lufthansa Eberhard Cranz im Schloss. Während seiner Zeit in Sacrow arbeitete er in Berlin für die Junkers Luftverkehr AG, die 1926 mit dem Deutschen Aero Loyd zur Deutschen Lufthansa fusionierte.

Familie Alpers

Preußischer Generalforstmeister Friedrich Alpers

Am 1.4.1927 wird die *Verwaltung Staatliche Schlösser und Gärten* gegründet, zu der nun auch Schloss und Park Sacrow gehören.

1938 wurde das Schloss zum Wohnsitz des Preußischen Generalforstmeisters Friedrich Alpers umgebaut. Alpers ließ es im Stil des NS-Geschmacks radikal um- und überformen. Im ursprünglichen Barockbau waren die herrschaftlichen Räume im Obergeschoss. Alpers wollte aber im Erdgeschoß Räume mit Repräsentationscharakter schaffen. Um mehr Raumhöhe zu gewinnen, ließ er den Fußboden um zwei Stufen absenken. Neben dem Schloss entstand das ›Adjudantenhaus‹ als Neubau im barockisierenden Stil. Ein frühklassizistischer Anbau wurde ebenso abgerissen wie ein Wirtschaftsgebäude von Persius und die Verbindung zwischen Schloss und Gewächshaus.

Friedrich »Fritz« Alpers war SS-Mitglied und ein glühender Nazi. 1929 trat er in Braunschweig in die NSDAP ein, machte bei SA und SS schnell Karriere vom Sturmbannführer über den SS-Standartenführer bis zum SS-Obergruppenführer.

1933 leitete er im Land Braunschweig die dortigen NS-Terroraktionen und soll bei Folterungen politischer Gegner selbst Hand angelegt haben. Für seine »Verdienste« wurde er zum Justiz- und Finanzminister des Landes Braunschweig ernannt. 1934 wurde Alpers ›Gaujägermeister‹ des ›Jagdgaus Braunschweig‹ und ließ in dieser Funktion den ›Reichsjägerhof Hermann

Schloss Sacrow in grüner Tarnfarbe

Göring‹ für den ›Reichsjägermeister‹ Göring bauen. Soviel jagdliche Ehrerbietung zahlte sich für Alpers aus.

Jagdfreund Göring förderte dessen Aufstieg und machte ihn 1937 zum Generalforstmeister und zum Staatssekretär im Reichsforstamt. Sein Dienstsitz, wo er mit seiner Familie lebte, wurde Schloss Sacrow. Schon 1941 hatte sich Alpers, Träger des *Totenkopfrings der SS*, des *Ehrendegens des Reichsführers SS* und des *Goldenen Parteiabzeichens der NSDAP*, freiwillig zum Fronteinsatz gemeldet. 1944 legte er alle seine Ämter nieder und übernahm im Range eines Majors ein Bataillon eines Fallschirmjägerregiments. In Belgien, nahe der Stadt Mons, wurde er schwer verwundet, worauf er sich vor der Festnahme durch alliierte Truppen am 3. September 1944 selbst erschoss.

In den letzten Tagen des Zweiten Weltkriegs wurden im Park und im nahen Wald Unterstände und Schützengräben ausgehoben. Fotos belegen, dass das Schloss mit grüner Tarnfarbe gestrichen war, vermutlich als Schutz gegen Fliegerangriffe. Insgesamt überstanden Schloss und Park aber den Krieg ohne größere Schäden. Das Ausflugslokal *Zum Dr. Faustus* allerdings trug schwere Zerstörungen durch die Kampfhandlungen während der letzten Kriegstage davon.

Aufgewachsen im Schloss: Armin Herrmann

Das Schloss zur DDR-Zeit (1945–1990)

Die Nachkriegsgeschichte des Schlosses Sacrow ist fast repräsentativ für den Umgang der DDR mit den von Adel und Junkern zurückgelassenen Herrschaftsgebäuden in Ostdeutschland. Schloss Sacrow erfuhr zunächst eine soziale, dann eine kulturelle und schließlich eine militärische Nutzung.

Opfer des Faschismus im *Liselotte-Herrmann-Heim* (1945–53)

1945 wurde das Schloss »Volkseigentum«. Im selben Jahr bekam es den Namen der von den Nazis ermordeten Widerstandskämpferin Liselotte Herrmann. Das *Liselotte-Herrmann-Heim Sacrow* wurde für Opfer des Faschismus (OdF) eingerichtet.

In allen vier Besatzungszonen hatten sich OdF-Ausschüsse gebildet. Sie organisierten erste soziale Hilfsmaßnahmen zur Betreuung der aus den NS-Zuchthäusern, Gefängnissen und Konzentrationslagern Zurückkehrenden und ihrer Angehörigen. Neben der Hilfe bei der Wohnungssuche, bei Sonderzuteilungen von Lebensmitteln und Bekleidung und der Vermittlung von Arbeit gehörte zur Betreuung der Naziopfer auch das Angebot, Kur- und Erholungsheime der OdF zu nutzen.

Schloss Sacrow mit Tarnfarbe

Angelika Gensch, geb. Herrmann

Im Februar 1947 hatte sich in Berlin eine »überparteilichen Organisation« die *Vereinigung der Verfolgten des Naziregimes* (VVN) gebildet. Als ›Verfolgte des Naziregimes‹ galten »Personen, die wegen ihres Glaubens, ihrer Rasse, ihrer früheren politischen Betätigung, wegen Widerstandes gegen das Naziregime oder wegen politischer Unzuverlässigkeit im In- und Ausland verfolgt worden sind«.

In das OdF (VVN)-Erholungsheim Sacrow, wo anfangs noch das Inventar und die Jagdtrophäen des NS-Generalforstmeisters Friedrich Alpers präsent waren, kamen nun nach 12 Jahren NS-Terror ausgemergelte Gestalten – ehemalige KZ-Häftlinge oder aus den Gefängnissen befreite Widerstandskämpfer und andere Opfer des Faschismus – zu turnusmäßigen Erholungsaufenthalten. Auch Opfer der NS-Diktatur aus Frankreich, Holland und Luxemburg waren Gäste. Bezahlt wurden die Aufenthalte (6,50 RM pro Tag und Person) von den zuständigen Sozialämtern. Die Gäste – ca. 50 Menschen in jedem Turnus – blieben hier in der Regel 4–6 Wochen zur Erholung in der Parklandschaft am Ufer des Jungfernsees.

Die Kinder der damaligen Heimleiterin Erna Herrmann sind Zeugen dieser Zeit. Armin Herrmann und seine Schwester Angelika Gensch sind im Schloss Sacrow aufgewachsen. »Meine Eltern waren seit 1928 in der KP. Und 1945 – direkt nach dem Krieg – hat die Rote Armee in Berlin Leute gesucht, die nicht NS-belastet sind. Und da sind sie auf meine Eltern gestoßen und haben gesagt: Übernehmt das VVN- oder OdF-Heim in Sacrow!«, erinnert sich Armin Herr-

Das Liselotte-Herrmann-Heim Sacrow für die Opfer des Faschismus

mann. 1946 zog die Familie von Neukölln in den Ort an der Havel. Angelika Gensch erinnert sich an die ganz anders aussehenden Bewohner des Heimes. »Die erste Zeit kamen vereinzelt welche, die noch gestreifte Sachen trugen, die sie aus dem KZ hatten. Weil sie eben noch nichts anderes besaßen. Manche trugen die Kleidung, die sie geschenkt gekriegt hatten – teilweise zu groß oder zu klein. Die kamen in Sachen, die einfach bunt zusammengewürfelt waren.«

Für die Kinder der Heimleiterin waren viele Vorgänge und Erzählungen zwischen den Gästen und ihrer Mutter nicht immer verständlich, aber einiges blieb im Gedächtnis.

»Es gab bei uns eine Tischdecke, die wir die ›Auschwitz-Decke‹ nannten. Die war aus dem Stoff eines Zuckersacks gemacht, quadratisch, etwa 1 × 1 Meter, und war mit hebräischen Schriftzeichen bestickt. Die hatte jemand in Auschwitz gemacht, aber wir waren noch zu klein, um das genau mitzukriegen. Wahrscheinlich war es ein Gast, der hier war und diese Decke dann Mutter übergeben hat«, erinnert sich Armin Herrmann. »Auf jeden Fall hatte Mutter einen Heidenrespekt vor dieser Decke – da durfte nichts raufgestellt werden«, ergänzt seine Schwester.

Die Geschwister vermissten ihre Mutter oft. Sie war fast rund um die Uhr in Bereitschaft. »Wenn die Leute Sorgen und Probleme hatten – viele mussten zum Beispiel nach den langen Jahren der Haft ihre Verwandten erst wieder suchen –, dann haben die natürlich jemanden

Widerstandskämpfer zur Erholung

gebraucht, mit dem sie reden konnten. Und unsere Mutter war jederzeit ansprechbar und hatte dafür ein Ohr gehabt. Weil hier ja eine Menge Leute gewesen sind, die wirklich einen Sack Probleme mit sich rumgetragen haben«, sagt Armin Herrmann. »Ich kann mich an eine Geschichte erinnern, die mich sehr beeindruckt hat. Da haben sie im Schloss gesessen und Musik von einer Schallplatte gehört. Ich kannte diese Musik nicht, aber sie war sehr markant. Plötzlich ist eine Frau aufgestanden und hat mit ihrem Stock die Schallplatte zerschlagen. Das war natürlich ein Schock. Viel später habe ich begriffen, dass diese Musik das Prelude von Liszt war, was Goebbels immer für die Untermalung der Siegesmeldungen der deutschen Wehrmacht benutzt hatte. Und das hat sie nicht ertragen. Also solche Emotionen sind da gewesen.«

Wie überall kurz nach Kriegsende war auch im *Liselotte-Herrmann-Heim* die Versorgung ein Problem. Der angelegte Gemüsegarten hinter dem Schloss half. Und die Findigkeit von Hausmeister Pit, einem deutsche Kommunisten, der mit der Roten Armee nach einer Flucht-Odyssee durch halb Europa 1945 nach Deutschland zurückkam. »Pit hatte gute Beziehungen zu den Sowjetischen Soldaten – er ist ja als Waffenmeister der Roten Armee wieder nach Deutschland zurückgekommen. Wenn es bei uns mit der Verpflegung eng wurde, ist der in den nahen Königswald gefahren, wo die Truppen lagerten, und kam mit einer kleinen grünen Kiste voller Handgranaten wieder. Und dann fuhr er mit Ruderboot und Schleppnetz hinten dran auf den Sacrower See. Einmal durfte ich mit. Pit hat dann die Handgranaten ins Wasser geworfen und

Gästebuch

es machte herrlich ›buff‹. Irgendwann war das Schleppnetz voller toter Fische. Die sind dann in die Küche ins Schloss gekommen und dann wurden Fischbuletten gemacht«, erinnert sich Armin Herrmann.

»Wenn es nichts zu heizen gab, ist Vater mit Gästen in den Park gegangen, wo sie einen Baum gefällt haben, um Feuerholz für den Kamin zu haben. Da haben die Gäste eben mitgemacht. Das war völlig klar. Es war hier nicht wie in einem Hotel. Ich erinnere mich an einen Raum mit Musikinstrumenten, eine Tischtennisplatte und verschiedene Veranstaltungen, die organisiert wurden«, sagt Herrmann. »Die Gäste haben gemacht was sie wollten: Lesen, Spazierengehen im Park, oder Boot fahren. Die waren eigentlich auch gar nicht traurig, sondern die hatten manchmal fast eine gewisse Fröhlichkeit. Klar, sie sind dem Grauen der Nazi-Zuchthäuser entkommen. Aber hier wurde nun gefeiert, hier wurde gesungen, da war auch eine Herzlichkeit.«

Fast scheint es, dass im *Liselotte-Herrmann-Heim* in Sacrow verwirklicht wurde, was der neu aufzubauende Sozialismus nach der NS-Zeit versprach, aber mit fortschreitender Zeit immer weniger halten konnte: Ein »Paradies« für die Arbeiterklasse – als Sinnbild für die ›Neue Zeit‹. In leichter Abwandlung des berühmten Zitates von Jean-Paul Sartre schrieb ein Bewohner ins Gästebuch: »Erinnerung an das einzige Paradies, aus dem wir nicht vertrieben werden können.«

Aus dem KZ ins Erholungsheim Antifa Sakrow

Immer wieder wird im Gästebuch auch der Heimleiterin Erna Herrmann für ihre liebevolle Betreuung und die gute Verpflegung gedankt. In Sacrow wähnte man sich »unter unseren Leuten«, wie ein Gast schreibt. *Unsere Leute*, das waren aus Sicht der Partei und der Funktionäre der OdF und VVN vor allem ›die Politischen‹ Opfer der NS-Diktatur. Andere ehemalige Opfergruppen wie Juden, Christen im Widerstand und Bibelforscher spielten eine untergeordnete Rolle. Viele Kommunisten aus dem Widerstand starben in den Konzentrationslagern. Der rote Winkel der ›Politischen‹ wurde zum Kennzeichen für die *Vereinigung der Verfolgten des Naziregimes* (VVN). Diese Antifaschisten sollten nun auch das ›neue Deutschland‹, die DDR, legitimieren und beim Aufbau des Sozialismus helfen.

»Hinten in dem Spiegelsaal im Schloss stand unsere Tischtennisplatte«, erinnert sich Angelika Gensch. »In diesem Spiegelsaal hing ein Bild von Stalin. Ich habe immer gedacht: Warum muss der da hängen?« Ihr Bruder Armin Herrmann ergänzt: »Hier waren aber nicht nur Kommunisten. Alles was aus den Konzentrationslagern, aus den Zuchthäusern raus kam, war hier zur Erholung. Ich erinnere mich auch an die Konflikte unter den Emigranten. Alle die, die im Westen in der Immigration waren, sind mit Misstrauen hier wieder aufgenommen worden. Also einen Sack Flöhe zu hüten war einfacher, als das hier in der Balance zu halten. Aber das hat unsere Mutter gekonnt.«

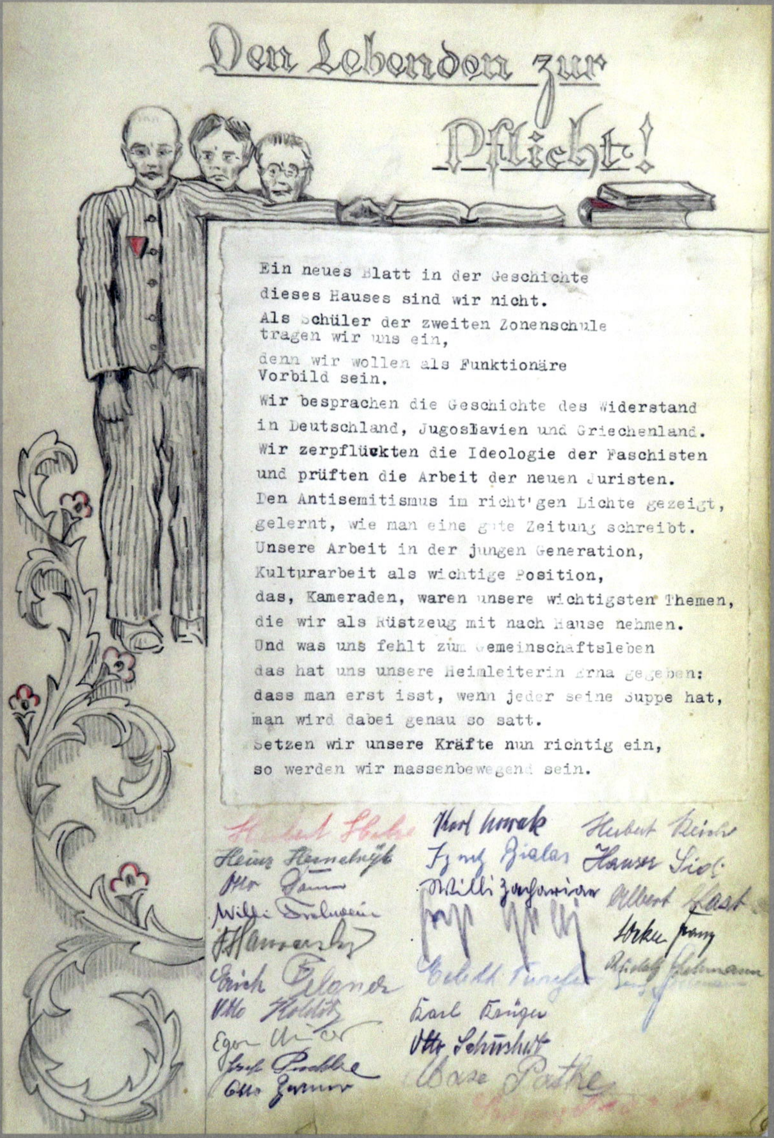

Den Lebenden zur Pflicht!

Ein neues Blatt in der Geschichte
dieses Hauses sind wir nicht.
Als Schüler der zweiten Zonenschule
tragen wir uns ein,
denn wir wollen als Funktionäre
Vorbild sein.
Wir besprachen die Geschichte des Widerstand
in Deutschland, Jugoslavien und Griechenland.
Wir zerpflückten die Ideologie der Faschisten
und prüften die Arbeit der neuen Juristen.
Den Antisemitismus im richt'gen Lichte gezeigt,
gelernt, wie man eine gute Zeitung schreibt.
Unsere Arbeit in der jungen Generation,
Kulturarbeit als wichtige Position,
das, Kameraden, waren unsere wichtigsten Themen,
die wir als Rüstzeug mit nach Hause nehmen.
Und was uns fehlt zum Gemeinschaftsleben
das hat uns unsere Heimleiterin Erna gegeben:
dass man erst isst, wenn jeder seine Suppe hat,
man wird dabei genau so satt.
Setzen wir unsere Kräfte nun richtig ein,
so werden wir massenbewegend sein.

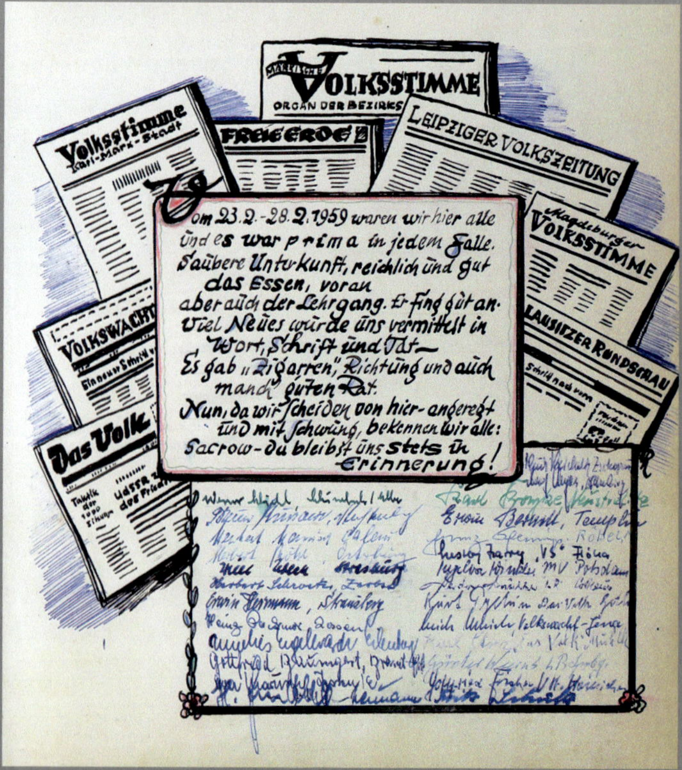

Vom 23.2.–28.2.1959 waren wir hier alle
und es war prima in jedem Falle.
Saubere Unterkunft, reichlich und gut
das Essen, voran
aber auch der Lehrgang. Er fing gut an.
Viel Neues wurde uns vermittelt in
Wort, Schrift und Tat –
Es gab „Zigarren", Richtung und auch
manch guten Rat.
Nun, da wir scheiden von hier – angeregt
und mit Schwung, bekennen wir alle:
Sacrow – du bleibst uns stets in
Erinnerung!

O.d.F. Heim
Sakrow
1
Febr.
1947
Nach vielen Kampfesjahren ist es schön,
in ein Erholungsheim zu gehn!
DEFA
Augenzeuge
Nun folgen für die Jahre Trübsal, – ganze 28 Tage Labsal!
Auch baden, das ist sehr gesund, –
für jeden ob er dünn noch rund!
Medizin
Mit uns hat Erna viele Sorgen,
sie mußte sich Kartoffeln borgen.
Sie ist auf unser Wohl bedacht, –
daß uns das Herz im Leibe lacht!
Der Doktor ist ein kluger Mann,
und grade darauf kommt es an!
Sängerhermann
Zum Schluß da kam der Knallefekt, das Schwein, daß war jetzt dick und fett, –
der Schlachter kam, – schon wars passiert, die Köchin hat es uns serviert!
O.d.F. Heim
Sakrow
KZ
28
Febr.
1947
Luzi komme wieder
Mit frischem Mut und neuer Kraft
geht's jetzt im Kampf,
für des Volkes Macht!
Zeichnung und Text von W. Ewert und W. Busse.

Kaminzimmer, NS-Jagdtrophäen, Stalin im Spiegelsaal – Wandel im Schloss Sacrow

Bei einer Konferenz von Leitern der Sanatorien- und Erholungsheime der VVN in der Sowjetischen Besatzungszone im Juni 1948 wird über die »Lage und Aufgaben der OdF- und VVN-Heime« referiert. Da heißt es: »Der Patient oder Erholungsbedürftige kommt nicht als Individuum schlechthin, sondern als ein besonderes politisches gesellschaftliches Element, dem unsere ganze Fürsorge gelten muss.« Im Sacrower *Lieselotte-Herrmann-Heim* wurden nun vermehrt Schulungen und Lehrgänge für Vertreter verschiedener DDR-Institutionen und für Funktionäre der VVN abgehalten.

In beiden deutschen Staaten wurde die VVN aber zunehmend verdächtigt, die jeweils gegnerische Seite im Kalten Krieg zu unterstützen, was hier wie dort zu existenzbedrohenden Maßnahmen gegen sie führte. Im antikommunistischen Klima des Kalten Krieges häuften sich im Westen Repressionen gegen dortige OdF und VVN-Mitglieder. Oft verhinderte die Polizei, dass Teilnehmer des OdF-Tages Kränze bei Gedenkveranstaltungen niederlegen konnten. VVN-Mitgliedern wurde die Anstellung im öffentlichen Dienst verweigert, der Geheimdienst beobachtete die Organisation.

Seite 112–113: Eintragungen ins Gästebuch

Und im Osten passte der SED eine überparteiliche politische Organisation nicht mehr in das Verständnis der DDR als Diktatur des Proletariats. Die VVN galt als »Sammelbecken kritischer Kräfte« und als « ideologisch schwach«. Im Februar 1953 wurde auf Weisung des Politbüros die »Tätigkeit der Organisationen der VVN in der Deutschen Demokratischen Republik und im

demokratischen Sektor von Berlin« eingestellt. Hauptargument war, »dass das bei der Gründung der VVN von ihr aufgestellte Programm in unserer Deutschen Demokratischen Republik als erfüllt betrachtet werden kann«.

Mit Auflösung der VVN 1953 endete im August des Jahres der letzte Turnus für Opfer der Nazi-Diktatur im Sacrower Erholungsheim. »Es war bis dahin schon eine Oase hier. Und vielleicht auch wirklich ein Paradies«, sagt Armin Herrmann. Seine Schwester ergänzt: »Für viele dankbare Gäste und auch für uns war es wohl tatsächlich wie eine Vertreibung aus dem Paradies.«

Schriftsteller im *Liselotte-Herrmann-Heim* (1953–1961)

Träger des *Lieselotte-Herrmann-Heims* im Schloss Sacrow wurde 1953 das *Druckerei- und Verlags-Kontor der DDR*. Das DVK war eine Holding der SED. 1952 gegründet, diente sie dem Ziel, Druckereien, Zeitungen und Verlage in der DDR der wirtschaftlichen und ideologischen Kontrolle der Partei zu unterstellen. Die neuen Gäste des Erholungsheims kamen aus den unterschiedlichsten Sparten. In das Gästebuch trugen sich Mitarbeiter der *Karl-Marx-Buchhandlung*, der *Volksbuchhandlung*, der Verlage *Das Neue Berlin*, *Tribüne*, *Volk und Welt*, *Deutscher Bauernverlag*, *Henschel-Verlag*, des *Verlags für die Frau* und von verschiedenen Druckereien und Zeitungen aus allen Bezirken der Republik ein.

Die Schriftstellerin Brigitte Reimann zu Gast

Auch Schriftsteller lebten und arbeiteten im *Liselotte-Herrmann-Heim*. Darunter Walther Victor, Herbert Jobst, Valentin Senger, Karl Veken, Herbert Otto, Sidney Gordon, Hedda Zinner, Boris Djacenko und Elfriede Brüning.

»Ich habe damals von den Schriftstellern, die Kinderbücher geschrieben haben, viele Bücher geschenkt bekommen. Ich hatte ein Regal voller Bücher – mit Widmungen«, erinnert sich Angelika Gensch. »Zu einigen Schriftstellern gab es auch engere Kontakte. Wir hatten zum Beispiel ein paarmal Valentin Senger zu Gast, der aus Frankfurt am Main hierher kam. Der war Kommunist und Jude und hat über sein (Über-)Leben in Nazi-Deutschland Bücher geschrieben. ›Die Brücke von Kassel‹ und ›Am seidenen Faden‹. Diese Bücher wurden aber wohl im damaligen Westdeutschland nicht gedruckt. Aber in Ost-Berlin hat man sie veröffentlicht. Und er hat, um keine Probleme zu kriegen, unter einem Pseudonym geschrieben. Valentin Senger war einige Male hier in Sacrow – manchmal mit seiner ganzen Familie. Meine Mutter hatte eine gute Beziehung zu den Sengers, bis irgendwann der Kontakt abriss. Als ich sie fragte was los sei, hat sie gesagt, ihr wurde aus Berlin gesagt, sie solle nicht mehr schreiben, weil Valentin Senger sonst Probleme in Westdeutschland kriegen würde.«

Prominentester Gast in Sacrow war die Schriftstellerin Brigitte Reimann. Vom 15. Oktober bis zum 30. November 1956 nahm sie dort an einem Lehrgang der DEFA für Drehbuchautoren teil. In ihrem postum veröffentlichten Romanfragment ›Joe und das Mädchen auf der Lotos-

Erlebnisse in Sacrow – verarbeitet in Büchern

blume‹ verarbeitete sie – bis ins biografische Detail – ihre Erlebnisse in Sacrow. Denn »Joe« ist das Alias für den Freund und Geliebten Max Walter Schulz, später Direktor des Leipziger Literaturinstituts, und das Mädchen auf der Lotosblume ist die damals 23-jährige Brigitte Reimann selbst.

Brigitte Reimann wurde 1933 in Burg bei Magdeburg geboren. Das bekannteste Werk der Schriftstellerin, die 1973 tragisch an Krebs starb, war der Roman ›Franziska Linkerhand‹. Große Aufmerksamkeit erfuhren auch Brigitte Reimanns Tagebücher. Marcel Reich-Ranicki schwärmte: »Ich kann mich nicht erinnern, das Buch einer Frau in deutscher Sprache gelesen zu haben, in dem die Sehnsucht nach Liebe mit einer solchen Sinnlichkeit und Intensität gezeigt wurde. Dieses Buch hat die Qualität eines Romans und die Vorzüge eines Tagebuchs. Es hat mich ergriffen.«

In den Tagebüchern begegnet man einer Frau hadernd zwischen Selbstzweifeln und der Sehnsucht nach Liebe, nach Männern. Verheiratet mit Günther, liiert mit Ernst trifft sie in Sacrow auf »Wolf« (Werner), »Joe« (Max Walter Schulz) und »Jerry« (Herbert Nachbar):

> 19.10.56
> Gearbeitet habe ich – wie übrigens fast alle – noch keine Zeile. Es ist als hätten wir Ferien. Es ist wunderbar schön hier: eine große bewegende Einsamkeit, das schöne Haus liegt mitten in einem

Brigitte Reimann an der Heilandskirche

riesigen Park, der wiederum umgeben ist von Wäldern und Seen (…) Ich habe ein Einzelzimmer unterm Dach erwischt, es ist warm und gemütlich mit weichen Daunenbetten und Schreibtisch und Sesseln, das Fenster weist nach Osten, und des Morgens scheint die Sonne herein. Das Essen ist ausgezeichnet – eine Gefahr für meine schlanke Linie. Wir bummeln tagsüber im Park herum, abends sitzen die meisten in der Bibliothek und erzählen Witze.
(Aus: Brigitte Reimann ›Ich bedauere nichts‹, Tagebücher 1955–1963 Aufbau-Verlag, S. 54)

9.11.56
Joe betet mich an, er versucht vergebens mich zu begreifen, er sieht Engel und Teufel in mir, naives Kind und raffinierte Frau, er hält mich für klug, begabt, lieb und gleichwohl fähig zu jeder Grausamkeit. Ich spiele vor ihm meine hundert Rollen, und er weiß nie, was echt ist und was falsch. Übrigens weiß ich es selber nicht.
(Aus: Brigitte Reimann ›Ich bedauere nichts‹, Tagebücher 1955–1963 Aufbau-Verlag, S. 60)

15.11.56
Ich ging die Halle hinunter – dieser Schwung der Treppe! Sie hinabzusteigen ist ein ästhetischer Genuss –, nur um mich ein wenig zu zerstreuen. Dort unten fand ich eine lustige und schon ein wenig beschwipste Runde, die das einzige weibliche Element begeistert begrüßte und nicht mehr fortließ. (…) ich ließ mich von den Männern anschwärmen. Die meisten haben ein Faible für mich. Erklärlich, da ich hier die einzige Frau bin, die jung und hübsch ist.

Schloss Sacrow in den 1950er Jahren

Conny und ich blieben noch, weil wir eine Partie Tischtennis spielen wollten. Wir spielten übrigens wirklich, denn Tennis ist meine neue Passion, und ich schikaniere sämtliche Männer mit meinem grausigen Dilettantismus.
(Aus: Brigitte Reimann ›Ich bedauere nichts‹, Tagebücher 1955–1963 Aufbau-Verlag, S. 61/62)

19.11.56
Da ist Jerry. Seit fünf Tagen ist er hier, seit fünf Jahren oder seit Jahrhunderten, und er ist so fremd und vertraut, als es nur ein Mensch sein kann.
(...) Vor fünf Tagen setzte er sich zu uns an den Tisch. Es war die Stimmung dieses Sacrower Irrenhauses: Wir tranken Brüderschaft und kannten uns nicht mal beim Namen.
(...) Dann erfuhr ich seinen Namen: Herbert Nachbar.
(...) Wir hatten über Politik gesprochen, über die Geschehnisse der letzten zehn Jahre, über all das Grauenhafte, das geschehen ist im Namen Sozialismus und der Menschlichkeit. Plötzlich sagte er mit erschreckender Bestimmtheit: er wisse, dass er nur noch wenige Jahre habe, dass er zugrunde gehen werde an dem Zwiespalt unserer Zeit. Ich glaube, in dieser Minute begann ich ihn zu lieben.
(Aus: Brigitte Reimann ›Ich bedauere nichts‹, Tagebücher 1955–1963 Aufbau-Verlag, S. 64/65)

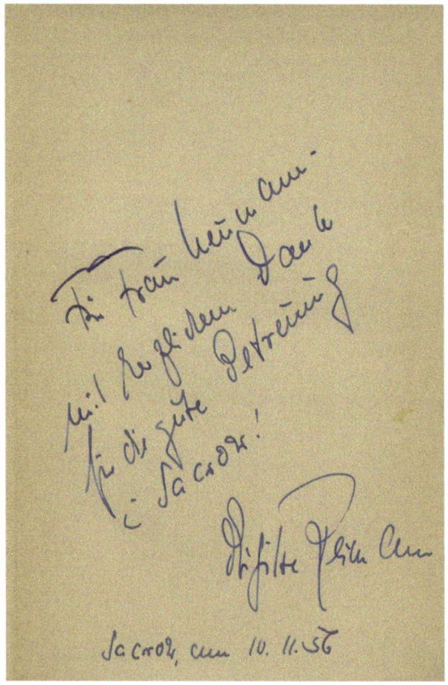

Für Frau Herrmann
mit herzlichem Dank
für die gute Betreuung
in Sacrow!
Brigitte Reimann
Sacrow, am 10.11.56

Literarisch verewigt: Der Schwung der Treppe

WIdmung von Brigitte Reimann für Erna Herrmann

28.11.56
Ich werde am Sonnabend abreisen müssen, angeblich ist das Haus belegt, in Wahrheit wird die Heimleiterin Unrat gewittert haben.
(…) Jerry ist am Ende. (…) Wir haben miteinander geschlafen. Wir werden uns nie vergessen.
(…) Jerry hat mir seinen Kugelschreiber geschenkt. Ich werde damit ein Buch, unser Buch, Joes und Jerrys und Marias Buch schreiben. Ich schleiche nicht davon, ich will in Glanz und Gloria zum Teufel gehen.
(Aus: Brigitte Reimann ›Ich bedauere nichts‹, Tagebücher 1955–1963 Aufbau-Verlag, S. 66/67)

1957 wird das aus dem eigenen Erleben in Sacrow inspirierte Manuskript *Joe und das Mädchen auf der Lotosblume* von der Zensur abgelehnt. »Es kam zurück, etikettiert mit Bemerkungen wie dekadent, morbid, skurril etc.«, schreibt Brigitte Reimann am 25.9.1957 in ihr Tagebuch. Und im selben Eintrag folgert sie, dass die aktuelle politische Lage die Veröffentlichung unmöglich gemacht hatte: »[I]ch bin ein halbes Jahr zu spät gekommen, nachdem das Schwein U[lbricht] bereits einen wiederum neuen, schärferen Kurs eingeschlagen hatte.« (Aus: Brigitte Reimann ›Ich bedauere nichts‹, Tagebücher 1955–1963 Aufbau-Verlag, S. 71/72)

Mit dem Mauerbau 1961 kommt es zu einer nächsten »Vertreibung aus dem Paradies«. Die Literaten mussten den Soldaten einer Bootskompanie des Grenzregimentes 48 weichen, die nun ins Schloss einzog. Sie sollten die Wassergrenze in der Kulturlandschaft sichern. Das *Lise-*

Appell der Bootskompanie am Schloss Sacrow

lotte-Herrmann-Heim existierte nicht mehr. Erna Herrmann, die das Heim 15 Jahre lang geleitet hatte, verließ mit ihrer Familie Sacrow. »Die haben dann eine Kaserne daraus gemacht. Das war alles ganz furchtbar für uns«, erinnert sich Angelika Gensch.

Die Bootskompanie im Schloss (1961–1973)

Der Mauerbau, die Abriegelung der Grenze am 13. August 1961 hatte auch für Park und Schloss Sacrow erhebliche Auswirkungen. Die gesamte Wasserlinie des Parks war nun durch Sperranlagen abgeriegelt. Eine Bootskompanie des Grenzregiments 48 zog 1961 ins Schloss und in die Villa in der Kladower Straße 10. Die Soldaten wechselten 1966 in die Potsdamer Bertinistrasse, wo sie – zugehörig zum Grenzregiment 44 – den neuen Stützpunkt für ihre Grenzboote hatten.

100 Mann und 12 Boote gehörten zur der Bootskompanie, die 1961 in Sacrow stationiert war. Zwei Standorte waren dafür von den Grenztruppen requiriert worden. In der einst von Karl Friedenthal erbauten Villa in der Kladower Straße 10 kamen »die Neuen« – Wehrpflichtige während ihrer Grundausbildung – das erste halbe Jahr unter. Hier war auch der Hafen mit Steg- und Slipanlage und die Tankstelle für die Boote der Wasser-Grenzkompanie. Im Schloss Sacrow verbrachten die Soldaten die weiteren 12 Monate bis zum Ende ihres Wehrdienstes.

Sicherung der Staatsgrenze im Drei-Schicht-System

Lutz Helfricht und Eckhard Jelonek leisteten zwischen 1963 und 1966 ihren Militärdienst in der Sacrower Bootskompanie ab. »Geschlafen haben wir im Obergeschoss des Schlosses – 12 Mann auf dem Zimmer in Doppelstockbetten. Das war schon eng, denn die Zimmer waren ja klein«, erinnert sich Eckhard Jelonek. »Wir waren alle schon ein bisschen älter. Der letzte Jahrgang, den sie noch für den Militärdienst erwischt haben. Viele kamen von der Küste aus dem Norden, hatten auf der Werft gelernt oder sind zur See gefahren. Im Schloss hatten wir unsere Ruhe und wurden gut verpflegt. Da konnte man zufrieden sein. Das waren private Frauen, die uns das ausgezeichnete Essen gekocht haben. Wir mussten aber damals auch mithelfen beim Kartoffelschälen.«

Das Essen für die Kompanie wurde im großen Saal des Schlosses serviert. Dort fanden auch Schulungen und Polit-Veranstaltungen statt. Auch der Chef-Propagandist der DDR-Fernsehsendung ›Der Schwarze Kanal‹, Karl-Eduard von Schnitzler, war mit einem Vortrag im Schloss zu Gast. »Der hat sozusagen im Schloss Hof gehalten«, sagt Jelonek. »Fünf Leute von uns wurden ausgesucht und durften eine Frage stellen und ›Sudel-Ede‹ hat die dann beantwortet. Der hat doch immer so groß getan – und dann vor so einer Bootstruppe, da wollte der wohl zeigen, was er für ein Kerl ist. Ich habe von diesem Mann nie was gehalten, aber das ging ja vielen so.«

Lutz Helfricht, der im Oktober 1963 nach Sacrow kam, gehörte zu den ersten Wehrpflichtigen, die an der Grenze eingesetzt waren. »Ich kann mir das im Nachhinein nur schwer erklären,

Wehrpflichtige der Bootskompanie

dass die mich da hingeschickt haben«, sagt Helfricht. »Ich habe meine Stasi-Akte eingesehen und da las ich Dinge über mich, dass mir die Haare zu Berge standen. Die stellten mich praktisch als Staatsfeind Nr. 1 dar. Ich hatte einen Schulfreund, der kurz vor dem Abitur in den Westen abgehauen ist. Und der hatte dem Westdeutschen Fernsehen ein Interview gegeben über die Volksbildung in der DDR – und sein Urteil darüber fiel nicht sehr positiv aus. Das hat man ihm sehr übel genommen. Und mir hat man übel genommen, dass ich noch mit ihm in regelmäßigem Briefkontakt stehe. Dann stand in meiner Akte, ich hätte über Kanada in den schönsten Farben geschwärmt. Und irgendein IM vermutete, dass ich da hin wollte. Deshalb ist es mir immer noch rätselhaft, wie ich an die Grenze gekommen bin.«

Grenzdienst in der Sacrower Bootskompanie hieß im Drei-Schicht-System die »Sicherung der Staatsgrenze der DDR« zu gewährleisten. Die Boote mit ihren Besatzungen waren in eine Früh-, Nachmittags- und Nachtschicht eingeteilt. Wenn die Besatzungen zum Beispiel zur Frühschicht morgens vom Schloss zum Hafen, zur Villa in der Kladower Straße, marschiert sind, dann wurde die Losfahr-Zeit immer geändert, damit man für den Gegner nicht berechenbar ist. »Unsere Aufgabe war Grenzsicherung. Unser Gebiet erstreckte sich vom Wannsee, der Havel unter der Glienicker Brücke bis rein in den Griebnitzsee. Da fuhren wir mit unseren Booten Streife«, sagt Jelonek. »Der Einsatz am Griebnitzsee war immer sehr begehrt, denn die badenden West-Mädels am Ufer waren ja nicht weit weg. Es gab ja immer nur ein Fernglas an Bord und das ging dann von Mann zu Mann«, erinnert sich Helfricht. »Die Bootsführer waren

Die neuen Nutzer auf dem Schlossbalkon

meist keine Wehrpflichtigen, sondern Soldaten, die sich für fünf Jahre verpflichtet hatten, und dabei waren auch einige Draufgänger. Die machten dann ihre merkwürdigen Späße. Also zum Beispiel längsseits an das West-Berliner Ausflugschiff *Sanssouci* anzulegen, das gerade auf der Wannseer Seite der Glienicker Brücke Gäste an Bord nahm. Das gab natürlich eine Riesenaufregung bei den Touristen da drauf, und die haben uns dann schön fotografiert. Ich mochte das nie.«

Auch Eckhard Jelonek erinnert sich an gefährliche Spiele zwischen den Fronten des Kalten Krieges: »Auf dem Wasser begegneten wir immer Patrouillenbooten der Amerikaner und der West-Berliner Polizei. An Land fuhren die Amis mit Jeeps entlang dem Uferweg. Wir mussten immer Meldung machen, wenn die wieder wilde Spielchen veranstaltet haben. Das haben die Amis öfter gemacht, dass die mit dem Jeep angerast kamen und haben dann das MG auf unser Boot gerichtet. Das hat uns aber nicht beeindruckt, wir sagten nur: Lass die doch … .«

Gefahr drohte auch von den Waffenbrüdern: »Im Winter mussten wir während unserer Dienstfahrten auch an manchen Stellen an Land gehen. Zum Beispiel die Schwanenallee immer rauf und runter. Aber da waren in einem Objekt Sowjets stationiert, da durften wir gar nicht in die Nähe. Es hieß, die schießen sofort, wenn ihr euch da sehen lasst«, erinnert sich Jelonek. »An der *Brücke der Einheit* (Glienicker Brücke) standen Leute von der Wachkompanie der Staatssicherheit. Die waren aber nur Statisten dort. Denn die was zu sagen hatten und die auch den

Schlagbaum bedienten, das waren die Russen. Und einmal gab es Alarm, weil ein russischer Soldat von da abgehauen ist. Der lebt mit Sicherheit nicht mehr. Was da erzählt wurde, wie sie den in der Schwanenallee in einem Garten erwischt haben … Oh, je«, weiß Helfricht zu berichten. Später bargen Soldaten seiner Kompanie unweit der Brücke einen Toten aus dem Wasser. Ein junger Mann aus Thüringen war bei dem Versuch, unter der Wassersperre an der Babelsberger Enge durchzutauchen, ertrunken.

Während der Nacht konnte man vom Westen aus die DDR-Grenzboote häufig am Ufer gegenüber liegen sehen. Ohne Licht und mit ausgeschaltetem Motor überwachten sie, ob ein DDR-Bürger Republikflucht begeht. In unregelmäßigen Abständen fuhren die Boote mit Suchscheinwerfer auf dem Dach die Uferlinie ab. »Während meiner Zeit gab es keinerlei Vorkommnisse – keine Fluchten, keine Festnahmen von West-Berlinern – nichts. Wir waren ja alle schon älter und haben uns gesagt: ›Na Gott sei Dank, dass es hier nicht so wild zugeht, wie vielleicht an anderen Grenzabschnitten.‹ Es war hier relativ ruhig«, sagt Jelonek.

Eine Erklärung, dass es im Grenzabschnitt Sacrow kaum Fluchten und Fluchtversuche gab, liegt in der Abriegelung des gesamten Parks und der *Heilandskirche* durch die Grenztruppen an Land. »Bei unseren Fahrten kamen wir immer an der *Heilandskirche* vorbei. Die hat mir gut gefallen – vom Wasser aus. Wir waren ja im Schloss dahinter stationiert, aber von da war für uns kein Rankommen. Da waren die Land-Kompanien und die haben das abgesperrt und wir hatten da nichts zu suchen«, erinnert sich Jelonek.

Die Wassergrenze war für viele West-Berliner Freizeitsportler nicht erkennbar. Einige gerieten auf DDR-Gebiet. »Es kam im Sommer einige Male vor, dass sich Segelboote oder Schwimmer aus West-Berlin auf DDR-Gebiet verirrt hatten. Die wurden dann aufgebracht und der Staatssicherheit übergeben, dort verhört und in der Regel wieder zurückgebracht«, sagt Lutz Helfricht. »Große Vorkommnisse gab es während meiner Zeit zum Glück nicht«, sagt auch Lutz Helfricht. »Aber es gab Übungen, wo der Politoffizier sich vor die Truppe gestellt und gesagt hat: ›Es ist ein Grenzdurchbruch geplant mit einem gepanzerten Ausflugsschiff. Es ist bereits in der Nähe von Potsdam!‹ Dann wurden wir rausgejagt und haben Krieg gespielt.«

Die Soldaten der Bootskompanie agierten vor der Mauer. Wäre sich eine Bootsbesatzung einig gewesen, hätten die Männer leicht den Westen erreichen können. »Natürlich waren wir immer nah am Westen – oder sogar einige Male im Westen. Aber dort zu bleiben, war für mich keine

Option. Ich bin zwar nicht in der Partei gewesen, und hatte immer meine eigene Meinung zum Staat DDR, die nicht positiv war. Aber ich hatte nie den Gedanken, vom Boot zu springen. Das wäre durchaus machbar gewesen«, sagt Lutz Helfricht. »Ich kann mich erinnern, das wir so einen verrückten Bootsführer hatten, der sagte ›So jetzt gehen wir mal im Westen an Land!‹ Das haben wir dann am Griebnitzsee auch gemacht. Und ich hatte sogar einen Fotoapparat dabei und habe uns an Land, auf Westdeutschem Gebiet vor einem Schild *Sie verlassen jetzt den amerikanischen Sektor* fotografiert. Auch auf dem Boot und an der Glienicker Brücke wurden Bilder gemacht. So etwas wäre später absolut undenkbar gewesen. Ich kann mir nicht vorstellen, dass zum Ende der DDR-Zeit sich jemals Soldaten so frei bewegen konnten, wie wir im Schloss Sacrow. Wir konnten baden gehen – natürlich nicht im Grenzgewässer, sondern im Sacrower See. Man konnte anfangs in der kleinen Verkaufsstelle in unserem Ausbildungsobjekt sogar Alkohol kaufen. Vielleicht wussten die Offiziere auch nicht, wie sie mit diesen neuen Wehrpflichtigen umgehen sollten, später ist das alles viel strenger geworden. 1963 war das alles noch nicht so streng«, erinnert sich Lutz Helfricht.

»Abends haben wir beim Bierchen auf der Terrasse oben im Schloss gesessen und geschwatzt in unserer Männerrunde. Manche sind – bis heute – richtig gute Freunde geworden. Es war hier einfach nicht so verbissen wie sonst beim Militär. Die Offiziere haben das hier auch locker gesehen, und haben nicht so den Chef rausgekehrt«, beschreibt Eckhard Jelonek die Atmosphäre im Schloss 1965. »Ich habe während meiner Dienstzeit in Sacrow auch meinen Segelschein gemacht – den habe ich heute noch. Das war alles so ein bisschen wie Sommerferien für uns – schönes Wetter, schön am Wasser und wir wurden auch nicht so getriezt. Sacrow war schon ein bisschen wie ein Paradies für uns damals, aber das änderte sich mit dem Umzug in die Bertinistraße.«

Ende 1965 war der neu gebaute Standort der Bootskompanie in der Potsdamer Bertinistraße fertig. Die Boote wurden dort hin überführt, und die Soldaten sind aus dem Schloss ausgezogen. »Es wurde alles beräumt, noch mal gefegt, und dann war für uns Schluss da. Und dann weiß ich von dem Schloss nichts mehr, wir kamen ja nicht mehr hin. Nachdem wir in der Bertinistraße waren, war Sacrow für uns gestorben«, erinnert sich Eckhard Jelonek. »Nach dem Umzug war ich Gott sei Dank nur noch ein Vierteljahr bei der Kompanie. Denn da hatte sich plötzlich alles geändert. Wir mussten die Offiziere plötzlich bedienen. Und abends zusammen mit den Offizieren ein Bierchen trinken, das ging da nun alles nicht mehr. Das war halt die strenge Linie, wie sie beim Militär sein soll. Da hat sich das Preußische wieder durchgesetzt,

Zollhunde-Ausbildung hinter dem Todesstreifen

wie bei so vielen Kompanien, wo die Soldaten arm dran waren. Aber das war im Schloss Sacrow eben ganz anders.«

»Ich hatte nie das beste Verhältnis zur Armee«, sagt Lutz Helfricht. »Ich hatte immer etwas gegen Uniformen und ich war froh, als die ganze Sache vorbei war. Aber während der Zeit und auch im Nachhinein wusste man, dass es uns hier besser ging als den meisten anderen. Sacrow und der Dienst hier waren, im Vergleich mit anderen, viel, viel schlimmeren Ausbildungsstätten, wo man als Wehrpflichtiger viel mehr Repressalien ausgesetzt war, fast schön.«

Zoll-Hunde im Lenné Park (1973–1990)

1973 begann das letzte Kapitel der Schlossnutzung im Kalten Krieg. Die Zollverwaltung der DDR bildete bis 1990 im Schloss und Park ihre Diensthunde aus. Der Park war gänzlich abgeriegelt. Kein normaler DDR-Bürger hatte die Möglichkeit, ihn zu betreten.

Der von Peter Joseph Lenné angelegte Park Sacrow war der einzige historische Garten der Kulturlandschaft, der von der DDR komplett zum Sperrgebiet erklärt wurde. An seiner Wasserlinie erstreckte sich das hermetisch abgeriegelte Grenzgebiet, dahinter im Park und Schloss seit 1973 die *Zentrale Ausbildungsstätte für Diensthundewesen der Zollverwaltung der DDR*. Hier im »Objekt Sacrow« wurden Hunde vor allem für ihren Einsatz an den Grenzen ausgebildet.

Ausbildung der Zollhunde

Erhardt Stepczynski arbeitete seit 1973 bei der Zollverwaltung. Zu dieser Zeit war er in Sacrow zu einem dreimonatigen Grundlehrgang, und später noch einmal zur Hundeführerschulung mit Hund in den 1980er Jahren. »Die Hunde hatten die Aufgabe, versteckte Gegenstände aufzuspüren und vor allem Personenschleusungen zu verhindern. Also wenn sich zum Beispiel auf einem LKW in einer Kiste eine Person versteckt hatte, die fliehen wollte, sollten die Hunde die wittern und verbellen«, erklärt der ehemalige Diensthundeführer im Range eines Unterkommissars der Zollverwaltung. »Das wichtigste war zu verhindern, dass Personen illegal die DDR verlassen. Und das hat geklappt. Diese Stahlcontainer, die auf den LKWs sind, die haben an den Türen doppelte Gummilippen, so dass sie ganz dicht schließen. Aber selbst durch diese Gummilippen haben die Hunde eine Person da drin aufgespürt.«

Die einst weiträumigen Wiesen und kilometerlangen Sichten im Park ließ man zuwuchern. Die augenfälligsten baulichen Veränderungen waren der Einbau der großen Zwingeranlagen, der Abriss der Reste des einstigen Gewächshauses am Schloss und eine rücksichtslose Zupflasterung großer Areale des Lenné-Parks. Zur Schulung der Hunde wurden im Laufe der Jahre immer neue Einrichtungen für die Abrichtung eingebaut. Eine gigantische Simulations-Kulisse, mit deren Hilfe man Kontroll-Situationen an Grenzen und Flughäfen nachahmen konnte. Eine funktionierende elektrisch betriebene Koffertransportanlage wie auf dem Flughafen Schönefeld wurde ebenso nachgebaut wie die LKW-Abfertigungshalle am Grenzübergang Drewitz/Dreilinden.

»Unsere Hunde wurden für Unterbau- und Oberkontrolle und für die Innenkontrolle ausgebildet. Oberkontrolle – das hieß, die Hunde konnten über eine Leiter auf das LKW-Dach klettern«, erklärt Hundeführer Stepczynski. »Im Training wurde auch mit Beißarm gearbeitet. D. h. der Helfer, der den Flüchtenden spielte, wurde mit West-Klamotten angezogen, mit Beißarm ausgestattet, und dann hat der Krawall gemacht, ist losgerannt auf den LKW und hat sich in die Kiste geschmissen, und dann ist der Hund natürlich hinterher – so bringt man dem Hund das erst mal bei.«

Die Fahrzeuge, an denen die Hunde das Aufspüren üben sollten, mussten authentisch, sprich West-Marken sein. VW- und Mercedes-PKW hätten aber für teure Valuta gekauft werden müssen. Der Zoll nutzte andere Möglichkeiten: »Die Hunde sollten ja an originalgetreuen Objckten trainieren. Und deshalb gab es da West-Autos, die an der Grenze beschlagnahmt wurden. Zum Beispiel von Fluchthelfern oder Schleuserbanden, die bei der Transitkontrolle hochgenommen wurden«, sagt Stepczynski.

Der Gartendenkmalpfleger Gerd Schurig protokollierte 1992 die Trainings-Einbauten der Zollverwaltung im Lenné Park:

- südlich vom Wirtschaftshof eine Großbaracke, in der an einem Transportband die Flughafenabfertigung simuliert wurde
- in Richtung der Thusneldaskulptur eine 80 Meter lange Hindernisbahn

Hinterlassenschaften und Zerstörungen im Park

- im vorderen Teil der Potsdamer Sicht ein 100 x 25 Meter großes Areal zur Unterbringung der etwa 50 Hunde und geräumige Hütten, die von einem Zaun umgeben waren
- im hinteren Teil der Potsdam-Sicht eine 35 x 15 Meter große Halle zur Simulation der LKW-Abfertigung
- in der Schloss-Achse eine Betonfläche zur Aufstellung verschiedener PKW und LKW
- asphaltierte oder betonierte Zufahrten zur Anbindung aller dieser Einbauten
- auf der Gartenseite des Schlosses ein betonierter Versammlungsplatz
- im Park verschiedene Maschendrahtzäune und eiserne Pfähle zum Anbinden der Hunde.

Auch im Schloss hinterließ die Zollverwaltung ihre Spuren. Noch heute sind Reste der mit floralen Motiven geschmückten Tapete zu finden. Die Führung des »Objektes« hatte sich im Obergeschoss Büros mit Gummibäumen und Resopal-Schreibtischen ganz nach dem (Ost-) Geschmack der Zeit eingerichtet. In den unteren Räumen waren Essensräume und der Freizeitbereich für die Offiziere untergebracht. Über dem offenen Kamin (der noch aus der Zeit von Friedrich Alpers stammt) hing nun das Porträt-Bild eines treu guckenden Hundes mit heraushängender Zunge. Man fragt sich, was oder wer an dieser exponierten Stelle zur NS-Zeit und in den darauf folgenden DDR-Epochen hing.

Neben der praktischen Erziehungsarbeit mit den Hunden war die Ausbildungsstätte im Schlosspark von Sacrow auch ein Ort theoretischer Erkenntnisse. Wenige Monate vor der Wende

reichte Genosse Obersekretär Springer, Werner seine Fachhochschulabschlussarbeit mit dem Thema ›Hundeausbildung in Sacrow‹ ein. Daraus ein Zitat: *»Der Hund entwickelte sich vom Nutztier der herrschenden Ausbeuterklasse zum Dienst- und Gebrauchshund der bewaffneten Kräfte des sozialistischen Staates.«*

1990 endete hier die Ausbildung von Hund und Mensch im Dienst des Sozialismus. Der Park war verwüstet.

Gerd Schurig hatte die Gelegenheit, ganz kurz nach dem Fall der Mauer die Situation im bis dato völlig abgeriegelten Bereich der Parkanlage in Sacrow anzusehen. »Der erste Eindruck, als ich noch während der funktionierenden Grenzanlagen in Sacrow war, war deprimierend, erschütternd, ernüchternd. Ich kannte die historischen Pläne. Und beim Durchgehen durch die völlig verwahrloste und mit den ganzen Einbauten verschandelte Gartenanlage konnte ich davon kaum noch was erkennen. Wir waren in der DDR einiges gewöhnt. Auf unseren Bildungsfahrten ins Land haben wir uns verwahrloste Gutsgärten angeschaut, aber die Kombination aus Verwahrlosung und zusätzlich Zubauen, die in Sacrow ein so großes Maß erreicht hatte, die machte es wirklich erschütternd. Hinzu kam, dass wir dann noch in den Grenz-Todesstreifen rüber gingen und sahen, das da auf 50 Meter überhaupt nichts mehr existierte; das war schon ganz schön frustrierend.«

Wiederaufbau und
Wiederherstellung

Rekonstruktion und neues Leben im Schloss (1990–heute)

Nach dem Ende der Hundeausbildung des DDR-Zolls hatte der Verein ›pro Brandenburg‹, der Wirtschaftskontakte zwischen alten und neuen Bundesländern vermitteln sollte, das Schloss Sacrow gemietet. Dem folgte der Frauenverein ›Pömps‹. Als ehemaliges Zoll-Eigentum ging es zuvor an die Bundesvermögensverwaltung und kam später zusammen mit dem Park in die Obhut der *Stiftung Preußische Schlösser und Gärten*. Deren Generaldirektor Hans-Joachim Giersberg bezeichnete den baulichen Zustand 1993 als »ganz ordentlich. Allerdings funktioniert die Heizung nicht und das Dach muss in Ordnung gebracht werden.«

Der Park war aber nach wie vor kaum erkennbar. Erste Ansätze der Zollverwaltung zu einer Restaurierung des völlig verwilderten Areals mussten Anfang 1990 wegen Geldmangels abgebrochen werden. Bei der *Stiftung Preußische Schlösser und Gärten* (SPSG) wurde der Gartendenkmalpfleger Gerd Schurig für Sacrow zuständig: »Zum Glück war mit der Übertragung an die Stiftung gleichzeitig verbunden, dass die Altlasten der Grenztruppen und der Zollhunde-Ausbildung vorher entsorgt werden konnten. Das war ein ganz, ganz wesentlicher Faktor. Da wurden mit der Übertragung gleich Fördermittel aus dem ehemaligen Parteivermögen eingesetzt – ich glaube 400.000 D-Mark, um das zu entfernen.«

Die tausendjährige Eiche

Nach Abriss und Beräumung der Zoll-Einbauten ging es 1994/95 darum, den für den Sacrower Park so bedeutsamen ›Sichtenfächer‹ wieder freizulegen. Historische Fotos und ein Parkplan von 1847 waren Orientierungshilfen.

Schurig erinnert sich an den schwierigen gartenarchäologischen Arbeitseinsatz. »Eine der ersten Tätigkeiten, die wir als Gartendenkmalpfleger natürlich machen mussten, war die Wiedergewinnung der zugewachsenen Gartenräume. Wir wussten aus den Plänen, dass es eine große, lange Sicht vom Schloss aus Richtung Potsdamer Stadtzentrum gab. Die galt es als erstes wiederherzustellen. Überall war aber unheimlich viel Wildwuchs. Wir waren zu zweit. Meine Kollegin und ich sollten für die Firma, die wild gewachsene Bäume fällen sollte, festlegen, um welche Bäume es konkret geht. Wir wussten eigentlich ganz genau: zwischen zwei Eichen am Ufer muss die Sicht rauskommen, und am Schloss – an der Sonnenuhr – muss sie losgehen. Wir konnten aber trotz Winterzustand da nicht durchgucken. Nur dadurch, dass wir sehr auffällige, gelbe Ostfriesennerze angezogen hatten, konnten wir uns durch die Bäume hindurch sehen und uns an die zentrale Mittelschneise ranpirschen. So zugewachsen kann ein Garten sein, an einer Stelle, wo es eigentlich eine 50 Meter breite Sicht gab.«

Schurig berichtet weiter von der hochkomplizierten Suche nach den überwucherten historischen Wegen: »In Sacrow war das Auffinden so kleiner Spuren von alten Wegen für mich eine ganz, ganz wichtige Sache, weil wir eine Verpflichtung gegenüber der Nachwelt haben, wenn

Ausstellungseröffnung ›Gärtner führen keine Kriege‹, Ars Sacrow e.V.

wir eine Gartenanlage wiederherstellen, die Wege wieder an der richtigen Stelle zu bauen. Denn nur wenn die an der richtigen Stelle, in richtiger Lage und Höhe da sind, kann der spätere Besucher auf dem wiederhergestellten Weg die Anlage so erleben, wie es geplant war. Von daher ist das Auffinden dieser kleinen Spuren so etwas wie die Geburtsstunde des Weges.«

Im Bereich des Parks Sacrow wurden im Rahmen der Sichtenfreilegung 120 Bäume gefällt und 50 Stubben gefräst. Nun sind die weiten Blicke über den Jungfernsee, die zu den schönsten Sichten der Potsdam-Berliner Kulturlandschaft gehören, wieder zu genießen. Abgeholzt von den Grenztruppen, fehlten wiederum andere, für die Schönheit der Anlage wichtige Bäume. 1997 erfolgte die Pflanzung von 1.600 artenreichen Gehölzen im Park Sacrow. Und wieder wurden Zäune errichtet. Diesmal allerdings Wildschutzzäune, die die jungen Bäume vor dem Verbiss von Rehen bewahren sollten.

Die gelungene Heilung eines großen Teils des während der deutschen Teilung bis zur Unkenntlichkeit verwüsteten Parks berührt auch den einstigen Stellvertretenden Gartendirektor, dem zur DDR-Zeit die Hände gebunden waren, die Verwüstung des Parks Sacrow zu verhindern. »Es bedurfte eines großen Aufwandes, um den Park wieder herzustellen. Für mich eine der schönsten Parkanlagen, weil er am eindrucksvollsten die Potsdamer Landschaft miteinander verbindet. Von Sacrow aus gehen die meisten Blickbeziehungen in die Landschaft: nach Glienicke, nach Babelsberg, nach der Stadt Potsdam, zum Neuen Garten.

Thusnelda im Welterbe-Park

Daher ist er für mich persönlich der schönste Park. Ich gehe gerne da hin«, sagt Heinrich Hamann.

Seit 1992 gehört der Park Sacrow zum Welterbe der UNESCO.

2003 vereinbarte *Ars Sacrow e. V.* mit der SPSG, das Schloss für die Öffentlichkeit zugänglich zu machen. Innerhalb des jährlich stattfindenden ›Museums für einen Sommer‹ werden seitdem regelmäßig Ausstellungen gezeigt und verschiedene Kulturevents wie Kino- und Konzert-Abende veranstaltet.

Die bayerische Tante

IM SPERRGEBIET

GERHARD PAHL (*1940) arbeitete als Ingenieur-Kartograph. Seine Familie lebt seit 1941 in Sacrow. Sein Vater war Fährmann, er selbst lange Jahre Leiter der Feuerwehr im Ort.

» Ich war der Grund, weshalb meine Familie nach Sacrow gezogen ist. Meine Eltern lebten auf einem Schleppkahn, auf dem mein Vater als Schiffer arbeitete und mit meiner Mutter in einer kleinen Kombüse wohnte. Schon meine Großeltern waren Schiffer und hatten einen Kahn. Sie transportierten alles Mögliche: Rohzucker, Mehl, aber auch Kohlen und Zement. Meist waren sie auf der Route Stettin – Berlin und bis nach Hamburg unterwegs. Ich bin 1940 bei einem Zwischenstopp in Hannover auf die Welt gekommen. Das Schifferleben war ganz auf diesen Kahn zugeschnitten, und als ich nun da war, wäre es darauf zu eng geworden. Kurz danach begann mein Vater nach einer Festanstellung zu suchen, möglichst mit Dienstwohnung. Er las, dass die Stadtwerke Potsdam für die Sacrower Fähre einen Fährmann suchten, sprach dort vor und wurde als Fährmeister

Gerhard Pahl

Mit Vater vor Heilandskirche 1943

eingestellt. Kurz darauf konnten wir die Dienstwohnung oben über dem Ausflugslokal *Dr. Faustus* beziehen. So wurden meine Eltern und ich 1941 Sacrower.

Damals gab es noch keine Straßenverbindung von Sacrow nach Potsdam – nur nach Kladow. Mit der Fähre konnte man zum Krughorn am Glienicker Park übersetzen und kam dann am Ufer entlang zur Glienicker Brücke, wo es rüber nach Potsdam ging. Es gab sogar zwei Fähren. Die kleinere war eine Seilfähre, wo man selber mit Keulen ziehen musste, die andere war eine Motorfähre, die auch Autos transportieren konnte. Die Fähren war gut frequentiert.

Es gab aber keine festen Fährzeiten. Auf der Glienicker Seite gab es am Fähranleger ein Stück Eisenbahnschiene mit einem Hammer dran. Da mussten die Leute gegen schlagen, wenn sie übersetzen wollten. Das hörte mein Vater dann drüben, und hat die Fahrgäste abgeholt. Als Kind bin ich mit meinem Vater oft auf der Fähre hin und her gefahren. Vater hatte eine Uniform, eine Kassiertasche vor dem Bauch und den Fährscheinkartenblock. Ich glaube eine Überfahrt hatte damals 10 Pfennige gekostet. Da fuhren auch Prominente mit. Hans Albers kam öfter nach Sacrow, weil er seine Schauspielerkollegin Jenny Jugo besuchte, die hier ein Haus hatte. Und auch Heinz Rühmann hatte mein Vater ein paar Mal übergesetzt.

Seite 136–137:
Fähre zwischen Sacrow und Glienicker Park

Mein Vater wurde 1943 zur Wehrmacht eingezogen. Nun fehlte der Fährmann. Da mein Opa in Hamburg ausgebombt worden war, kam er nach Sacrow und betrieb die Fähre weiter. Zum

Rotarmisten vor dem Schloss

Schluss wurden aber auch die Älteren – als letztes Aufgebot – zum Krieg eingezogen. Auch mein Großvater. Schließlich haben die Frauen der Fährleute die Fähre betrieben.

Vom Krieg sind mir nur die letzten Tage in Erinnerung geblieben. Immer wenn die Sirene losging, mussten wir in die Schützengräben auf der Halbinsel Meedehorn. Wir hörten Schüsse und Einschläge, und als wir wieder aus dem Schützengraben herauskamen, stand das Gasthaus *Dr. Faustus* samt unserer Wohnung in hellen Flammen, nachdem es von der anderen Seite beschossen wurde. Wir hatten nun nichts mehr, außer dem Koffer mit wenigen Wertsachen und Ausweispapieren, den meine Mutter und meine Großmutter gerettet hatten. Wir standen mit leeren Händen da und kamen erst einmal in einer freien Laube auf dem Meedehorn unter. Dort haben wir bis 1952 gewohnt.

Im Mai 1945 kamen die Russen in den Ort. Noch mehr Rotarmisten waren aber drüben im Schloss und Park Glienicke untergebracht. Die hatten dort auch ganze Kuhherden. Ich erinnere mich noch ganz genau, dass sie jeden Tag die Kühe mit unserer Fähre morgens übersetzten, damit die hier im Park Sacrow weiden konnten. Abends fuhren die Russen und die Kühe mit der Fähre wieder rüber nach Glienicke. Die konnten und wollten meinen Vater natürlich nicht bezahlen, aber dafür bekamen wir jeden Tag eine Kanne Milch. Das war natürlich in der damaligen Zeit etwas besonderes.

Fährmeisterwohnung im Lokal Dr. Faust

Kurz nach dem Kriegsende kamen sehr viele Flüchtlinge aus den Ostgebieten nach Sacrow. Dazu noch ungefähr acht bis zehn Familien aus dem Nachbarort Krampnitz. Das waren frühere Militärangehörige aus der dortigen Kaserne, die dort raus mussten, weil die Russen die Kaserne besetzt hatten.

Die Sacrower Villenbesitzer haben in der Regel ihre Häuser verlassen und sind Richtung Westen gegangen. Diese Villen wurden dann von teilweise 11 bis 12 Flüchtlings-Familien bewohnt, wodurch innerhalb kürzester Zeit die Einwohnerzahl nach oben schnellte. Die Familien hatten in der Regel ein Zimmer, drei teilten sich ein Klo und eine Küche.

Meine spätere Frau und ich sind 1947 zusammen in die Sacrower Schule eingeschult worden. Wir hatten zwei Lehrerinnen, und es ging dort nur bis zur dritten Klasse. Ab der vierten Klasse gingen wir drüben in Klein-Glienicke zur Schule. Wir mussten mit der Fähre übersetzen und durch den Glienicker Park zur Schule laufen. Das ging so bis 1952/53. Da wurde dann Klein-Glienicke durch einen Zaun abgeriegelt, und man konnte nur noch über Grenzübergangsstellen rüber. Unsere Fähre wurde also eingestellt, und eine neue Fährverbindung zur Glienicker Brücke und von dort nach Klein-Glienicke wurde eingerichtet. Das war dann auch unser neuer Schulweg.

Der Vater als Fährmeister

Die Fähre wurde jedes Mal von einem Boot der Grenztruppen begleitet, da hatte man kein gutes Gefühl. Darauf standen bewaffnete Grenzsoldaten. Wenn es neblig war, konnte das Begleitboot die Fähre oft nicht mehr sehen und umgekehrt. Da bestand die Gefahr, dass da mal was schief geht. So ging es aber auch nur wenige Monate nach dem Mauerbau. Dann wurde auch dieser Fährbetrieb eingestellt. Und wir Kinder mussten dann mit Bus über den anfangs noch wenig befestigten Waldweg über Krampnitz zur Schule kommen. Das galt natürlich für alle Sacrower: Die einzige Verbindung rein und raus ging nach dem 13. August 1961 durch den Wald.

Bis 1961 wurden wir Sacrower durch Pfarrer Strauss betreut, der auch für unsere *Heilandskirche* zuständig war. Der Konfirmationsunterricht war in seinem Pfarrhaus in Klein-Glienicke, aber die Konfirmation selbst fand hier in der *Heilandskirche* statt. Das war ein Ereignis. Ich hatte zusammen mit 10 anderen Kindern aus dem Ort Konfirmation. Pfarrer Strauss war ein netter Mensch und schlug uns Folgendes vor: Es werden ja bei der Konfirmation – wie bei einer Prüfung – Fragen gestellt. Und er sagte: ›Wenn ich die Frage gestellt habe, senken die, die sie nicht beantworten können, leicht den Kopf, wer die Antwort weiß, hebt den Kopf.‹ Das hat niemand in der Kirche gemerkt, und wir beantworteten alle Fragen fehlerfrei.

Die *Heilandskirche* war für uns immer ein Mittelpunkt, wir hatten ja bis zum Brand dort gegenüber im *Dr. Faustus* gewohnt und sie immer im Blick gehabt. Aber auch später, wenn Familienfotos gemacht wurden, dann immer an der Kirche. Apropos Fotos: Interessant war

1947 Einschulung in Sacrow

für uns als Jugendliche, als wir ungefähr 14 waren, natürlich auch das Schriftstellerheim im Schloss. Da waren schon einige außergewöhnliche Leute. Einer war mit seinem nagelneuen Wartburg vorgefahren. Wir sahen da also das erste Mal einen Wartburg und haben uns davor in Pose fotografiert, als ob uns das Auto gehören würde. Wir fühlten uns absolut wie Männer, waren aber nur die ›Halbstarken‹ von Sacrow.
Es wurde damals für uns Jugendliche einiges getan. Wir konnten im Winter Skier ausleihen, im Sommer Kahn fahren und Volleyballturniere spielen. Später wurde unter FDJ-Leitung ein Jugendclub gegründet, wo allerhand – sicher auch politisch motiviert – geboten wurde. Clubabende, Disco und so etwas.

1958 wurden Gerhard Pahl und seine spätere Frau Jutta ein Paar, doch zunächst noch räumlich getrennt. Sie machte in Brandenburg an der Havel ihr Abitur und er in Potsdam eine Ausbildung als kartographischer Zeichner. 1960 studierte er in Dresden, seine Frau in Potsdam. Beide waren aber unmittelbar vor dem Mauerbau zu Hause in Sacrow.

Am 12. August 1961 hatten wir die Jubiläumsfeier anlässlich des 50-jährigen Bestehens der Sacrower Feuerwehr. Da waren auch der Potsdamer Bürgermeister und andere hochrangige Vertreter der Stadt dabei. Ungefähr eine Stunde vor Mitternacht kam Unruhe auf, weil die hohen Herren per Telefon in die Stadt zurückbeordert wurden, und da ahnte man, dass irgendwas im Busch ist. Als dann abgesperrt wurde am nächsten Tag, hat fast jeder gedacht, das kann

Die »Halbstarken« vor dem Schriftstellerheim

Hochzeit Jutta und Gerhard Pahl 1962

nicht lange dauern – der Zaun wird wohl bald eingerissen werden. Es fing eigentlich relativ harmlos an, aber man hat dann gemerkt, das es von Tag zu Tag, von Woche zu Woche, von Monat zu Monat immer schärfer und härter wurde. Die Leute wurden immer mehr an neue Maßnahmen, an immer neue Zäune, immer neue Mauern gewöhnt.

Sacrow war nun Grenzgebiet, Sperrgebiet, und es wurden deshalb immer wieder neue Regelungen durchgesetzt. Mülltonnen und Leitern mussten angeschlossen werden, man durfte keine Steine in der Nähe der Grenze gestapelt haben, das wurde monatlich kontrolliert. Nicht nur durch die Grenztruppen, sondern auch durch den Sicherheitsbeauftragten vom Rat der Stadt. Alles solche Leute, die immer durch den Ort gingen und geguckt haben, wo kann einer versuchen abzuhauen. Eigentlich war das ja mit den Sperranlagen angeblich so gedacht, dass keiner von der anderen, der West-Seite rüberkommen kann, aber … na ja …

Nachdem die Fähre eingestellt war, wurde die Straße durch den Wald befestigt. Das war nun unsere einzige Verbindung nach draußen. Am Ortseingang war eine Schranke mit dem Kontrollpunkt der Grenzer. Der Bus, der Sacrower Schüler oder Berufstätige nach und von Potsdam brachte, musste jedes Mal 20 bis 30 Meter davor anhalten. Dann kam der Grenzsoldat in den Bus, mit Maschinenpistole auf dem Rücken, und hat die Ausweise kontrolliert, oder festgestellt, ob jemand mit Passierschein dabei war. Wenn das der Fall war, ist der Grenzer mit dem Passierschein raus, hat eingetragen, wie lange der- oder diejenige in Sacrow bleiben darf,

Im Bus ins Sperrgebiet

Faschingsfeier im Kultursaal 1967

weil das natürlich begrenzt war. Dann kam er wieder zurück … also wir haben da manchmal 10 Minuten an der Schranke gestanden, bis wir nach Sacrow reinkonnten. Und das gleiche Spiel lief genauso ab, wenn wir raus aus dem Ort fuhren. Was wir nie verstanden haben, denn es konnte ja keiner unbemerkt in das Sperrgebiet Sacrow. Aber trotzdem mussten wir die Ausweise auch beim Verlassen unseres Ortes vorzeigen.

Gerhard Pahl arbeitete in der Potsdamer Heinrich-Mann-Allee beim Kombinat für Geodäsie und Kartografie. Seine Frau Jutta war Lehrerin für Deutsch und Sport an einer Potsdamer Schule. Für das Ehepaar gehörte es zum Alltag, an jedem Arbeitstag mit dem Bus zwischen Sacrow und Potsdam zu pendeln. In ihren Ausweisen hatten sie die ›Grenzgebietsstempel‹ – nur damit kamen die Bewohner in das Sperrgebiet.

Nach einem langen Arbeitstag in Potsdam haben die meisten Berufstätigen ab dem Nauener Tor ein Nickerchen im Bus gemacht. Aber man konnte sich immer auf den ›Wecker‹ am Kontrollpunkt in Sacrow verlassen. Da tippte einem der Grenzer auf die Schulter und verlangte den Ausweis zu sehen. Da war man dann wieder wach. Da wir die Ausweise jeden Tag mindestens zweimal, also morgens und abends, zeigen mussten, sahen die schon ganz zerfleddert aus.

Die größte Einschränkung, die wir hier in Sacrow damals hatten, war in der Tat die Passierscheinregelung, denn dadurch war man praktisch kaltgestellt. Die Sacrower haben sich alle

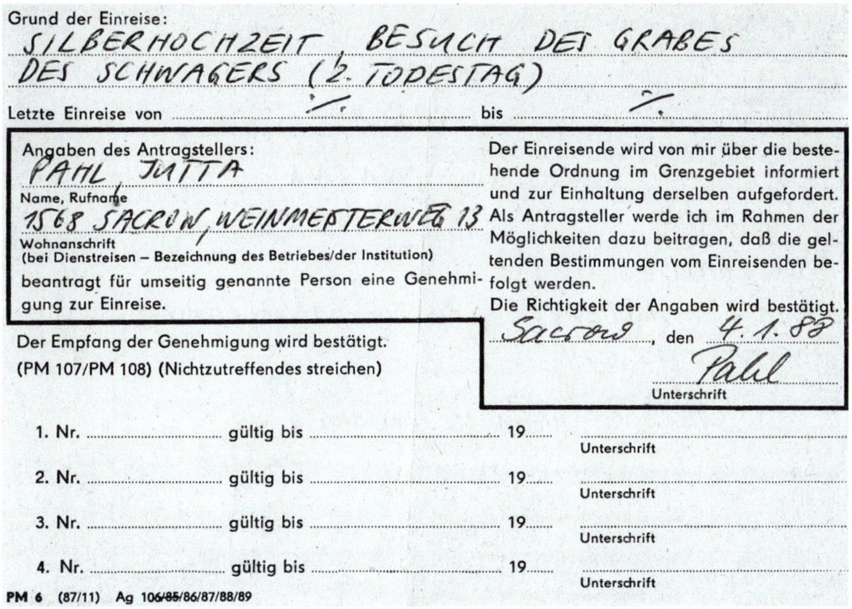

Grund der Einreise:
SILBERHOCHZEIT, BESUCH DES GRABES DES SCHWAGERS (2. TODESTAG)

Letzte Einreise von ./. bis ./.

Angaben des Antragstellers:
PAHL JUTTA
Name, Rufname
1568 SACROW, WEINMEISTERWEG 13
Wohnanschrift
(bei Dienstreisen – Bezeichnung des Betriebes/der Institution)
beantragt für umseitig genannte Person eine Genehmigung zur Einreise.

Der Einreisende wird von mir über die bestehende Ordnung im Grenzgebiet informiert und zur Einhaltung derselben aufgefordert. Als Antragsteller werde ich im Rahmen der Möglichkeiten dazu beitragen, daß die geltenden Bestimmungen vom Einreisenden befolgt werden.
Die Richtigkeit der Angaben wird bestätigt.
Sacrow, den 4.1.88
Pahl
Unterschrift

Der Empfang der Genehmigung wird bestätigt.
(PM 107/PM 108) (Nichtzutreffendes streichen)

1. Nr. .... gültig bis .... 19.... .... Unterschrift
2. Nr. .... gültig bis .... 19.... .... Unterschrift
3. Nr. .... gültig bis .... 19.... .... Unterschrift
4. Nr. .... gültig bis .... 19.... .... Unterschrift

PM 6 (87/11) Ag 106/85/86/87/88/89

Antrag für einen Passierschein

gut verstanden, weil jeder auf den anderen angewiesen war und wir uns so gut kannten, denn bei sämtlichen Feiern oder anderen Anlässen waren wir ja immer nur unter uns. Aufgrund der Passierscheinregelung war es nämlich extrem schwierig, jemanden von draußen nach Sacrow rein zu bekommen. Und ohne einen besonderen Anlass, wie eine Goldene Hochzeit oder ein runder Geburtstag, ging sowieso nichts – selbst für Verwandte. Das fing an mit der Antragsstellung. Die musste mindestens drei Wochen vorher erfolgen – anfangs hier beim ABV (*Abschnittsbevollmächtigten der Volkspolizei*), später in der Potsdamer Bauhofstrasse beim Volkspolizei-Kreisamt. Und die Genehmigung – oder Ablehnung – des Antrages erfolgte meist erst ein, zwei Tage vor dem gewünschten Einreise-Termin. Wenn also jemand aus Thüringen hierher kommen sollte, war das für ihn kaum möglich bei so knapper Terminplanung. Die Genehmigungen oder Ablehnungen wurden zudem ganz willkürlich bescheinigt.

Mit der Zeit bekam man aber mit, zu welchen Anlässen eher Genehmigungen erteilt wurden. Einer war die sogenannte *Namensweihe*. Das gab es in der DDR und war so eine Art weltliche Taufe. Dazu bekam man öfter Besucher ins Grenzgebiet. Natürlich feierten wir die *Namensweihe* für unsere beiden Söhne – also zwei Mal im Abstand von einem Jahr. Das war für uns eine Gelegenheit, Freunde und Bekannte in den Ort rein zu bekommen. Unsere Bekannten haben wir dann auch offiziell als Paten angegeben – die standen auch im Zeugnis der *Namensweihe* drin.

Wir hatten damals auch eine andere, im Nachhinein gesehen wohl sehr risikoreiche Sache gemacht. Im Lauf der Zeit hatten wir mitbekommen, dass die Grenzer, die bei der Einreise nach Sacrow kontrolliert haben, ihren Dienst nicht hundertprozentig erfüllten. Denn die guckten sich in unserem Ausweis meist nur die Seite mit dem gültigen Stempel für das Grenzgebiet an, den wir alle darin haben mussten. Das Lichtbild vorne schauten sie sich fast nie an. Und das haben wir eines Tages ausgenutzt. Eine Tante aus Bayern wollte immer sehen, wie wir hier in Sacrow wohnen, was für sie als Westlerin natürlich komplett ausgeschlossen war. Also haben wir ihr den Ausweis unseres Schwiegervaters gegeben. Der hatte als Sacrower Bewohner ja den Grenzstempel hinten drin. Mit dem Ausweis eines Mannes, eines DDR-Bürgers ist unsere Tante aus Bayern dann einmal anstandslos zu uns ins Grenzgebiet rein- und nachher auch wieder rausgekommen. Ich weiß nicht, was passiert wäre, wenn die Grenzer unseren Betrug bemerkt hätten. Wahrscheinlich wäre meine Frau die längste Zeit Lehrerin gewesen, und im schlechtesten Fall hätten wir aus Sacrow ausziehen müssen. Aber das war eben ein kleiner Triumph, den man allerdings nicht in der Bekanntschaft groß rumerzählen konnte, denn man wusste ja nie, wie die anderen denken und was sie vielleicht melden würden.

Diese Passierscheinregelung hat unseren Alltag bestimmt. Zum Beispiel wollten uns unsere Söhne ihre Freundinnen vorstellen und ihnen zeigen, wie wir hier leben – aber das ging eben nicht. Also musste man das Treffen nach draußen verlegen. Einige Sacrower haben aus diesem Grund versucht, sich im Potsdamer Umland ein Gartengrundstück zu pachten. Wir hatten ein Grundstück mit Laube in Seeburg. Da konnte man sich dann mit Arbeitskollegen, Freunden oder Familie treffen oder Geburtstag feiern, was eben alles in Sacrow nicht möglich war.

Der Aufenthalt mit Passierschein war immer zeitlich begrenzt. Bis Mitternacht mussten Besucher wieder den Ort verlassen haben. Wenn – ganz selten – mal ein Übernachtungsgast erlaubt war, dann konnte es passieren, dass es nachts um zwölf an der Tür pochte, und gefragt wurde, ob die Leute noch da sind oder nicht. Manchmal klingelten die Grenzer uns auch aus dem Schlaf, weil sie einfach vergessen hatten einen Gast, der längst das Grenzgebiet verlassen hatte, in ihrer Liste wieder auszutragen.

Sogar die Fahrer sämtlicher Versorgungsfahrzeuge, von Müllabfuhr bis Warenlieferanten, mussten alle einen Passierschein haben, ohne den kamen sie nicht nach Sacrow. Einmal wurde eine Verkäuferin im Konsum sehr schlimm von einer Wespe gestochen. Man rief einen Rettungswagen, aber der Fahrer und der Arzt hatten natürlich auf die Schnelle keinen Passierschein, also wurden sie nicht reingelassen. Die Verkäuferin, die mittlerweile durch den Stich schon Atemprobleme hatte, musste also zum Schlagbaum gebracht werden, wo der Arzt sie dann behandeln konnte.

Oder wenn man zum Beispiel durch Beziehungen an Kies zum Bauen rangekommen ist, dann hatte der LKW-Fahrer natürlich nie einen Passierschein. Also kippte der die ganze Ladung vor den Schlagbaum, und man musste sich den Kies mühsam nach und nach mit dem Handwagen zu seinem Grundstück holen. Genauso hatten manche Lieferanten für den *Konsum* keinen Passierschein. Auch dann wurde die Ware – Seife oder Toilettenpapier zum Beispiel – vor dem Schlagbaum abgeladen und gestapelt, und die armen Verkäuferinnen mussten dann alles von dort holen. Teilweise war das ein richtiger Lagerplatz dort vor der Schranke.

Das alles hat bei einigen Sacrowern bewirkt, dass sie raus aus dem Ort wollten. Dazu kam, dass man hier keine Neubauwohnungen hatte, wo warmes Wasser aus der Wand kam. In Sacrow war das Heizen mit Kohlen Normalität. Auch deshalb wollten einige eine Neubauwohnung draußen. Die Neuen, die dann nach Sacrow zogen, waren nicht alle linientreu. Die einzigen wirklich Linientreuen, die hier angesiedelt wurden, waren die Offiziere von den Grenztruppen, die in einem Plattenbau, aber auch in anderen Häusern wohnten.

Der Alltag im Ort war sehr organisiert. Wir hatten hier eine *Nationale Front*, wo mehrere Aktive tätig waren. Das Wohnungsaktiv, das Kulturaktiv, die Volkssolidarität, der Frauenbund. Man weiß schon die Namen aller gar nicht mehr. Aufgrund der Tatsache, dass man hier in einer Enklave gewohnt hat, war das Zusammengehörigkeitsgefühl relativ groß. Wir waren unter uns, von außen kam ja nichts. Fast jeden Monat gab es hier eine Veranstaltung – im Gegensatz zu heute. Das Kulturaktiv organisierte regelmäßig den Maitanz, Fasching oder Bootsfeste.

Gerhard Pahl war lange Jahre Leiter der Sacrower Freiwilligen Feuerwehr. Er trat dort schon 1959 als Neunzehnjähriger ein. Jugendliche im Ort sollten damals als Grenzhelfer geworben werden. Dem wollte er durch die Mitgliedschaft bei der Feuerwehr zuvorkommen, denn damit hatte er eine »Gesellschaftliche Funktion« und musste nicht für die Grenztruppen spitzeln, ob jemand von Sacrow aus fliehen wollte.

Die Grenztruppen haben ja nicht nur die Mauer direkt bewacht, sondern auch die Hinterlandsgrenze – also auch den Sacrower See. In einem Winter, als der zugefroren war, ist die

Freiwillige Feuerwehr Sacrow

Grenzstreife quer über das Eis gelaufen um abzukürzen. Die beiden sind eingebrochen, und die Hilferufe hörte ein Sacrower, der direkt vor dem Schlagbaum gewohnt hat. Er alarmierte die Feuerwehr. Wir sind dann ausgerückt und konnten die beiden lebend bergen. Die waren natürlich völlig unterkühlt, und wir haben sie dann mit dem Feuerwehrauto zur Familie Schultz gebracht, wo sie in der warmen Stube versorgt wurden. Inzwischen kamen auch Offiziere der Grenztruppen, die sofort kritisierten, dass wir die beiden Grenzer im Haus von Kirchenleuten – die Familie Schultz war Mitglied der Kirchengemeinde – untergebracht hätten. Die Familie Schultz hatte sich sofort angeboten, die beiden aufzunehmen. Die Grenzoffiziere verweigerten uns zudem die Namen von den beiden Verunglückten, und wir erfuhren nie, was aus denen geworden ist. Ob die nach Schwedt in das Armeegefängnis gekommen sind, haben wir nie erfahren, obwohl wir mehrere Male bei dem Kommandeur nachgefragt haben. Wie wichtig dieser Vorfall für die Grenztruppen war, merkten wir kurz darauf. Die beiden Verunglückten hatten, nachdem sie ins Eis eingebrochen waren, ihre Maschinenpistolen abgestreift, die natürlich untergegangen sind. Und der See ist an dieser Stelle circa 25 Meter tief. Die Grenztruppen haben dann 14 Tage Zeit investiert, um diese beiden Waffen da rauszuholen. Die hätten ja auch da unten liegen bleiben können. Nein! Die mussten unbedingt die Waffen sichern.

Vor dem Fall der Mauer hatte man natürlich schon mitgekriegt, dass es Demonstrationen und Aktionen gab – vor allem in Kirchen. So etwas gab es natürlich hier in unserem kleinen Ort nicht, aber so wie es war, konnte es einfach nicht weitergehen. Es wurde versucht, die Leute ein

Der Sacrower Blick über die Grenzanlagen

bisschen zu beruhigen. Wir zum Beispiel konnten ein halbes Jahr vor dem Mauerfall plötzlich unsere Verwandten in Bayern besuchen, weil dort jemand Geburtstag hatte. Und das, obwohl meine Frau Lehrerin und ich als Ingenieur-Kartograph Geheimnisträger waren, und in einem Betrieb arbeitete, der dem Ministerium des Inneren unterstellt war. Ich war nie in der Partei, meine Frau auch nicht, und trotzdem hat man uns nach Bayern fahren lassen. Später begannen ja auch bald die Massenfluchten über Ungarn.

Meine Frau hat dann am 9. November 1989 im Fernsehen die berühmten Worte von Schabowski gehört: ›Die Grenzen sind ab sofort offen.‹ Ich bin am nächsten Morgen noch zur Arbeit gegangen. Wir sind erst einen Tag später über Staaken nach West-Berlin rüber – das war schon überwältigend. Aber ich selbst kannte ja die Bundesrepublik von der eigenen Anschauung ein bisschen. Ich war vorher zweimal in Hamburg bei meinen Großeltern und mit meiner Frau in Bayern. Aber unsere Söhne, die kannten den Westen ja nur aus dem Fernsehen. In Sacrow war die Freude über den Mauerfall ungeheuer groß. Sicher gab es ein, zwei, die das nicht gut fanden, aber die fielen nicht ins Gewicht. Und wir haben uns dann überall getroffen, am Schlagbaum und am Meedehorn, da wollten uns die Grenzer erst gar nicht rauf lassen. Wir haben spontan gefeiert und immer wieder gedrängt: ›Wann fällt denn nun der Schlagbaum?‹ Das haben wir dann zwei Tage später auch geschafft, und der Schlagbaum wurde hier auf einem Privatgrundstück deponiert.

Angst vor der neuen Zeit, vor dem was kommen würde, hatte man unmittelbar nach der Wende noch nicht. Ängste kamen erst später auf, zu der Zeit, als die Rückübertragungen der Grundstücke begannen. Es war eine unsichere Zeit, da man ja nicht wusste: darf man wohnen bleiben in dem Haus, in dem man lebte? Uns ging es auch so – unser Haus wurde rückübertragen und wir mussten dann nach einigen Jahren das Haus verlassen. Es wurde verkauft. Wir hätten es auch kaufen können, aber so viel ›Kleingeld‹ hatten wir leider nicht. Aber wir hatten Glück, dass unser Sohn ein Grundstück hier kaufen konnte, auf das er ein Doppelhaus baute, wo wir dann einziehen konnten. Die Häuser an der Wasserlinie sind ja in der Regel rückübertragen worden, weil es ja meist jüdisches Eigentum war. Die Sacrower, die darin wohnten, sind entweder freiwillig raus, oder sie wurden genötigt, oder sie haben Abfindungen bekommen, damit sie noch eher rausziehen. Das war wieder so ein Wechsel. Diese Leute hatten 1945 Wohnungen in den Villen bekommen und jetzt mussten sie nun wieder raus. Das war ein Einschnitt für den Ort. In diesen Villen hatten vorher 20 bis 30 Leute – also mehrere Familien – gewohnt; heute lebt da manchmal nur ein Ehepaar. Dadurch hat sich die Einwohnerzahl des Ortes natürlich verringert. Für die Kinder von Alteingesessenen wie uns – also auch für meine Söhne, ist es dadurch auch sehr schwer geworden, an Wohnraum im Ort zu kommen.

Wenn man zurückblickt, muss man sagen, dass wir die Zeit der Teilung einigermaßen gut überstanden haben. Obwohl wir beide in Potsdam gearbeitet haben und die Passierscheinregelung sehr beschwerlich war, hatten meine Frau und ich nie die Absicht, aus Sacrow wegzuziehen. Da waren wir uns einig. Wir haben alle Unzulänglichkeiten in Kauf genommen, und das Ende haben wir immer bloß zu träumen gewagt. Dass dieser Traum mal Wirklichkeit werden sollte, das hätten wir damals nicht gedacht. Bei den ganzen harten Bedingungen hier hätte ich das nicht geglaubt, dass sich das mal ändert. Gehofft ja, aber ganz ehrlich, nicht geglaubt.

Aber dann ist Sacrow im November 1989 gleich doppelt befreit worden. Einmal, dass wir plötzlich nicht mehr Sperrgebiet waren und nun Freunde und Verwandte rein durften. Und dann fiel hier, wie überall, die Grenze.

Sacrow ist für mich der schönste Ort. Ich habe hier meine Frau kennengelernt, wir haben hier geheiratet und die Kinder großgezogen, umgeben von der wunderschönen Natur. Wir haben hier alles. Bis auf die Mauerzeit von 1961 bis 1989 … Aber ansonsten – ich möchte nicht woanders wohnen.

Gerhard Pahl, Kartograph

Sagen Sie doch, DASS SIE IHN ERSCHOSSEN HABEN

CHRISTEL HEMPELMANN (*1944) arbeitete bis 2009 beim Landesumweltamt in Potsdam. Ihre Schwester ILONA LANGE (*1957) ist Sachbearbeiterin bei der Potsdamer Stadtverwaltung. 1975 wurde ihr Bruder Lothar Hennig von einem DDR-Grenzposten auf der Straße in Sacrow erschossen.

» C. H.: Meine Großeltern, meine Tanten, meine Mutter und ich sind mit dem letzten offenen Viehwaggon aus Schwerin an der Warthe, das heute zu Polen gehört, noch rausgekommen. Während unserer Flucht war ich erst vier Wochen alt. Wenn der Zug mal hielt, wurden irgendwo die Windeln unter Wasser rasch ausgewaschen. Es war ja mitten im Winter – Januar 1945 – und meine Tanten mussten sich die feuchten Windeln unter die Kleidung in den Oberkörper stecken, um sie mit ihrer Körperwärme zu trocknen und zu wärmen, obwohl es bitterkalt war. Aber sonst hätte ich es wohl nicht überlebt.

Mein Großvater hat die Flucht als blinder Mann machen müssen, was für ihn und alle anderen unheimlich schwer war. Er hatte zwangsverpflichtet in einer Munitionsfabrik gearbeitet und im August 1944 gab es dort

Mutter Hennig und Christel am ersten Geburtstag 1945

Die Geschwister Christel, Lothar und Ilona Hennig 1959

eine Explosion, durch die er schwer verletzt wurde und dadurch erblindete. Wir schafften es aber nach Potsdam, wo wir in ein Auffanglager für Flüchtlinge aus den Ost-Gebieten kamen.

Im Mai 1946 wurden wir in ein Flüchtlingsheim in der Kladower Straße 3 in Sacrow eingewiesen. Nach einem Jahr zogen wir in eine Kellerwohnung in der Kladower Straße 11, einer wunderschönen Villa, die damals voll mit Flüchtlingen belegt war. Wir hatten im Keller zwei Räume gekriegt. In einem lebten meine Oma, der blinde Opa und eine Tante. Das zweite Zimmer hatte meine Mutter und ich mit der anderen Tante. In den Kellerräumen nebenan waren auch Flüchtlinge untergebracht, wie mir meine Mutter später erzählte.

Meine erste Erinnerung war aus dieser Zeit in der Kellerwohnung. Mein Opa hatte damals nach seiner Umschulung zum Korbmacher in seinem Zimmer eine Bank aufgestellt bekommen, um dort Körbe zu flechten. Er hat mich als kleines Kind mit auf die Bank gesetzt zum Zugucken, wie er arbeitet. Meine Großmutter war froh, dass ich bei ihm war, weil sie Angst hatte, dass er eines Tages wegen seiner Erblindung Schluss machen würde, weil er damit einfach nicht klar kam. Deshalb mussten meine Tanten oder ich immer in seiner Nähe bleiben.

Seite 153–154:
Das Haus der Familie Hennig

Ein anderes Bild meiner Kindheit war das Wasser. Wir lebten in der Kladower Straße 11 direkt am Ufer der Sacrower Lanke mit einem riesengroßen Bootssteg. Auf dem Grundstück hatten wir alle Freiheiten und viel Platz zum Spielen und Austoben. Das war einfach herrlich.

Kindheit in Sacrow

Aber besonders für meine Mutter war das Leben eine echte Odyssee. Nach einem Jahr ist sie mit mir in den Weinmeisterweg gezogen, wo wir anfangs ein Zimmer und eine kleine Kammer bewohnten. Auch in diesem Haus waren drei Flüchtlingsfamilien untergebracht. Um uns zu ernähren musste Mutter, die ja allein, ohne Mann war, arbeiten gehen. Erst hatte sie im VVN-Heim (s. Kapitel ›*Heim für Verfolgte des Naziregimes im Schloss Sacrow*‹, S. 106) eine Arbeit, die aber körperlich sehr anstrengend war. Sie fing dann bei der Post an. Die erste Zeit ist sie zu Fuß nach Kladow gelaufen, hat dort die Post abgeholt und sie im Ort verteilt. Später musste sie zur Potsdamer Hauptpost. Das war schwierig, denn sie musste mich – ich war ja ein kleines Kind – alleine zu Hause lassen. Sie ist morgens zur Fähre gegangen. Damals fuhr noch die Seilfähre, die mit Hilfe einer Holzkeule mit Handkraft rübergezogen werden musste, nach Krughorn. Ob Sommer, ob Winter, ob kalt, ob heiß musste sie dann den ganzen Uferweg bis zur Glienicker Brücke laufen. Von dort ging es mit der Straßenbahn zur Hauptpost, um da ihre Posttasche vollzuladen und dann den gleichen Weg wieder zurück nach Sacrow, um dort die Post auszuteilen. Und das jeden Morgen. Natürlich hatte sie immer Sorge, ob ich noch schlafe oder ob etwas passiert sei, wenn sie nach Hause kommt. Das hat sie von 1948 bis 1952 gemacht, danach fand sie Arbeit im Sacrower Kindergarten, später im Kinderheim.

Meine Mutter hatte immer noch die Hoffnung, dass mein Vater aus dem Krieg zurückkommt. Dass er vielleicht in Gefangenschaft geraten ist und irgendwann wiederkommt. Darauf hat sie zehn Jahre gewartet. Als dann die Nachricht vom Suchdienst kam, dass ein Kamerad mit

Mutter, Christel, Vater und Lothar Hennig

99-prozentiger Sicherheit gesehen hätte, dass mein Vater erschossen wurde, hat Mutter einen Zusammenbruch gehabt. Sie wurde dann für fünf Wochen in ein Kurheim im Harz verschickt. Als sie wieder zurückkam hat sie sich, nachdem sie zehn Jahre auf meinen Vater gewartet hatte, in meinen Stiefvater verliebt. Er kam spät aus der Kriegsgefangenschaft, war völlig ausgemergelt, regelrecht ausgehungert und hatte nichts. Er wurde als ganz junger Bengel noch im letzten Moment eingezogen. Die Eltern hatten ihn versteckt, aber es hat nichts geholfen. Meine Mutter und er haben versucht, in Sacrow einen Neuanfang zu machen. Er hat hier im Baugeschäft *Möbes Zimmermann* gelernt.

Im Dezember 1953 heiratete Christel Hempelmanns Mutter ihren späteren Stiefvater in der Sacrower Heilandskirche. Am 30. Juni 1954 wurde ihr Bruder Lothar geboren.

Die Geburt meines Bruders war für mich eine Riesensache. Ich habe mich so sehr auf ein Geschwisterkind gefreut, dass ich im Krankenhaus, als wir ihn das erste Mal zu sehen gekriegt haben, fast ausgerastet bin, so toll fand ich ihn. Ich konnte gar nicht abwarten bis er nach Hause kommt und hab ihn wie eine lebendige Puppe gesehen. Ich war damals 10 Jahre alt. Lothar war ein sehr liebes Kind. Wir waren alle sehr stolz auf ihn. Besonders mein Stiefvater. Der hat ihn immer mitgenommen, wenn irgendwo was los war. Zu den Sommerfesten auf dem Meedehorn zum Beispiel. Und so klein Lothar auch war, stand er doch immer an der Bühne und wollte mitmischen und Musik machen. Er war schon als Kind total von Musik fasziniert. Zu Hause

Mutter und Lothar Hennig, Weihnachten 1957

hat er sich manchmal ein Waschbrett genommen und darauf rumgeschrammelt. Er war auch immer für Späße zu haben.

1957 wird Ilona, das dritte Kind geboren. Im Haus Weinmeisterweg 5 bewohnt die Familie nun die ganze obere Etage.

Ilona Lange: Wir hatten ein riesiges Grundstück zum Spielen. Unsere Mutter hat immer versucht, den Garten urbar zu machen, um ein bisschen Gemüse für die Familie anzubauen. Lothar hat Rasen abgestochen, um Land für den Gemüsegarten zu gewinnen. Ich habe ihm dabei immer geholfen. Unsere Kindheit war recht unbeschwert und wild. Ich hatte eine große Schwester, die mich auch irgendwie mit erzogen hat, und ich hatte einen großen Bruder, der immer mein Beschützer war. Sacrow war für uns Kinder ein Paradies.

1960 kommt Dietmar, der zweite Bruder, auf die Welt. Christel, die älteste Schwester, hat noch deutliche Erinnerungen an die Monate vor dem Mauerbau.

C. H.: Ständig hörte man, dass jemand abgehauen, also in den Westen gegangen ist. Es wurden von Tag zu Tag immer mehr. Meine beste Freundin, die nebenan wohnte, ist mit ihrer Mutter und ihrem Bruder auch rüber. Sie fehlte mir sehr. Unsere Mutter hatte auch Zweifel, ob sie hier in der DDR bleiben sollte, oder im Westen vielleicht einen Neuanfang wagen sollte. Aber unser

Lothar Hennig ca. 1964

kleiner Bruder war gerade ein Jahr alt und sie wollte nicht die Verantwortung übernehmen, mit ihren vier Kindern abzuhauen, alles stehen und liegen zu lassen und drüben wieder in einem Flüchtlingsheim zu landen. Aber sie hat dann doch, bevor ich morgens mit der Fähre zur Schule nach Klein-Glienicke fuhr, zu mir gesagt: ›Wenn du nach Hause kommst und wir sind nicht mehr da, dann mach dich sofort auf den Weg und komme da und da hin, irgendwie warten wir da auf dich.‹ Das war für mich eine merkwürdige Zeit. Ich hatte wirklich Angst, jedes Mal, wenn ich nach Hause kam: Sind alle noch da oder muss ich versuchen, über die Glienicker Brücke zu kommen, um sie drüben irgendwo zu finden? Das war eine sehr unsichere Zeit für mich. Täglich hörte man im Radio, dass wieder Tausende abgehauen sind.

An den Tag des Mauerbaus habe ich keine konkrete Erinnerung mehr. Nur, dass sie in Sacrow und Klein-Glienicke, wo ich zur Schule ging, Stacheldraht zogen. Die größte Veränderung war dann, dass die Fähre, die ja unsere einzige Verbindung raus aus Sacrow war, nur noch in Begleitung von einem Boot der Wasserschutzpolizei nach Potsdam bzw. nach Klein-Glienicke fuhr, weil jemand von der Fähre hätte abspringen können. Anfang 1962 wurde sie ganz eingestellt. Dann gab es einen Bus zwischen Potsdam und Sacrow, der im Zwei-Stunden-Takt verkehrte. Die Fähre fuhr früher nicht mal zehn Minuten von Sacrow bis zur Glienicker Brücke. Der Bus brauchte mindestens eine halbe Stunde, um nach Potsdam zu kommen.

Lothar Hennig 1968, 1972

I. L.: Ich kannte die Situation ja nur so. Erst ging ich in Sacrow zur Schule und später fuhr man eben mit dem Bus nach Potsdam. Das war für uns Normalität. Auch dieses Grenzgebiet, der Schlagbaum, die Grenzer, dass wir kontrolliert wurden – das war Alltag. Als Kindergarten- oder Schulkinder blieben wir ja erstmal in Sacrow. Wir wurden hier in zwei Klassenstufen in einem Raum unterrichtet, was sich heute niemand mehr vorstellen kann . Die einen wurden eben still beschäftigt und die anderen hatten gleichzeitig mündliche Arbeit zu machen. Im Ort waren ja so viele Kinder, und alle spielten zusammen, auch die Heimkinder waren da integriert. Das ganze Jahr war natürlich unser toller Sacrower See immer der Spielplatz und der Dreh- und Angelpunkt, wo sich alles getroffen hat. Es war eine schöne und unbeschwerte Zeit. Denn als Kinder haben wir ausgeblendet, dass hier Grenzgebiet war. Unser Leben spielte sich in diesem abgegrenzten Raum ab. Wir Jüngeren kannten ja auch nichts anderes. Es gab für uns auch Freizeitangebote. Zum Beispiel war montags immer Kino. Zeichentrickfilme oder russische Märchenfilme. Das war ein fester Termin, da gingen natürlich alle hin. Manchmal gab es dabei kleine Raufereien. Da war dann Lothar, mein großer Bruder, mein Beschützer. Dem Jungen, der da mit mir angefangen hat zu stänkern, hat er einen Kinnhaken verpasst, dass der in eine Hecke flog.

Lothar hat auch ganz viel Unsinn im Kopf gehabt. Er hatte zum Beispiel eine Seilbahn gebaut mit einem alten Fahrradlenker und einer -gabel. Und dann hat er unsere Mutter geholt und gesagt, ›Du musst mal gucken kommen, was ich gebaut habe‹. Ihr ist fast das Herz stehen

Lothar und Ilona 1973

Ilona ca. 1974

geblieben, weil er seine kleine Schwester – also mich – darauf gesetzt und hochgezogen hat, und dann ging die Post ab. Er steckte immer voller irgendwelcher verrückter Ideen. Er war auch völlig von Musik beseelt, ja geradezu besessen, und hatte viele Mitschnitte aus dem West-Radio auf Tonband. Bei den Hausaufgaben oder wenn wir schlafen gegangen sind, immer lief seine Musik vom Band. Aber ich konnte dabei nicht schlafen. Ich musste immer warten, bis er eingeschlafen war, und ich es ausmachen konnte. Später hat er dann Disko-Abende veranstaltet.

Lothar war ein richtig großer Beatles-Fan. Er hat keine Sendung beim RIAS verpasst und die Musik immer mitgeschnitten. Er wollte natürlich dann bei der Disko, die er selber veranstaltet hat, auch seine Musik präsentieren. Das war aber durch die staatlichen Vorgaben beschnitten. Er musste ein Protokoll führen über die Titel, die er spielen wollte, und das auch vorlegen. Darin musste erkennbar sein, dass er die Prozente einhielt. 60 Prozent DDR-Musik und 40 Prozent internationale, das heißt West-Pop und Rock. Ich habe ihm oft geholfen, die Auswahl zu treffen. Aber das stand eben nur auf dem Papier, was er nachher wirklich gespielt hat, stand – im wahrsten Wortsinne – auf einem andern Blatt.
Lothar hat jede Möglichkeit genutzt, um tolle Stimmung zu verbreiten. Wenn er Disko gemacht hat, ging wirklich die Post ab. Und beim Neptun-Fest, wo er zu Gast war und die Band, die live spielte, ihm zu lahm erschien, fing er an selber an Musik zu machen, bis alle ringsherum völlig begeistert klatschten oder tanzten. Oder wenn die Band beim Laubenpieper-Fest eine Pause gemacht hat, dann hat er auf deren Schlagzeug gespielt, als Einlage. Auch im Fanfarenzug war

Mutter, Ilona und Christel 1972

er Trommler. Und er hatte mit anderen Jungs aus dem Ort eine Band gegründet, die probten in einem Schuppen in der Nähe. Musik war eben sein Leben, seine Welt.

1963 verließ Christel Hempelmann ihre Familie in Sacrow. Sie beendete in Potsdam ihre Ausbildung beim meteorologischen Dienst der DDR. Als Technikerin für Meteorologie und Hydrologie arbeitete sie in Wernigerode und Lindenberg, bevor sie nach Potsdam zurückkehrte, wo sie in der Wasserwirtschaftsdirektion arbeitete und mit Mann und Sohn lebte.

C. H.: Ich hatte nun keinen Dauerpassierschein mehr wie früher, als ich noch in Sacrow lebte. Jeder Besuch musste beantragt werden, und es war immer schwierig zu begründen, warum ich nun nach Sacrow muss. Einfach weil ich meine Eltern und meine Geschwister besuchen wollte, reichte oft nicht. Ich musste immer vorher den Antrag stellen und warten, bis er genehmigt wurde. Dann sind wir am Wochenende nach der Arbeit mit unserem Sohn rausgefahren und haben die Familie besucht. Wenn es nicht klappte mit dem Antrag, dann mussten sie zu uns nach Potsdam kommen. Mit dem Dauerpassierschein ging es auch nur eine Weile. Nachher haben wir ja nur für einen bestimmten Anlass oder Tag einen Passierschein gekriegt. Sacrow wirkte damals auch sehr begrenzt für mich, sehr verändert. Weil das Wasser und alles, was für uns früher frei erreichbar war, jetzt durch die Mauer abgeriegelt wurde. Man hat das Wasser nicht mehr gesehen, und dann diese vielen Grenzer, die ständig umherfuhren. Das war für mich nicht mehr das Sacrow, das es mal war.

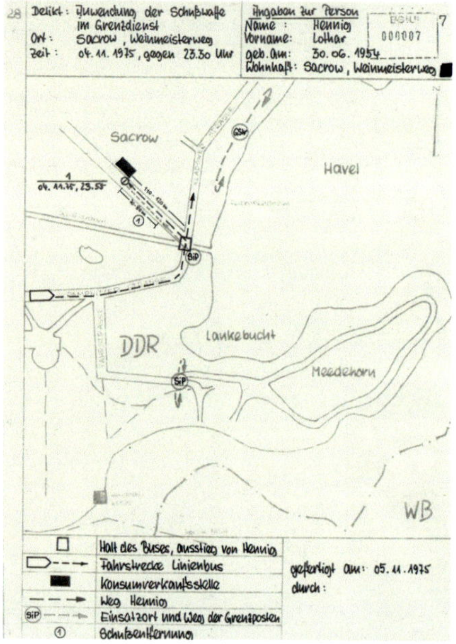

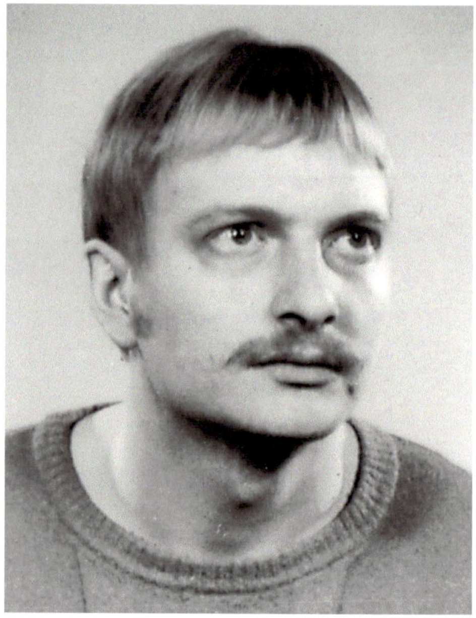

Tatortskizze

Lothar Hennig ca. 1975

I. L.: Wir jüngeren kamen mit den Grenzern irgendwie klar. Die fuhren immer ihre Strecken im Ort ab, aber das war kein Problem. Lothar hatte teilweise ganz guten Kontakt zu denen. Oder er ist mit dem Fahrrad nach Krampnitz gefahren, wo die Russen ihr Übungsgelände hatten. Der musste alles erkunden, alles wissen und ist überall rumgekrochen. Einfach weil er wahrscheinlich die Menschen so spannend fand.
Ich habe zu meinem großen Bruder wirklich aufgeschaut. Der war immer voller Ideen und irgendwie so mitreißend. Wir haben sehr viel zusammen unternommen. Auch später war ich noch seine Vertraute. Als er seine erste Freundin kennenlernte, hat er mich gefragt: ›Kommst du mal dazu, wenn ich mich mit dem Mädel treffe? Könntest du dir die mal angucken?‹ So weit ging das – das war ein ganz inniges Vertrauensverhältnis.

Der 4. November 1975 wurde zum Schicksalstag für die Familie. Lothar wurde spät am Abend von einem Grenzposten in Sacrow angeschossen und starb in dieser Nacht an den Schussverletzungen. Seine Familie wusste zunächst nicht, wo ihr Sohn und Bruder war und was mit ihm geschehen ist.

C. H.: Unsere Mutter kam von der Nachtwache im Kinderheim nach Hause und Lothar war nicht da. Sie hatte ihm abends noch ein Kotelett hingestellt, dass er noch was essen kann, wenn er spät von der Schicht kommt. Sie hat sich gewundert, dass er nicht da ist, denn unser Bruder war auch keiner, der mal ein, zwei Nächte einfach weggeblieben wäre. Am Wochenende mal,

Christel Hennig 1962

wenn er zu Disko-Veranstaltungen war, aber ansonsten war er eben immer zu Hause. An diesem Abend nicht.

Ich wohnte zu der Zeit in Potsdam, und zum Glück hatten wir ein Telefon, weil mein Schwiegervater Chefredakteur der *Brandenburgischen Neuesten Nachrichten* war und deshalb eins in der Wohnung war. Denn unsere Mutter kam am späten Vormittag zu uns nach Potsdam und sagte: ›Christel, stell dir mal vor, Lothar ist nicht nach Hause gekommen. Ich mach mir solche Sorgen. Sicher ist ihm irgendwas passiert. Kannst du die Krankenhäuser anrufen, oder bei der Polizei?‹ Ich rief sofort bei der Polizei an, um unseren Bruder als vermisst zu melden. ›Na wie lange ist er denn weg? Er ist nachts nicht nach Hause gekommen.‹ Das war überhaupt kein Grund für die, tätig zu werden. Dann haben wir verschiedene Krankenhäuser angerufen, ob sie da jemanden eingeliefert haben, weil wir dachten, dass er sich vielleicht was gebrochen hat. Nichts. Plötzlich klingelt es an meiner Wohnungstür. Jemand von der Mordkommission stand da und wollte mit uns sprechen. Er sagte nur, dass Lothar verunglückt ist, beantwortete aber keine unserer Fragen. Kurz darauf erschien ein Staatsanwalt, der unserer Mutter sagte, ›Ihr Sohn ist durch eigenes Verschulden im Grenzgebiet ums Leben gekommen.‹ Da ist Mutter ausgerastet und hat geschrien: ›Das kann nicht sein! Sagen Sie doch, dass Sie ihn erschossen haben.‹ Das hat sie einfach so aus sich heraus ganz spontan gesagt, weil sie dachte, ›aus eigenem Verschulden‹ … Lothar kannte doch das Grenzgebiet, die Gefahren und überhaupt, wie man sich hier zu verhalten hatte. Sie hat nur gefragt: ›Ja, wo denn? Und wie denn?‹ Sie wiederholten nur, ›durch eigenes Verschulden irgendwo im Grenzgebiet‹. Letztendlich hat sie rausgekriegt, dass es vor dem damaligen *Konsum*-Laden auf dem Weinmeisterweg passiert ist und sie Lothar von hinten erschossen haben. Ein Lungendurchschuss, durch das Schulterblatt und durch die Splitter wurde die Lunge zerrissen, so dass er verblutet ist.

In einem »Bericht über die Anwendung der Schußwaffe durch Grenzposten des Grenzregiments 34« an die Potsdamer Kreisdienststelle des MfS vom 5.11.1975 heißt es unter der Überschrift »Notwendigkeit der Feuerführung Die Anwendung der Schußwaffe in Ausübung des Grenzdienstes entsprach den Dienstvorschriften der Grenztruppen der DDR und wird von der Sachlage her als gerechtfertigt eingeschätzt.«

I. L.: Am Tag, nachdem Lothar erschossen wurde, kam ich am Nachmittag mit dem Bus aus der Schule in Potsdam. Ich wusste da noch nicht, was mit meinem Bruder passiert war. Im *Konsum* wollte ich mir was zum Naschen kaufen, und da war eine ganz komische Atmosphäre. Es gab kein lockeres Gespräch, wie es sonst üblich war. Wir kannten uns ja alle, und sonst wurde immer ein Späßchen gemacht und geredet. Diesmal erschien mir alles sehr gedämpft, was ich sehr merkwürdig fand. Ich bin dann nach Hause gegangen und habe Musik angemacht – seine Musik. Dabei ist mir irgendwas mit dem Tonband passiert – Bandsalat – und ich dachte, ›Oh, wenn der nachher nach Hause kommt, dann musst du das beichten‹. Es dauerte ewig, aber als dann Mutter und mein kleiner Bruder Dietmar nach Hause kamen, habe ich – noch bevor sie überhaupt ein Wort sagen konnte – sofort einen Schreikrampf gekriegt. Niemand hatte auch nur ein einziges Wort gesagt, aber ich spürte, nein ich wusste, dass dieses schreckliche Unglück passiert ist und dass Lothar tot ist. Mutter hat mir dann eine Backpfeife gegeben, damit ich aufhöre zu schreien. Das war unvorstellbar schlimm für uns alle. Und jeder hat auf seine Art getrauert. Jeden Morgen als ich wach wurde, lag diese Erschütterung schon auf dem Kopfkissen. Es verging kein Tag, an dem man nicht daran gedacht hat.

C. H.: Und ihr musstet ja jeden Tag an der Stelle, wo er verblutet ist, vorbei. Und für eine Mutter, die ihr Kind verloren hat, ist es natürlich besonders schlimm.

In einem Aktenvermerk vom 5.11.1975 notiert die Staatssicherheit: »Von einer Tatortuntersuchung bei der Schußwaffenanwendung durch Grenzsicherheitskräfte der DDR in Sacrow wurde Abstand genommen, da der Tatort durch den Abtransport des Geschädigten verändert und keine Beunruhigung der Grenzbevölkerung durch die kriminalistischen Arbeiten herbeigeführt werden sollte.«

C. H.: Es wurde das Gerücht verbreitet, dass Lothar abhauen wollte, was überhaupt nicht stimmte. Er wollte einfach nur nach Hause. Und weil es rund hundert Meter waren von der Haltestelle, ist er grundsätzlich immer – aus sportlichen Gründen – vom Bus zu unserem Haus gerannt. Und an dem Abend hat er genau das getan. Der Ort war zu diesem Zeitpunkt voller Grenzer, weil ein russischer Soldat aus der Kaserne abgehauen war, wohl um nach West-Berlin zu fliehen. Und Lothar hatte so einen grünlichen Anorak an und ist denen wohl verdächtig vorgekommen. Aber er ist aus dem Bus ausgestiegen und nur zehn Meter von ihm entfernt lagen die Grenzer an der Brücke, haben ihn gesehen, und ihn wohl auch noch angesprochen. Und dann lassen sie ihn fünfzig Meter rennen, um ihn dann von hinten zu erschießen? Sie haben ihn angeblich angerufen, was er wohl nicht gehört hatte. Wir können es einfach nicht nachvollziehen. Er lief doch gar nicht auf die Grenze zu, sondern weg von ihr.
Und diese Lüge zog sich auch durch den Ort. Da wurden Parteiversammlungen abgehalten und die *Nationale Front* versuchte es damit zu rechtfertigen, dass er ja selbst Schuld hatte, weil er angerufen wurde und dennoch weiter gerannt ist. Das war für die wohl Grund genug, ihn zu erschießen. Auch in den Schulen und den Betrieben waren die Parteileitungen angewiesen worden zu sagen, er wollte die DDR verlassen, was ja überhaupt nicht gestimmt hat.

C. H.: Uns wurde untersagt, überhaupt darüber zu reden. Obwohl wir zu der Zeit gar keine Einzelheiten wussten. Wir durften nicht mal eine Todesanzeige aufgeben, in der irgendwie in einem Satz formuliert wurde, wie er umgekommen ist. Uns wurde gesagt, wenn sie eine Todesanzeige aufgeben wollen, dann darf da nur stehen, dass er durch ein tragisches Unglück ums Leben gekommen ist. Da hat Mutter gesagt: ›Das schreibe ich nicht. Dann lassen wir es ganz.‹

I. L.: Nach Lothars Tod wurde für uns im Ort alles völlig anders. Die Herzlichkeit, die vorher da war, und diese Gemeinschaft – das war mit einem Mal überhaupt nicht mehr vorhanden. Uns kam nur noch Kühle entgegen – jedenfalls haben wir es so empfunden. Niemand sprach mehr mit uns. Niemand fragte, wie es uns geht oder hat uns getröstet. Keiner wagte überhaupt darüber zu sprechen. Im Bus morgens zur Schule war eine ganz betretene Stimmung. Wir fühlten uns überhaupt nicht mehr wohl. Wir sind deshalb, obwohl es im kalten November war, mit dem Moped von meinem Bruder Dietmar zur Schule nach Potsdam gefahren, weil wir es nicht mehr ertragen konnten, in den Bus zu steigen. Diese eisige Atmosphäre, dass niemand mit uns mehr reden wollte.

Am 5.11.1975 berichtet der GMS ›Ulli‹ der Stasi: »Die Reaktionen der Bevölkerung in Sacrow zum Vorkommnis in der Nacht vom 04. zum 05.11.75, bei dem durch die Grenztruppen die Schußwaffe angewandt wurde und ein Jungerwachsener getötet worden war, weisen keine ausgesprochen negative Momente auf.«

C. H.: Ich bin der Meinung, dass viele Sacrower damals Angst hatten. Die hatten vielleicht eine Position oder eine Arbeitsstelle, die sie nicht verlieren wollten. Und haben gedacht, unter diesen Verhältnissen kann einem jedes Wort, das man sagt, zum Verhängnis werden. Nur Frau Rosche erzählte uns vorsichtig, was sie von ihrem Fenster mehr als Ohren- denn als Augenzeuge mitgekriegt hat, was in dieser Nacht geschah. Für uns war es natürlich unheimlich schwer das anzuhören. Sie sagte, wenn sie gewusst hätte, dass das unser Lothar ist, wäre sie zu unserer Mutter gegangen und hätte ihr das gesagt, aber sie nahm an, es ist ein Russe, der da verletzt lag und schrie. Sie meinte zwei Schüsse gehört zu haben. Ob Warnschüsse oder scharfe Schüsse, das konnte sie nicht auseinander halten. Sie hat dann selbst gesehen, dass sie Lothar von der Straße an die Seite geschleift haben, und gehört, dass er sehr laut geschrien und gestöhnt hat, bis er nicht mehr konnte. Es hätte über eine Stunde gedauert, bis ein Arzt gekommen ist. Dieser Arzt hat übrigens später vor Gericht ausgesagt, wenn man ihm sofort einen Druckverband gemacht hätte, dann hätte er vielleicht eine Chance gehabt zu überleben.

Die Hauptabteilung I des MfS in Berlin berichtet in einer »Ergänzungsmeldung über die Anwendung der Schußwaffe« in Sacrow am 5.11.1975: »Nach Bekanntwerden des Vorkommnisses ist allgemein festzustellen, daß der Tagesgruß bei den Kontrollen der Grenzposten am KP Sacrow durch die Bürger des Ortes nicht mehr erwidert wird. Hieraus ergibt sich zur Zeit eine gewisse Verschlechterung des bisher guten Verhältnisses zwischen der Bevölkerung und den Grenztruppen.«

C. H.: ›Ich ertrage es nicht mehr im Ort zu bleiben‹, hat unsere Mutter sehr bald gesagt, ›Ich muss hier jeden Tag, wenn ich in den *Konsum* oder zur Arbeit will, an der Stelle vorbei, wo er verblutet ist. Ich kann das nicht ertragen, ich will aus Sacrow raus – ich will weg.‹ Daraufhin bekam sie ungewöhnlich schnell eine Wohnung im Wohngebiet am Stern zugewiesen und ist mit meinen anderen beiden Geschwistern dorthin gezogen.

Aber Mutter ist über den furchtbaren Tod von Lothar nie hinweggekommen. Sie hat es einfach nicht begreifen wollen, dass Lothar nicht mehr lebt, und da ist die Phantasie mit ihr durchgegangen. Sie dachte, dass ihn vielleicht die Staatssicherheit eingesperrt hätte. Sie wollte einfach nicht wahrhaben, dass er erschossen wurde. Unser Onkel arbeitete damals bei den Potsdamer Friedhöfen. Den hat sie bekniet, doch in den Sarg zu gucken, ob es wirklich Lothar ist, der da drin liegt. Das war natürlich absolut verboten. Er hat es aber trotzdem gemacht, hat in der Leichenhalle im Keller heimlich den Deckel hochgehoben und ihr dann gesagt: ›Ja Hertha, es ist Lothar, ich habe ihn erkannt.‹ Nun gab es keine Hoffnung mehr, dass er vielleicht später mal auftaucht. Sie musste sie sich damit abfinden. Aber die ersten Jahre blieb es ganz schlimm, weil sie immer nur von ihm erzählt hat und sich immer nur die eine Frage gestellt hat, wie das passieren konnte. Manchmal haben wir sogar gesagt: ›Na Mutti, wir sind doch auch deine Kinder.‹

> *Nach der Wiedervereinigung wurde bekannt, dass Lothar Hennig Informeller Mitarbeiter der Stasi war. In einem »Abschlußbericht« schreibt sein Führungsoffizier Oberleutnant Seifert am 15.11.77 über seinen erschossenen IM Lothar Hennig, der unter dem Decknamen ›Lutz‹ geführt wurde: »Der IM wurde am 29.04.75 auf der Grundlage der Überzeugung zur inoffiziellen Zusammenarbeit mit dem MfS durch Unterzeichneten geworben. Mit der Werbung des IM sollte die operative Basis im Schwerpunktbereich Sacrow erweitert werden. Er führte in Sacrow Jugendveranstaltungen (Diskotheken) durch, wodurch er umfangreiche Verbindungen unterhielt und herstellte.*
> *(…) Aufgrund seines Fehlverhaltens am 4.11.1975 gegenüber den Grenzposten in Sacrow wurde gegen ihn die Schußwaffe angewandt.*
> *Der IM verstarb auf dem Transport ins Armeelazarett Babelsberg am 5.11.75 um 1.30 Uhr an seinen Verletzungen.«*

C. H.: Für mich war es total überraschend, als nach der Wende rauskam, dass Lothar IM war. Ich habe es nicht gewusst, nicht geahnt und konnte mir das einfach nicht vorstellen, dass Lothar sich dazu freiwillig verpflichtet hat. Als ich das erfahren habe, war ich sprachlos. Wir haben Akteneinsicht beantragt und uns wirklich alles durchgelesen. Es war ein Sacrower, der ihn geworben hat. Ich habe dabei auch rausgekriegt, dass er niemanden wirklich verpfiffen oder angeschwärzt hat. Die paar Monate, die er dabei war, daran hängen sich natürlich jetzt alle auf. Mit dem Moment, wo sie gehört haben, dass er sich als IM verpflichtet hatte, da war er natürlich im Nachhinein unten durch. Wir wissen nicht, warum er es gemacht hat und ob es wirklich seine freie Entscheidung war. Er sollte sich unter den Jugendlichen im Ort umhören und sollte Stimmungen aufnehmen. Da hat er eben auch ehrlich berichtet, dass die FDJ-Arbeit bzw. die Jugendarbeit in Sacrow völlig am Boden ist.

Die Schwestern: Christel Hempelmann und Ilona Lange

I. L.: Ich könnte mir vorstellen, dass er vielleicht relativ locker an die Sache rangegangen ist, als er sich anwerben ließ. Und gedacht hat, so wie mit den 60/40 Listen für die Disko: ›Wir schreiben das, was die hören wollen, und machen dann aber was ganz anderes.‹ Nach dem Motto: na gut, dann haben sie ihren Willen. Aber ich brauche ja niemanden verpfeifen. Aber welche Macht dahinter stand, hat er wahrscheinlich nicht durchblickt. Aber das sind Vermutungen.

Den 9. November 1989 haben beide Schwestern und ihre Mutter in Potsdam erlebt. In Sacrow waren sie jahrelang nicht mehr gewesen.

I. L.: Nach dem Mauerfall habe ich meinen Kindern gesagt: ›Jetzt zeige ich euch mal, wo ich aufgewachsen bin.‹ Wir konnten ja nun erstmals ohne Passierschein mit unserem alten Trabi nach Sacrow fahren. Ich bin dann mit den Kindern alle Wege, alle Stationen abgelaufen und habe ihnen gezeigt, wo wir gewohnt haben, wo wir gespielt haben und wo was hier und dort so stattgefunden hat. Meine Jungs waren damals noch jüngere Schulkinder. Die waren ganz begeistert von Sacrow – es war einfach schön, die Natur, überall grün und natürlich der See. Über den Tod ihres Onkels haben wir an der Stelle, wo er gestorben ist, nicht gesprochen. Sie hatten ihn ja nicht mehr kennengelernt. Lothar starb 1975, und 1976 ist mein erster Sohn geboren worden. Ausgerechnet am Totensonntag. Und unsere Mutter konnte nun an diesem ersten Totensonntag nach dem Tod ihres Sohnes nicht auf den Friedhof gehen, weil sie an dem Tag nun Großmutter wurde. Aber der Enkel hat sie irgendwie wieder ein bisschen ins Leben zurückgebracht. Da hatte sie auch wieder eine Aufgabe, und es war schön, sich wieder um jemanden zu sorgen, zu kümmern. Eine Ablenkung. Aber als wir da in Sacrow waren, habe ich auch alte Nachbarn von früher getroffen, aber da wurde auch nicht über Lothar geredet.

C. H.: Jahre später, als die *Stiftung Berliner Mauer* in Sacrow eine Info-Veranstaltung machte, weil hier eine Stele für Lothar als Maueropfer aufgestellt werden sollte, war es ganz schlimm. Das war fürchterlich, wie sie da über Lothar hergezogen sind, dass er bei der Stasi war und dann soll hier noch eine Stele zum Gedenken an ihn aufgestellt werden.

In den neunziger Jahren fand dann ein Mauerschützen-Prozess in Potsdam statt. Da war der ehemalige Grenzer anwesend, der Lothar erschossen hatte. Zeugen und Gutachter machten ihre Aussagen, und die ganze Geschichte wurde nochmal vorgetragen und dazu alle Seiten gehört. Der Schütze saß unweit von uns schräg gegenüber. Der hat es nicht einmal für nötig gehalten, von sich aus sich bei uns zu entschuldigen oder zu sagen, dass es ihm leid tut. Er war ja jung damals und vielleicht überfordert oder wie auch immer. Erst nach Aufforderung des Richters, der meinte, dass ihm das doch gut zu Gesicht stehen würde, wenn er sich für diese Tat bei den Angehörigen wenigstens entschuldigen oder sagen würde, dass ihm das leid tut. Was er mit wenigen Worten leise gestammelt hat, war kläglich und wirkte nicht aufrichtig.
Er wurde zu einer Jugendstrafe von einem Jahr und zwei Monaten verurteilt. Auf Bewährung. Im Prinzip hat er das Gericht als freier Mann verlassen. Er arbeitet jetzt wohl in Cottbus in einer Anwaltskanzlei. Unser Bruder ist tot und der kann sein Leben leben – so ist das eben.

C. H.: Und Sacrow … Ja, der Ort hat sich jetzt natürlich verändert, weil andere Leute hier wohnen, weil wir viele nicht mehr kennen.

I. L.: Für mich ist Sacrow der Ort meiner Kindheit, Heimat, aber eben auch Vergangenheit.

C. H.: Sacrow ist für mich nach wie vor Heimat, mein liebster Ort und ein Sehnsuchtsort geblieben, trotz allem. Die Natur ist die gleiche geblieben, der See ist der gleiche und die schönen Kindheitserinnerungen an Sacrow, die bleiben auch. Und die Sache mit Lothar … Irgendwie muss man in dem Moment, wo man hier ist, das irgendwie auszublenden versuchen, um sich die Schönheit …

I. L.: … zu bewahren.

HEIMWEH

BÄRBEL STÜRZEBECHER (*1962) ist Bauingenieurin. Sie lebt – nur unterbrochen von der Studienzeit in Berlin – seit ihrer Geburt in Sacrow. Ihr Vater ist der älteste Bewohner des Ortes. 1988 floh ihr Mann von hier aus in den Westen.

» Ich bin in Potsdam zur Schule gegangen und kann mich erinnern, dass ich in jeder Pause geheult habe, weil ich Heimweh nach Sacrow hatte. In der Schule war es irgendwie kalt und gruselig für mich. Meine Schwester war drei Klassen über mir. Und wenn ich sie in der Pause gesehen habe, dann überkam mich sofort Heimweh. Nicht mal nach der Mama, sondern da war einfach das Gefühl: ich bin so weit weg und fühlte ich mich dort so schutzlos – irgendwie verloren in dieser großen Stadt. Ich kann mich erinnern, dass wir oft Ärger bekamen, denn irgendwann fing meine Schwester auch an zu heulen, weil sie mich nicht beruhigen konnte. Mit dem Ranzen auf dem Rücken ging es dann zum Bus, der alle zwei Stunden fuhr, wieder nach Hause. Es geht mir heute noch so, dass ich starkes Heimweh habe. Ich bin ein Mensch, der nicht in die Welt flattern

Bärbel Stürzebecher, Kindheit

will, sondern der hier verwurzelt ist. Und das Heimweh habe ich, als ich so klein war, als total schlimm empfunden. Das steckt mir noch in den Knochen.

Als Kind konnte ich zu Hause in Sacrow tun und lassen, was ich wollte. Ich konnte mich total entfalten. Also Fahrrad fahren, Spielen, Schwimmen gehen – ich durfte fast alles hier tun, was Spaß macht. Immer ohne große Verbote der Eltern, ohne irgendwelche Grenzen. Obwohl es ja aus meiner jetzigen Sicht natürlich total verrückt ist – wir waren Sperrgebiet und von der Grenze umgeben –, aber damals fühlte es sich einfach grenzenlos an. Weil ich mich hier so frei bewegen konnte und völlig selbständig sein durfte als Kind.

Als Kind – und auch heute noch – war und ist Sacrow für mich immer ein Rückzugsort. Man kannte sich in einer geborgenen Dorfgemeinschaft. Das ist vielleicht in vielen Dörfern so, aber das war für mich so besonders. Diese Natur und der See – das war von Anfang an eine tiefe Verbundenheit. Es fing an in der Schule, dass ich dieses Heimweh hatte, und endete dann im Studium in Berlin, dass ich da auch eine totale Sehnsucht hatte. Ganz schnell kommt bei mir in der Stadt dieses Gefühl auf, dass ich da raus will und wieder hierher – das ist immer noch so. Sacrow ist immer noch mein Schutzort – mein Paradies.

Bärbel Stürzebecher ist eine geborene Schollbach – Tochter einer alteingesessenen Sacrower Familie aus dem Weinmeisterweg. Ihren Vater Alfred Schollbach kennen alle – ein Dorf-Ori-

Bärbel Stürzebecher in der Schule

ginal. Ihre drei Jahre ältere Schwester wurde noch von Pfarrer Strauss in der Heilandskirche getauft. Eine Sacrower Geschichte aus der alten Welt – vor der Mauer. Bärbel – wenige Monate nach dem Mauerbau geboren – ist im Sperrgebiet groß geworden: Ein Kind der Grenze.

Die *Heilandskirche* kannte ich nur aus Erzählungen. Wo die Kirche genau war und was sie bedeutete, das war für mich damals nie ein Thema. Genauso das Schloss. Aber ich erinnere mich, dass wir da als Kinder mal zum Kino im Spiegelsaal waren. Das war aber nur ein- oder zweimal, sonst kam man da nicht rein, und auch nicht in den Park. Ich bin mit der Grenze aufgewachsen. Und dass wir mit dem Bus am Schlagbaum anhalten mussten und die Soldaten nach den Ausweisen guckten, das war einfach so. Das gehörte dazu, ich habe gar nicht darüber nachgedacht, dass es irgendwie anders sein könnte. Ich habe es auch gar nicht wirklich als Grenze empfunden. Das ist einem erst später bewusst geworden, nachdem ich dann mit 14 einen Ausweis mit dem Anwohner-Stempel für das Grenzgebiet bekam, den ich vorzeigen musste. Das hieß, Freunde von draußen kamen ab diesem Alter nicht mehr rein. Aber das war mir gar nicht so wichtig, denn ich hatte ja hier meine Freunde. Damals waren hier viel mehr Kinder im Ort als heute. Wir waren immer in der Clique unterwegs, und da gehörten auch die Heimkinder dazu. In dem Heim habe ich mit 15 meinen ersten Freund kennengelernt. Ich habe ihn auch dort besucht, das war in dem Haus, wo heute die Fernsehserie ›Weissensee‹ gedreht wird.

Bärbel Stürzebecher mit Freundinnen

Meine Schwester war anders: die wollte in ihrer Jugend immer nach Potsdam, tanzen gehen. Sie musste natürlich pünktlich zu Hause sein, weil die Stadt gefährlich war. Aber ich durfte mit meinen Freunden auch abends noch an den See. Da gab es keine Zeitbegrenzung. Und vor allem: Was hätte uns passieren können? Hier wäre ja kein Fremder reingekommen, der einem was tun konnte. Und das war diese Freiheit – und gleichzeitig dieses eingesperrt sein, aber in dem Rahmen konnte ich mich total frei bewegen. Wir haben uns am Sportplatz oder am See getroffen und Zeit miteinander verbracht, oder über das Leben philosophiert. Wir hatten ja auch einen kleinen Jugendclub, wo wir zusammen kamen.

Der Sacrower Lothar Hennig legte oft als DJ zur Disko im Jugendclub seine Musik auf. Im November 1975 wird er im Ort, auf dem Weinmeisterweg, nahe der Wohnung seiner Familie, von einem Grenzposten in den Rücken geschossen und stirbt wenige Stunden später an den Verletzungen. (S. Kapitel ›*Sagen Sie doch, dass Sie ihn erschossen haben*‹, S. 162)

Der Tod von Lothar Hennig mitten im Ort, vor unserem *Konsum* – das war ganz schlimm. An dem Tag gab es die Parole: ›Ein bewaffneter Russe ist aus der Kaserne geflohen!‹ Ganz Sacrow war voll mit Grenzern, überall liefen die bewaffnet rum und suchten nach dem entflohenen russischen Soldaten. Und dann erschießen sie Lothar, der einfach nur nach Hause wollte. Das war alles unmenschlich und nicht zu verstehen. Und für mich am wenigsten zu verstehen war der Vorwurf er sei selbst Schuld gewesen, als hätte er etwas verkehrt gemacht. Das war irgend-

Die Grenze in Sacrow

wie so irreal, dass ich es nicht fassen konnte. Natürlich war das Thema im Ort. Es herrschte eine total eisige Stimmung. Die Leute haben die Grenzer beim Zeigen des Ausweises nicht mehr angeguckt als eine Art stiller Protest. Und für mich war auch der Gedanke gruselig, dass es auch meinen Opa, der ja direkter Nachbar war, hätte treffen können. Der ist immer nachts umhergestiefelt und hat seinen Kater gesucht im Nachthemd. Also hätten die auch meinen Opa erschießen können.

Aber selbst nach Lothars Tod habe ich die Grenze mit Mauer und Schlagbaum nicht wirklich infrage gestellt. Die Gedanken mache ich mir jetzt ganz oft: zu welchem Zeitpunkt hätte ich das infrage stellen sollen? Das treibt mich wirklich um.

Nach der Schule begann Bärbel Stürzebecher eine Ausbildung als Bauzeichnerin. 1980 studierte sie in Berlin Bauingenieurwesen. Ihre erste Wohnung hatte sie dort im Zentrum, in einer Querstraße der Friedrichstraße.

In der Zeit, als ich in Berlin studierte, habe ich auch wieder dieses Heimweh gehabt. Sacrow war ja eigentlich nicht weit weg – 20 Kilometer Luftlinie. Aber trotzdem … Berlin, die Großstadt – das war schwer für mich. Da habe ich mich wirklich durch die Woche gekämpft und am Wochenende war ich jedes Mal wieder in Sacrow und habe Kraft getankt. Ich hatte, als ich mit 18 nach Berlin zog, schon gleichzeitig einen Wohnungsantrag für Sacrow gestellt. So

Bärbel Stürzebecher und ihr Verlobter Ralf, Budapest 1983

Hochzeit 1983

machte man das in der DDR, um später nicht zu viel Wartezeit zu verlieren. Genauso hat man auch gleich einen Antrag auf ein Auto oder einen Führerschein gestellt, obwohl ich nie Auto fahren wollte.

Beim Studium in Berlin habe ich meinen Mann kennengelernt. Der war in derselben Studiengruppe. Wir sind relativ schnell zusammengezogen und haben in Köpenick gewohnt. Kurz nachdem wir unser Studium abgeschlossen hatten, haben wir geheiratet und unsere Tochter ist geboren worden. Drei Jahre später kam dann unser Sohn zur Welt. Sehr bald kam dann plötzlich eine Wohnungszuweisung für Sacrow. Das war ein schöner Tag, denn für mich bedeutete das, dass ich wieder nach Hause komme. Für meinen Mann war das eher zwiespältig, weil er als Berliner ein Großstadtkind war. Und unsere Ehe war zu diesem Zeitpunkt auch nicht mehr die glücklichste. Ich hatte nicht das Gefühl, dass wir es zusammen bis ans Lebensende schaffen würden.

Für mich war aber klar, wenn wir uns irgendwann trennen sollten, dann ist Sacrow der Ort, wo ich es schaffe, meine Kinder alleine großzuziehen. Im Januar 1988 sind wir dann aber doch alle vier umgezogen. Selbst am Tag des Umzuges zögerte mein Mann allerdings noch. Irgendwann hat einer von den Umzugsleuten gefragt: ›Was denn nun? Sollen jetzt die Kisten hier mit, oder nicht?‹ Zähneknirschend ist er dann doch mit uns hierher gezogen.

Familie Stürzebecher 1987

Als ich 1988 wieder hier war, habe ich die Grenze erstmalig wirklich infrage gestellt. Da war ich 26 und habe das Grenzsystem als bedrückend empfunden. Denn nun war ich selbst in der Situation, in der meine Eltern immer waren. Zum Beispiel, dass wir keinen Besuch empfangen konnten. Und dass man immer einen Grund brauchte, wie Jugendweihe oder irgend einen runden Geburtstag, um einen Passierschein zu beantragen. Ich wusste von meinen Eltern, dass man bestimmte Spielregeln einhalten muss, also am 1. Mai brav die Fahne raushängen, damit man beim nächsten mal einen Passierschein bekommt. Und wir konnten nicht einfach sagen: ›Wir wohnen jetzt hier. Liebe alte Studienkumpels, kommt doch einfach mal vorbei.‹ Es hat für mich aber nicht bedeutet, dass ich hier nicht wohnen wollte. Mein Mann hat das allerdings schon als sehr negativ empfunden.

Für mich ist meine Familie, dieses Mini-Universum, total wichtig. Meine Eltern wohnten natürlich noch hier und meine Kinder gingen nun – wie ich früher – in den Sacrower Kindergarten. Das war vom ersten Tag an ganz anders als in dieser Rieseneinrichtung in Berlin. Das war wie eine Familie, die haben sich total wohlgefühlt. Vorher in Berlin waren sie andauernd krank – nun nicht mehr. Das war eben meine kleine, heile Welt hier. Für meinen Mann war das Dörfliche hier einfach zu beengt. Was für mich Schutz und Vertrautheit bedeutete, das war für ihn einfach fremd. Und wenn man dann eine Beziehung hat, in der man sich ständig streitet, dann ist es wohl an keinem Ort schön. Wir fragten uns: Hat das überhaupt alles noch Sinn mit uns zweien? Bald war er dann ja auch weg …

Fluchtort Ralf Stürzebecher

Das war am Freitag, vor dem Wochenende, wo in der Kleingartensparte auf dem Meedehorn ein großes Sommerfest stattfinden sollte. Traditionell gibt es da immer eine Vorfeier, das sogenannte ›Anpilsen‹. Kurz vorher hatten wir wieder mal einen heftigen Disput. Mein Mann hatte Scheidungsunterlagen mitgebracht, die wir hätten ausfüllen sollen. Aber ich bin nicht drauf eingegangen und hab gesagt: ›Heute feiern wir erst mal, das können wir später machen, da habe ich gar keine Lust drauf.‹ Trotzdem sind wir gemeinsam zu diesem Fest gegangen.

Gerade weil wir uns so gestritten haben, versuchte ich mich abzulenken und so gut es ging fröhlich zu sein. Später am Abend sagte er: ›So, ich hau' dann jetzt ab.‹ Natürlich dachte ich, er geht nach Hause, also nie hätte ich vermutet, dass er rüber in den Westen wollte. Das war auch nie Thema. Ich habe noch weiter gefeiert und bin spät nach Hause gekommen. Er war nicht da, was mich wunderte, weil er sich ja schon vor Stunden verabschiedet hatte. Als er am nächsten Morgen immer noch nicht da war, bin ich zu den Grenzposten am Meedehorn gegangen. Diese Halbinsel war noch mal abgeriegelt mit einem riesigen Tor. Da musste man den Ausweis abgeben, und die Posten dort trugen jeden Besucher in so ein Büchlein ein und aus. Also war klar, dass die wissen mussten, wer sich zurzeit dort aufhält. Auf meine Frage, ob mein Mann schon weg sei, sagten die: ›Nö, der ist noch nicht ausgetragen.‹

Ich dachte, vielleicht hat er irgendwo Unterschlupf gefunden. Aber mir ist niemand eingefallen, wo er hätte sein können. Freunde und Bekannte vom Meedehorn wussten alle nichts. Irgend-

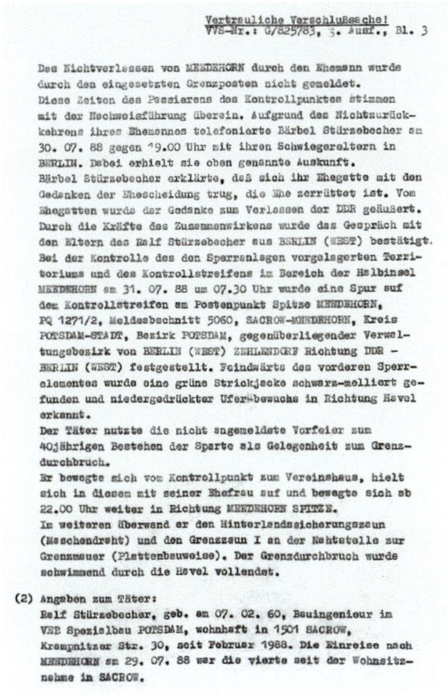

Vertrauliche Verschlußsache!
VVS-Nr.: G/825783, 3. Ausf., Bl. 3

Das Nichtverlassen von MEEDEHORN durch den Ehemann wurde durch den eingesetzten Grenzposten nicht gemeldet.
Diese Zeiten des Passierens des Kontrollpunktes stimmen mit der Nachweisführung überein. Aufgrund des Nichtzurückkehrens ihres Ehemannes telefonierte Bärbel Stürzebecher am 30. 07. 88 gegen 19.00 Uhr mit ihren Schwiegereltern in BERLIN. Dabei erhielt sie oben genannte Auskunft.
Bärbel Stürzebecher erklärte, daß sich ihr Ehegatte mit den Gedanken der Ehescheidung trug, die Ehe zerrüttet ist. Vom Ehegatten wurde der Gedanke zum Verlassen der DDR geäußert.
Durch die Kräfte des Zusammenwirkens wurde das Gespräch mit den Eltern des Ralf Stürzebecher aus BERLIN (WEST) bestätigt.
Bei der Kontrolle des den Sperranlagen vorgelagerten Territoriums und des Kontrollstreifens im Bereich der Halbinsel MEEDEHORN am 31. 07. 88 um 07.30 Uhr wurde eine Spur auf dem Kontrollstreifen am Postenpunkt Spitze MEEDEHORN, PQ 1271/2, Meldeabschnitt 5060, SACROW-MEEDEHORN, Kreis POTSDAM-STADT, Bezirk POTSDAM, gegenüberliegender Verwaltungsbezirk von BERLIN (WEST) ZEHLENDORF Richtung DDR – BERLIN (WEST) festgestellt. Feindwärts des vorderen Sperrelementes wurde eine grüne Strickjacke schwarz-melliert gefunden und niedergedrückter Uferbewuchs in Richtung Havel erkannt.
Der Täter nutzte die nicht angemeldete Vorfeier zum 40jährigen Bestehen der Sparte als Gelegenheit zum Grenzdurchbruch.
Er bewegte sich vom Kontrollpunkt zum Vereinshaus, hielt sich in diesem mit seiner Ehefrau auf und bewegte sich ab 22.00 Uhr weiter in Richtung MEEDEHORN SPITZE.
Im weiteren überwand er den Hinterlandsicherungszaun (Maschendraht) und den Grenzzaun I an der Nahtstelle zur Grenzmauer (Plattenbauweise). Der Grenzdurchbruch wurde schwimmend durch die Havel vollendet.

(2) Angaben zum Täter:
Ralf Stürzebecher, geb. am 07. 02. 60, Bauingenieur im VEB Spezialbau POTSDAM, wohnhaft in 1501 SACROW, Krampnitzer Str. 30, seit Februar 1988. Die Einreise nach MEEDEHORN am 29. 07. 88 war die vierte seit der Wohnsitznahme in SACROW.

Nach der Flucht: Sommerfest abgesagt

Bärbel Stürzebecher, Bauigenieurin

wann bin ich zur Gärtnerei Schultz, weil man da telefonieren konnte. Ich rief meine Schwiegereltern in Ost-Berlin an, weil ich dachte, er wäre vielleicht dort nachts noch hingefahren. Meine Schwiegermutter sagte: ›Weißt du denn nicht, der ist drüben. Er hat uns aus West-Berlin angerufen.‹ Ich war erst mal total baff. Für mich die Welt zusammengebrochen, weil es einfach so unerwartet kam. Ich dachte sofort: das ist doch total gemein. Wie soll es jetzt weitergehen? Ich fühlte mich wie amputiert. In einer Ehe – selbst wenn sie nicht richtig funktioniert – hat man doch seine Einteilungen, die Kinder, die Arbeit. Das war mir unvorstellbar, wie ich das alleine schaffen soll.

Trotzdem bin ich zu den Grenzposten am Meedehorn gegangen, die ja in ihrem Buch zu stehen hatten, dass er dort noch ist, und hab denen erklärt: ›Ich muss ihnen einfach mal sagen, dass der nicht mehr da ist. Der ist im Westen.‹ Daraufhin ist das Chaos ausgebrochen. Das Fest, das an dem Tag stattfinden sollte, wurde sofort abgesagt. Nun kamen aber schon viele Leute zum Feiern, die wollten alle aufs Meedehorn, aber da durfte keiner mehr rauf. Meine Nachbarn erzählen das heute noch: die Leute standen vor dem geschlossenen Tor und haben gesungen: ›Auf der Mauer, auf der Lauer …‹ Alle waren stinksauer, weil sie sich auf dieses Sommerfest gefreut hatten. Und ich durfte mich nicht mehr von der Stelle rühren. Die Grenzer haben dann wie verrückt die Halbinsel abgesucht. Zwischenzeitlich kam die Meldung, es seien zwei Grenzdurchbrüche, aber in der Aufregung sind sie wohl ihren eigenen Fußspuren hinterhergelaufen. Schließlich fanden sie seine Jacke. Ich durfte dann nach Hause, ich musste mich ja um meine

Grenzanlagen an der Havel

Kinder kümmern. Irgendwann nachts kamen Uniformierte zum Verhör. Ich war völlig neben der Spur, habe einfach nur da gesessen, alles brav gezeigt, meine Schreibmaschine rausgeholt, womit sie ihr Protokoll schreiben konnten – es war absolut verrückt. Die haben gefragt, ob ich von dem Fluchtplan meines Mannes wusste und ob es irgendwelche Hinweise gab. Und nach solchen Hinweisen haben sie dann in der ganzen Wohnung gesucht.

In einer Vertraulichen Verschlusssache der Grenztruppen der DDR / Grenzregiment 34 vom 03.08.88 (drei Tage nach dem Grenzdurchbruch am 30.7.1988) heißt es:
»Der Täter nutzte die nicht angemeldete Vorfeier zum 40jährigen Bestehen der Sparte als Gelegenheit zum Grenzdurchbruch.
Er bewegte sich vom Kontrollpunkt zum Vereinshaus, hielt sich in diesem mit seiner Ehefrau auf und bewegte sich ab 22.00 Uhr weiter in Richtung MEEDEHORN SPITZE. Im weiteren überwand er den Hinterlandssicherungszaun (Maschendraht) und den Grenzzaun I an der Nahtstelle zur Grenzmauer (Plattenbauweise). Der Grenzdurchbruch wurde schwimmend durch die Havel vollendet.«
Weiter heißt es:
»Der Grenzsdurchbruch kann durch den Gegner als Hetze gegen die DDR genutzt werden. Im Zusammenhang mit möglichen Rückverbindungen des Täters ist mit weiteren Versuchen des Grenzdurchbruches in diesem Abschnitt und auf ähnliche Art und Weise zu rechnen.«

Bärbel Stürzebecher im Verhör

Für mich war völlig unklar, wie der Alltag mit Beruf und Kindern weitergehen soll. Mein Sohn war zum Zeitpunkt der Flucht seines Vaters noch nicht einmal zwei Jahre alt, und meine Tochter war vier Jahre und neun Monate alt. Mit den Kindern war es zu dieser Zeit sehr schwer. Meine Tochter hing total an ihrem Vater. Die hat immer nur nach Papa gefragt. Und mir war klar: der lebt zwar noch, aber eigentlich ist es ja fast, als ob er gestorben wäre. Wir werden uns nie wiedersehen. Den Gedanken an Familienzusammenführung hatte ich nie, da wir keine glückliche Ehe führten und ich das Gefühl hatte, ich würde es nirgendwo sonst als in Sacrow schaffen, meine Kinder alleine groß zu ziehen. Das wichtigste in dieser Situation war mir, dass ich hierbleiben kann. Denn mir war natürlich klar, dass das, was vorgefallen war, eigentlich bedeutet, dass ich hier weg muss, dass ich ›nicht mehr tragbar bin für das Grenzgebiet‹.

Ich bin in den ersten Tagen ganz normal zur Arbeit gegangen, und habe versucht, meinen Alltag einigermaßen zu bewältigen. Ich arbeitete damals im Reichsbahnausbesserungswerk (RAW) in Potsdam in der Bauabteilung. Ein paar Tage nach der Flucht bekam ich einen Anruf in meinem Büro, ich solle zum Werkstor kommen. Das war dann wirklich klassisch, wie man es aus Filmen kennt. Da stand ein blauer Lada mit zwei jungen Herren und die haben mich abgeholt. Während der Fahrt lief klassische Musik, was in dieser Situation total absurd war.

Sie brachten mich in die Lindenstraße, in das berüchtigte Stasi-Gefängnis in Potsdam, zum Verhör. Da bekam ich wirklich Schiss. Mir hat niemand körperlich etwas getan, aber diese

Ungewissheit machte einfach Angst. Als erstes wurde ich in einen Raum geführt, der keine für mich sichtbaren Türen hatte. Im Durchgang hing ein Schild: ›Herzschrittmacher-Patienten dürfen hier nicht durchgehen‹. Ich dachte: Was ist das? Dort musste ich alleine warten und fühlte ich mich in diesem Raum total beobachtet und hatte einfach nur Angst.
Dann bin ich abgeholt worden und es ging durch endlose Gänge. Mit Türen, die verriegelt waren mit irgendwelchen Sicherheitscodes. Immer wieder fiel so eine Tür hinter mir zu. Man denkt, da kommt man nie wieder raus. Und dann saß ich einem Major gegenüber, der mich als erstes fragte: ›Haben Sie was zu verbergen, Sie gucken so ängstlich.‹ Eine total fiese Frage, denn natürlich hatte ich die Hosen gestrichen voll und kann gar nicht beschreiben, was mir für Gedanken durch den Kopf gegangen sind. Ich dachte wirklich, wenn ich hier niemals wieder rauskomme, weiß niemand wo ich bin und wo man mich suchen soll. Und was wird aus meinen Kindern? Es folgte ein ellenlanges Verhör. Ich musste die Jacke von meinem Mann identifizieren, die sie am Grenzzaun gefunden hatten. Das war so unwirklich, die wurde mir präsentiert, als ob es Giftmüll wäre. Total übertrieben. Ich fand es natürlich nicht toll, dass mein Mann weg war, und ich wusste auch, dass das nicht korrekt war für diesen Staat, aber trotzdem war er für mich ein Mensch. Da wurde mir klar, wie krank das System war. Das war alles schockierend. Nach dem Verhör wurde ich wieder herausmanövriert, sollte aber zwei Stunden später wieder hinkommen, um meine Unterschrift unter das Protokoll des Verhörs zu setzen. Diese zwei Stunden bin ich dann in Potsdam rumgeirrt. Und ständig waren da irgendwelche Typen, die mich beschatteten. Das war total krank und total bedrückend.

In der Zeit nach der Flucht meines Mannes hieß es für mich vor allem, die Tränen der Kinder zu trocknen. Der Tochter erzählen, Papa ist weit weg, aber es gehe ihm gut. Immer in der Gewissheit, den sehen wir nie wieder. Das war schon eine Scheiß-Zeit. Vor allem hatte ich einfach nur Angst, dass sie mir die Kinder wegnehmen können.

Dass ich hier überhaupt bleiben durfte, habe ich nur meinem Vater zu verdanken. Bei der Anhörung, bei der es um mein Wohnrecht in Sacrow ging, wurde das nämlich in Frage gestellt. Das war wie ein Verhör im Stadthaus in Potsdam. Ich fing irgendwann an zu weinen und sagte: ›Wie stellen sie sich das denn vor. Wenn ich da nicht mehr wohnen kann? Ich bin doch angewiesen auf die Hilfe meiner Eltern, die da auch leben.‹ Jemand fragte beiläufig: ›Wer sind denn schon ihre Eltern?‹ Ich antwortete mutlos leise: ›Alfred Schollbach‹. Den aber kannten sie gleich. Weil mein Vater ab und zu für die Grenzer gearbeitet hatte. Wenn mal ein Baum quer lag und auf die Mauer zu fallen drohte, hat er den abgesägt. Dann tuschelten die miteinander und nur durch den Umstand, dass mein Vater, den sie kannten, hier auch wohnte, konnte ich in Sacrow bleiben mit den Kindern. Ich war zwar glücklich, fand es aber blöd, dass ich als Person nicht tragbar gewesen wäre, und nur bleiben durfte, weil ich seine Tochter war. Da wurde mir erst wirklich bewusst, wie das System mit Druck und Angst arbeitet. Das war mir vorher nie so klar. Selbst der Tod von Lothar 1975 brachte mich noch nicht dazu, so darüber nachzudenken. Nun war ich aber auch schon älter, und das alles war schon ein einschneidendes Ereignis in meinem Leben.

Ich hatte ein paar Monate nach seiner Flucht Kontakt zu meinem Ex-Mann im Westen. Ich traute mich, mit ihm von einer Telefonzelle aus zu telefonieren. Das war die Zeit im Sommer '89, wo die Leute über Ungarn geflüchtet sind. Und er hat die wüste Idee gehabt, wir sollten nach Ungarn reisen und über die Grenze gehen, wir würden viel glücklicher sein im Westen. Das war zwar für mich ein Gedanke; aber so zerrissen, wie ich zu der Zeit war, hat mir das einfach nur Angst gemacht. Ich hätte das nie gewagt. Ich hätte Angst gehabt, dass den Kindern und mir etwas passiert. Aber vor allem das Wissen, dass ich dann nie mehr nach Sacrow könnte, hat mich diese Pläne ablehnen lassen. Den Gedanken, nie wieder hierher zu kommen, hätte ich nicht ertragen. Das Gefühl, hier weg zu wollen von diesem Ort, das hatte ich nie. Im Gegenteil. Es war für mich immer klar, dass ich die richtige Entscheidung getroffen habe, hier wieder her zu ziehen. Obwohl ich ja dadurch meine Ehe aufs Spiel gesetzt habe. Als ich mich vor kurzem mit meinem Sohn darüber unterhalten hatte, meinte er: ›Dafür, dass Du da jetzt in Deinem Paradies lebst, hast du ja einen hohen Preis bezahlt.‹ Also das kann ich so nicht unterschreiben. Darüber muss ich noch mal mit ihm diskutieren.

Das war einfach eine fürchterliche Zeit. Glücklicherweise war es ja nicht mehr so lange bis zur Wende, aber es erschien irgendwie unendlich. Man spürte ja schon, dass alles zerbröckelt. Dann fiel am 9. November '89 die Mauer. Am nächsten Tag habe ich mir die Kinder geschnappt und habe mich in Potsdam angestellt und einen Stempel für den Ausweis geholt. Über Staaken sind wir nach West-Berlin. Da hin zu fahren fühlte sich für mich ein bisschen wie ›Alice im Wunderland‹ an. Beim Grenzübertritt hatte ich ein mulmiges Gefühl. Ich glaubte, die Grenzer dort hätten sich meinen Ausweis viel länger angeschaut als bei den anderen. Meine Kinder links und rechts waren auch ängstlich. Ich hatte vor allem Angst, dass die uns später nicht wieder reinlassen.

Wir trafen drüben auch meinen Ex-Mann, den Vater der Kinder. Das war okay, aber es war auch klar, dass wir uns nicht wie bei der ›Love Story‹ in die Arme fallen und alles ist wieder gut. Dazu war zu viel passiert. Ich war froh, dass ich wieder nach Hause konnte. Da merkte ich, wie komisch ich konditioniert war. Der Schlagbaum am Ortseingang von Sacrow war nun nicht mehr da, den hatten die Dorfbewohner in Windeseile abgebaut. Da jetzt plötzlich einfach so durchfahren zu können, das war schon komisch. Aber es fühlte sich gut an.

Nach der Wende gab es für mich erstmal eine negative Veränderung, nämlich, dass hier so viel los war, also so viele Besucher in den Ort kamen. Toll war aber natürlich, wie der schöne Park Stück für Stück wieder rekonstruiert wurde. Auch dass ›Ars Sacrow‹ im Schloss die Ausstellungen macht, ist toll. Da habe ich mich von Anfang an sehr für interessiert und fand es total spannend, dass es Leute gibt, die so die Initiative ergreifen. Das waren überwiegend Neu-Sacrower. Für den Ort bedeutete die Zeit nach dem Fall der Mauer vor allem den Wechsel der Bewohner. Es war traurig, dass viele Sacrower weg mussten aus ihren Häusern. Vielen wurde langsam klar, ›vielleicht kommen Alteigentümer und wir müssen raus‹. Diese Unsicherheit gab es auch mit der Arbeit. Ich war noch im RAW (Reichsbahnausbesserungswerk) in Potsdam beschäftigt, habe mir aber 1991 bald eine andere Arbeit gesucht, weil ich das Gefühl hatte, das wird alles abgewickelt. Und so eine Umbruch-Stimmung war auch hier im Ort.

Als die ersten Neu-Sacrower hergezogen sind, hat man schon gespürt, dass es Vorbehalte gab. Also für mich persönlich nicht, aber von vielen alten Sacrowern. Aber wenn eine neue Familie mit Kindern kam, hat das meist sofort gepasst, da die so offen sind. Die Alt-Sacrower haben die Neuen sehr genau beäugt: Passen die oder nicht?

Ich kenne viele der Zugezogenen nur vom Sehen. Ich bin ja tagsüber nur am Wochenende hier, dadurch begegnet man sich wenig. Berührungspunkte gibt es vor allem durch ›Ars Sacrow‹. Das genieße ich, dass man die Leute da kennenlernt und, das muss ich wirklich neidlos anerkennen, die Neu-Sacrower sind aktiver und interessierter. Es wäre ja auch unsere Aufgabe, sich mit der Geschichte des Ortes zu beschäftigen. Es gab eine Geschichtswerkstatt, das fand ich sehr interessant. Aber ich denke, da ist immer noch eine Kluft zwischen Ost und West. Aber das ist ja nicht nur in Sacrow so.

Bärbel Stürzebecher fing 1991 ihre Arbeit als Bauingenieurin in der Bauabteilung der Deutschen Rentenversicherung an, wo sie heute noch angestellt ist. Sie lebt noch immer in der

Wohnung, die sie 1988 mit ihrer Familie bezog. Seit einigen Jahren wohnt ihre Tochter samt Enkelkindern nebenan. Auch ihre Eltern leben noch in Sacrow.

Der Ort ist nach wie vor mein Paradies. Ob das nun im letzten Sommer war, wo ich bei großer Hitze den Büroalltag nur überlebt habe mit dem Gedanken, dass ich abends in ›meinen Sacrower See‹ springen kann. Oder der wunderschöne Park mit den Blicken über die ganze Landschaft. Für mich ist das Leben mit der Natur hier am wichtigsten. Aber auch wie ich hier wohne, mit meinen Nachbarn, die sind auch im Ort geboren. Es ist einfach noch so eine kleine Welt, so ein Zusammenhalt. Fast so wie es früher war. Das wird nicht über materielle Sachen bestimmt, sondern man hilft sich, man ist füreinander da. Das macht es aus. Sicher hat es sich verändert, aber es ist noch da. Es kommen viele Kollegen vorbeigeradelt und sagen dann, ›Mensch ist das schön hier. Du lebst ja da wie im Paradies.‹ Das höre ich oft.

2018 lernte Bärbel Stürzebecher in einer Frauen-Gruppe jemand kennen, der auch längere Zeit in Sacrow gelebt hatte. Diese Frau hatte ganz andere Gefühle dem Ort gegenüber.

Was für mich das Paradies ist, ist für sie die Hölle. Sie war hier im Kinderheim. Ich kannte ja viele Kinder aus den Heimen, aber zu dem Haus, in dem sie war, hatte ich nicht so viel Kontakt. Sie sagt, sie sei so traumatisiert von Sacrow, dass sie nicht mal hier durchfahren will. Da dachte ich, das kann doch nicht sein, dass zwei Menschen so unterschiedliche Gefühle zu ein und demselben Ort haben. Als wir uns kennenlernten, erzähle ich ihr nämlich ganz unbefangen von meiner Liebe zu Sacrow, und darauf erzählte sie ihre Geschichte. Sie hat eine schwere Muskelkrankheit, die durch die Einnahme schädlicher Medikamente hervorgerufen wurde. Der Verdacht liegt sehr nah, dass die Medikamente, die sie als Kind im Sacrower Heim gekriegt hat, daran Schuld sind. Und es wurde inzwischen eindeutig festgestellt, dass es Versuche waren, die sie mit ihr als Kind dort durchgeführt haben.

Wir sind inzwischen befreundet, aber als sie das damals in dieser Frauenrunde erzählte, war das für mich bitter. Das Paradies hat also auch eine schwarze Seite, dachte ich. Das hat mich zweifeln lassen, ob meine Sacrow-Euphorie wirklich richtig ist. Dass ich kritischer sein sollte mit meinen Gedanken zu diesem Ort. Ich habe mich früher auch nie mit der NS-Zeit hier beschäftigt – was damals hier ablief. Das war damals auch nie ein Thema, aber das alles hat mich jetzt dazu gebracht, auch darüber nachzudenken. Über diesen Ort, dass der eben auch schwarze Flecken hat. Nur Paradies – das gibt es wohl einfach nicht.

Die KIRCHE

Bei aller architektonischer Attraktivität des Ortes ragt die *Heilandskirche* als bedeutendstes Bauwerk Sacrows heraus. Im gesamten Ort gibt es kein bauliches Äquivalent – die *Heilandskirche am Port zu Sacrow* ist in jeder Beziehung einmalig. In ihrer Form, ihrer Nutzung und ihrer Geschichte.

Sie ist auch keine Kirche im Dorf. Sie liegt weit draußen – fast in einer anderen Welt. Und dennoch ist die Identifikation der Sacrower mit ›ihrer‹ Kirche groß. Das wurde vielleicht am deutlichsten in den Tagen nach dem Fall der Mauer 1989. Das geschundene Gotteshaus war ein Opfer des Kalten Krieges, das nun von den Mauern und Zäunen befreit war. Anfang Dezember 1989 durften die Einwohner von Sacrow wieder zu dem 28 Jahre lang unerreichbaren Kirchendenkmal an der Havel. »Drinnen sah es schlimm aus. Wie

Zerstörte Kirchenverkleidung

in einer Lagerhalle, da waren die Holzpaneele der Kirchenverkleidung einfach übereinander gestapelt. Ich kannte die Kirche ja von früher. Ich bin hier getauft und konfirmiert worden. Heiraten konnten wir dort 1963 nicht – nach 1961 durfte ja keiner mehr hin. Wenn man aufgewachsen ist mit der Kirche von der Taufe an bis heute dann ist das natürlich bewegend«, sagt Karl-Heinz Schultz. Seine Frau Helga, die nach 1990 Kirchenälteste wurde, ergänzt: »Die *Heilandskirche* war für uns jahrelang Inbegriff der Teilung. Welche Bedeutung die Kirche für uns Sacrower hatte, merkte man dann in Vorbereitung auf den Weihnachtsgottesdienst. Wir starteten einen Aufruf im Dezember '89, uns zu helfen die Kirche aufzuräumen. Da ist wirklich aus jeder Familie jemand gekommen und hat mitgemacht. Das hätte ich nie gedacht. Wir waren so viele – auch Sacrower, die nicht zur Gemeinde gehörten, die gar nichts mit Kirche im Sinn hatten, haben geholfen aufzuräumen und sauberzumachen.«

Der Traum von Arkadien

Seite 186–187:
Kahnpartie zur Heilandskirche, Ferdinand Marohn um 1845

Die alte Sacrower Dorfkirche war schon 1812 wegen ihres schlechten baulichen Zustandes unbenutzbar und deshalb 1822 abgetragen worden. Ein Tagelöhnerhaus diente vorübergehend als Beetsaal. Preußenkönig Friedrich Wilhelm IV. nutzte diesen Umstand, um den Bau seiner erträumten Basilika an der Havel zu begründen. Doch hatte der kunstsinnige König wohl

Historische Ansichtskarte Heilandskirche

kaum im Sinn, eine Dorfkirche bauen zu lassen. Weit entfernt vom Ort, in die Landschaft hineinkomponiert, ging es ihm viel mehr um die Inszenierung seines Traumes von Italien. Die *Heilandskirche* war von ihm als Staffagebau gedacht, der den bisherigen weißen Fleck im Gesamtensemble der Sichtbeziehungen – das Sacrower Ufer – höchst wirkungsvoll beleben sollte. Hofarchitekt Ludwig Persius begann 1841 mit dem Bau. Eine Herausforderung war die vom König ausdrücklich gewünschte Position der Kirche, die »wie ein ankerndes Schiff« in das Wasser hineinragen sollte. In seinem Tagebuch ging Persius sogar soweit, die Kirche ›Das Schiff‹ nennen zu wollen. Die romantische Idee dahinter war, das Gotteshaus an der Havelbucht als Zufluchtsort für Fischer und Schiffer zu überhöhen. Die Lage direkt am Wasser erforderte eine aufwändige und teure Bauweise. Gegründet auf einem Pfahlrost aus Eichenstämmen, verschlang diese Konstruktion ein Drittel der Gesamtbaukosten von 45.234 Talern und 27 Silbergroschen.

Wie wichtig dem König das Projekt einer italienisierenden Kirche am Havelufer war, beschreibt der Kirchenhistoriker Andreas Kitschke: »Die Sacrower *Heilandskirche* ist ein Lieblingsprojekt von Friedrich Wilhelm IV. gewesen. Ludwig Persius, sein Architekt, hat allein 33 Mal in seinem Bautagebuch, in dem er alles aufgeschrieben hat, was er mit dem König besprochen hatte, die Sacrower Kirche erwähnt. Sie sollte von Anfang an im italienischen Stil mit einem Campanile, einem frei stehenden Glockenturm daneben errichtet werden. Friedrich Wilhelm IV. liebte ja Italien, er war mehrmals da und hat auch die Baukunst dort sehr geschätzt. Es gibt sehr viele

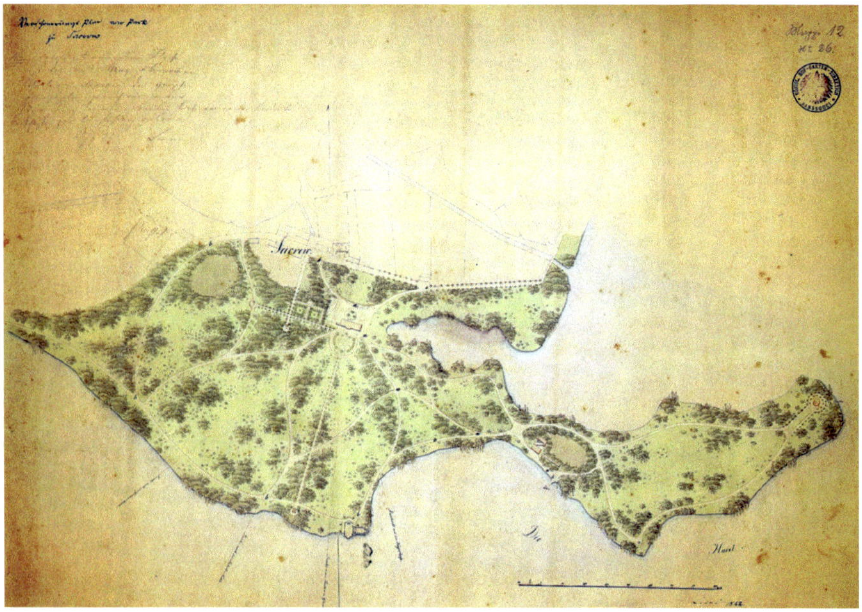

Plan des Schlossparks Sacrow, Peter Joseph Lenné 1842

Havellandschaft

Skizzen von Friedrich Wilhelm IV. der ja auch mal Architekt werden wollte. Nur war ihm das nicht vergönnt, weil er nun leider mal Preußischer Hohenzollernprinz war. Er konnte aber sehr gut zeichnen und hat mit wenigen Strichen dargestellt, was er von seinem Architekten umgesetzt haben wollte.«

Peter Joseph Lenné hatte schon 1833 seinen ›Verschönerungsplan für die Insel Potsdam‹ vorgelegt. Der Entwurf eines weitreichenden Gesamtkunstwerkes aus Seen, Schlössern und Parkanlagen zwischen Werder und Kladow schloss auch die Beplanung der Sacrower Landschaft am Wasser mit ein. Die Landzunge, auf die Friedrich Wilhelm IV. einen weiteren Markstein des *Preussischen Arkadiens* setzen wollte, erschien wie geschaffen für die Vollendung der Lenné'schen Sichtachsen in der Kulturlandschaft. Die *Heilandskirche* ist ein herausragender *point de vue* – ein Blickziel. Eine Zierde in der Potsdam-Berliner Kulturlandschaft, die vor allem vom Wasser aus in der visuellen Assoziation eines ankernden Schiffes an einer Landspitze ihre ästhetische Wirkung entfaltet.
Friedrich Wilhelm, der Romantiker auf dem Thron, bestimmte auch die lateinische Umschrift für das Kirchensiegel: *S. Ecclesia sanctissimi Salvatoris in portu sacro* (Kirche des heilbringenden Erlösers im heiligen Hafen). Mit der sich im Wasser spiegelnden Kirche ist die Verschmelzung von Architektur und Landschaft auf das glücklichste gelungen. Das *Preußische Arkadien* hat mit der malerischen *Heilandskirche* an der Havelbucht seinen gültigen Ausdruck gefunden.

Seite 190–191: Heilandskirche in Sacrow, Siegfried Massmann 1850

Der Kirchturm als Sendemast
1897

»Mit der feierlichen Einweihung der Kirche am 21. Juli 1844 erlebte Sacrow wohl das prachtvollste Ereignis seiner Geschichte«, schreibt die Kunsthistorikerin Angelika Kaltenbach. Die ersten Jahre danach waren auch die glänzendsten, was den Besuch der Kirche betraf. Der König, seine Gemahlin und sein Hofstaat besuchten in den Sommermonaten regelmäßig den Gottesdienst in die *Sacrower Heilandskirche*. Man kam mit Booten über das Wasser. Auch viele Potsdamer nutzten die Gelegenheit, das Königspaar zu sehen, so dass die Gottesdienste in der *Heilandskirche* immer gut gefüllt waren. Der kleinen Gemeinde von 120 Gläubigen flossen in dieser Zeit reiche Einnahmen aus der Kollekte zu, die einer kleinen Bibliothek, einer Nähstube sowie Sacrower Kindern zugute kamen.

Mit der Einweihung der Friedenskirche – nahe Schloss Sanssouci – 1848 endeten die goldenen Zeiten für die *Heilandskirche*. Der sonntägliche Besuch der Hofgesellschaft blieb ebenso aus wie die reichhaltigen Spenden in der Kollekte. Die Sacrower Kirchengemeinde verlor 1848 ihre Eigenständigkeit und wurde von nun an von dem Geistlichen der Friedenskirche betreut und ab 1859 Bornstedt zugeordnet. 1870 wurde die *Heilandskirche* mit der Klein-Glienicker Kapelle, der Kirche St. Peter und Paul auf Nikolskoe sowie der Pfarrei im Wannseer Ortsteil Stolpe zur Parochie Klein-Glienicke zusammengelegt.

Prof. Adolf Slaby

Gedenktafel

Der Campanile als Funkturm

Am 5. April 1897 wurde am fünfgeschossigen, 23,5 Meter hohen Campanile der *Heilandskirche* ein wichtiges Kapitel deutscher Technikgeschichte geschrieben. Der Kirchturm diente als Sendemast. Bei »klarem Wetter und ohne Gewitterschwüle« setzten Adolf Slaby und Georg Graf von Arco 1600 Meter weit über das Wasser des Jungfernsees die ersten Funksprüche in Deutschland ab. Der Versuch, die vom Italiener Guglilmo Marconi erfundene Funktechnik zu perfektionieren, gelang mit Unterstützung von höchster Stelle.
Kaiser Wilhelm II. selbst förderte das Projekt. Nachdem Marconi auf dem Gebiet der *Funkentelegraphie* Aufsehenerregendes geleistet hatte, veranlasste er die Versuche von Sacrow aus in der Hoffnung, die neu zu entwickelnde Technik für das Heer und die Marine einsetzen zu können. Erste Versuche Slabys im Berliner Stadtgebiet führten zu erheblichen gewitterähnlichen Störungen der Fernsprechleitungen. Deshalb erhielt er vom Kaiser die Erlaubnis, »auf den Gewässern der Havel bei Potsdam und in den umliegenden königlichen Gärten Versuche anzustellen«. Mit Hilfe einer vom Kirchturm herabhängenden Antenne gelang es, eine Funkverbindung bis zur 1,6 Kilometer entfernten, im Norwegischen Stil gebaute Matrosenstation *Kongsnaes* herzustellen. Der gelungene Versuch hatte eine immense technikgeschichtliche Bedeutung, war er doch die Grundvorrausetzung für den späteren Rundfunk in Deutschland.

Blick vom Park Babelsberg auf die Heilandskirche

Reichsbischof Dr. Ludwig Müller, Pfarrer Fritz Schmidt-Clausing, Propst Fritz Loerzer

Einweihung der Heldengedächtnisglocke 1934

Somit wurde der Turm der *Heilandskirche* auch zu einem technischen Denkmal. Eine 1928 über der Eingangstür des Campanile angebrachte Gedenktafel weist darauf hin. In die Mitte der Tafel, aus grünem Dolomit, ist die Figur des Atlas mit der Weltkugel gesetzt, umgeben von Blitzen und der Denkschrift: »An dieser Stätte errichteten 1897 Prof. Adolf Slaby und Graf von Arco die erste Deutsche Antennenanlage für drahtlosen Verkehr.« Slabys Assistent Georg Graf von Arco wurde später Chef der neu gegründeten Telefunken AG.

Der Antisemit als Pfarrer

Die Sacrower *Heilandskirche* beherbergt eine der ältesten Glocken im Potsdamer Raum. Sie wurde 1406 gegossen. Es gab aber immer zwei Glocken im Turm. Die zweite, aus der Barockzeit, ist im Ersten Weltkrieg zu Kriegszwecken eingeschmolzen worden. Manche Gemeinden in Deutschland hatten in den 1920er Jahren neue Glocken gießen lassen, aber in Sacrow war wohl das Geld dafür nicht da. 1934 nutzte dann der damalige Pfarrer Fritz Schmidt-Clausing die Gelegenheit, eine neue Glocke anzuschaffen.

»Schmidt-Clausing war Mitglied der NSDAP und war mittätig am *Institut zur Erforschung und Beseitigung des jüdischen Einflusses auf das Deutsche kirchliche Leben*«, erklärt Kirchenhis-

Einweihung der Heldengedächtnisglocke 1934

toriker Andreas Kitschke. »Schmidt-Clausing war auch Mitarbeiter von Walter Grundmann, einem ganz üblen Theologen der Zeit, der beispielsweise erklärt hat, dass Jesus Arier gewesen sei und deswegen von den Juden verfolgt worden sei. Und 1939 hat dieser Mann das Machwerk ›Die Entjudung Deutscher Theologie und Kirche‹ veröffentlicht. Also wes Geistes Kind Pfarrer Schmidt-Clausing war, geht daraus deutlich hervor.«

Zur 90-Jahr-Feier der *Heilandskirche* am 28. Oktober 1934 ist die neue Glocke als sogenannte *Heldengedächtnisglocke* für die Gefallenen des Ersten Weltkriegs in Anwesenheit des nationalsozialistischen Reichsbischofs Ludwig Müller geweiht worden. Die Weihe endete mit einem Gebet: »Unsere Losung und Hoffnung stets sei: Deutschland erwache! Herr mach uns frei!«
Die *Heldengedächtnisglocke* ereilte wenige Jahre später das selbe Schicksal ihrer Vorgängerglocke: Sie wurde 1944 zu Kriegszwecken eingeschmolzen.
Fritz Schmidt-Clausing ging nach dem Ende des Krieges nach West-Berlin. Von 1947 bis 1962 war er Pfarrer der Kaiser-Friedrich-Gedächtniskirche in Tiergarten.

Der Publizist und Mitherausgeber der *Frankfurter Allgemeinen Zeitung*, Frank Schirrmacher, der bis zu seinem Tod 2014 in Sacrow lebte, berichtete, dass Marcel Reich-Ranicki ein Fan der *Heilandskirche* sei. In einem Interview über sein Erleben der NS-Zeit in Berlin erzählte er, dass es Juden verboten war, im Wannsee zu baden. Deshalb sei er im entlegenen Sacrow schwimmen gegangen – die *Heilandskirche* sei für ihn ein Symbol der Freiheit.

Altarbild der Heilandskirche

Pfarrer Joachim Strauss

Pfarrer Strauss – Mühen eines Grenzgängers

1947 wurde Joachim Strauss in sein Amt als Pfarrer der Parochie Neubabelsberg mit den drei Kirchen in Sacrow (Ost), in Nikolskoe (West) und in Klein-Glienicke (Ost) eingeführt. Seine Gemeinde mit *Heilandskirche*, *St. Peter und Paul* und der Klein-Glienicker Kapelle erstreckte sich über die politischen Grenzen hinweg, und so wurde der Pfarrer Kronzeuge der schwierigen Kirchenarbeit im Kalten Krieg.

1948 hatte Strauss seine Frau Brigitte, eine Sacrowerin, geheiratet. Das Paar lebte mit den später geborenen Kindern im Pfarrhaus in Klein-Glienicke. Strauss war damit den größten Teil seines Arbeitslebens ein Grenzgänger.

Der Arbeitsweg zu seinen drei *Havelkirchen* führte seit 1949 mit Gründung der DDR mehrmals über eine Staatsgrenze: Von Klein-Glienicke (Osten) mit dem Fahrrad entlang dem Glienicker Park (Westen) zur Seilfähre nach Sacrow (Osten) und danach auf demselben Weg zurück nach Wannsee zur Nikolskoer Kirche (Westen), um schließlich nach Klein-Glienicke wieder in die Deutsche Demokratische Republik nach Hause zu fahren. Diese ohnehin schon beschwerlichen Wege waren ab dem 1. Juni 1952 größtenteils verbaut, als Regelungen in Kraft traten, die es Bewohnern Westberlins verboten, die Ostzone zu betreten. In diesem Zuge wurde Klein-Glienicke, wo der Pfarrer wohnte, genauso mit Stacheldraht ›abgesichert‹ wie das später ebenfalls als ›Sperrgebiet‹ ausgewiesene Sacrow. Nun wurde es kompliziert bis unmöglich, die

Gemeindearbeit fortzusetzen. Strauss musste von Klein-Glienicke die jede Stunde fahrende Fähre zur Glienicker Brücke benutzen. Von da aus ging es weiter mit der Fähre nach Sacrow zur Predigt in der *Heilandskirche*. Zum Gottesdienst hinüber nach Nikolskoe auf kurzem Weg über die Havel zu kommen war von nun an auch verboten – im Wasser verlief die Staatsgrenze. Also musste Strauss mit der Fähre von Sacrow zurück zur Glienicker Brücke, wo er seine ›Quickly‹ zu stehen hatte. Mit dem Kleinmotorrad fuhr er dann in den Westen zur Predigt in der Nikolskoer Kirche. Das war damals noch möglich, denn die *Brücke der Einheit* war bis zum August 1961 ein normaler Grenzübergang, erst danach durfte sie ausschließlich von den Alliierten überquert werden.

Diese sonntägliche Prozedur machte das Dienen an allen drei Kirchen zeitlich fast unmöglich. Deshalb sammelten Gemeindeglieder aus dem Westen Geld für ein Motorboot für ihren Pfarrer, das in Klein-Glienicke vor Anker lag. Damit konnte Strauss nun direkt nach Sacrow zur Predigt fahren. Danach ging es zurück zur Glienicker Brücke, wo er mit seinem Boot ankerte, um mit dem dort abgestellten Motorrad nach Wannsee zu kommen. Kurze Zeit später traf er auf neue Schikanen der DDR: Nun war es verboten, den Grenzübergang Glienicker Brücke mit dem Fahrzeug zu benutzen. Also ging der findige Strauss zu Fuß über die Brücke auf die West-Seite. Dort hatte er seine ›Quickly‹ unter einer Plane bei der Zoll- bzw. Polizei-Baracke deponiert, von wo er direkt nach Nikolskoe zum Gottesdienst fuhr. Danach ging es wieder zurück nach Klein-Glienicke. Diese absurde Wegeführung fand allerdings am 13. August 1961 ihr jähes Ende.

Grenze durch die Parochie

Mit dem Mauerbau riegelt die DDR die Grenze zu West-Berlin hermetisch ab. Pfarrer Strauss erlebte selbst, wie an der *Heilandskirche* der Stacheldrahtzaun gebaut wurde. »Der 13. August verpasste der Kirchengemeinde Neubabelsberg einen Schnitt mitten in ihr Herz, denn die Grenze ging mitten durch die Parochie«, erinnert sich Joachim Strauss.

Zwischen dem 13. August und dem 24. Dezember 1961 wurde die *Heilandskirche* zum Kuriosum des Kalten Krieges. Die Kirche im Sperrgebiet konnte in diesen wenigen Monaten nur über einen schmalen Pfad im Grenzstreifen betreten werden. Zweimal im Monat durften die Gemeindeglieder, bewacht von Grenzsoldaten, noch in ihr Gotteshaus.

Ein letztes Mal durfte die Gemeinde am Heiligen Abend in die *Heilandskirche*. Pfarrer Strauss predigte zum Weihnachtsgottesdienst 1961, der vielen alten Sacrowern als sehr berührend in Erinnerung blieb.

Die *Heilandskirche* war danach unerreichbar für die Gemeinde, abgeriegelt in der verbotenen Zone des Grenzstreifens. Gottesdienst in Sacrow wurde von nun an einmal im Monat in der kleinen Kapelle auf dem Friedhof abgehalten.

Vandalismus in der Kirche

West- oder Ost-Vandalen?

Wenige Tage später – im Januar 1962 – bekommt der Pfarrer einen mysteriösen Anruf eines Grenzoffiziers. »Die Kirche ist durch Vandalismus von West-Bürgern im Inneren zerstört und nicht mehr benutzbar«, wird ihm gesagt. Strauss erwiderte: »Sie müssten doch eigentlich ihr ganzes Kommando einsperren, die müssen doch im Tiefschlaf gelegen haben, als das passierte.«

Die Grenztruppen der DDR bewachten die Kirche hinter der Mauer seit dem 13. August. Soldaten mit Ferngläsern lungerten beobachtend auf dem Campanile herum. Wie sollte es da ›West-Vandalen‹ gelungen sein, ungehindert in die Kirche einzudringen und darin alles kurz und klein zu schlagen? Das Schloss zur abgeriegelten Kirche war nicht aufgebrochen. Nur die Grenzer hatten einen Schlüssel. Wer sollte es also gewesen sein? Das Ziel jedenfalls war erreicht. Hier konnte kein Gottesdienst mehr stattfinden. Pfarrer Strauss durfte seine zerstörte Kirche zunächst nicht mal betreten. Doch er ließ nicht locker. »1964 habe ich dann endlich die Erlaubnis bekommen, für eine Stunde in die Kirche reinzugehen. Unter Begleitung der Grenzsoldaten. Und dieser Eindruck war erschütternd. Die Kirche war nicht mehr benutzbar. Es war nur mit äußerster Brachialgewalt möglich – das Gestühl der Kirche war zertrümmert, der Altar kaputt, das Lesepult zerschlagen. Und es waren auch die Fenster zum Teil kaputt. Nie hätte ich einen derartigen Vandalismus in unserem Kulturkreis für möglich gehalten«, erinnert sich Joachim Strauss.

Grenzaufklärer Manfred Michaelis

Die Heilandskirche – vorläufig gesichert

Kirche im Niemandsland

Nach dem Mauerbau war die *Heilandskirche* für die Sacrower genauso wie für die Potsdamer unerreichbar und unsichtbar zugleich. Für die West-Berliner aber war der Persius-Bau vor den Grenzanlagen gut sichbar, doch juristisch gesehen auf DDR-Gebiet stehend und damit auch für sie unerreichbar. Nicht alle hielten sich daran.
»An der *Heilandskirche* sind viele Bürger von West-Berlin mit Booten gelandet. Unsere Aufgabe war die Sicherung – gemeinsam mit den Booten der Grenztruppen und der Wasserschutzpolizei der DDR. Es ging darum, die Westberliner Bürger, die an die Ufer gingen, aufzubringen, zu überprüfen und zu kontrollieren. Und wenn sie nicht Folge geleistet haben, wurden sie auch festgenommen. Auch ein Schlagerstar aus dem Westen ist einmal betrunken im Boot schlafend in Begleitung von zwei Damen von uns aufgegriffen worden«, erinnert sich der ehemalige Grenzaufklärer Manfred Michaelis. »Die West-Berliner Bürger wussten kaum, wo die Grenze ist. Die dachten die Grenze ist die Mauer. Aber das stimmte nicht, sie verlief hier in der Mitte der Havel, gekennzeichnet mit Bojen.«

Michaelis war von 1968 bis 1990 Grenzaufklärer. Zuletzt im Rang eines Majors. Häufig waren die Grenzaufklärer direkt dem MfS unterstellt. Ihre Aufgabe war, entlang der Grenze ›feindliche Aktivitäten‹ zu beobachten. Dabei sollten sie dem Gegner nicht ihr Gesicht zeigen. Nur die Grenzaufklärer durften ›hinter‹ der Mauer agieren. Auch die *Heilandskirche* stand auf DDR-

Die abgeriegelte Kirche

Territorium hinter der Mauer. Für die Sicherheit und Ordnung dort war Manfred Michaelis mit seinen Leuten zuständig.

Die abgeriegelte Kirche war nicht nur für West-Berliner Abenteurer interessant. Auch die Grenzer selbst richteten sich in der Stille des Ortes ein. Michaelis berichtet über einen Vorgesetzten, der seinem Hobby direkt an der Grenze zwischen Sozialismus und Kapitalismus frönte. »Um die Kirche herum ist ein hervorragendes Fischgebiet zum Angeln. Ein Generalmajor der Grenztruppen hat hier öfter nachts geangelt. Ich war verantwortlich für die Stellung der Leiter. Der General und wir sind dann über die Mauer gestiegen und der Kraftfahrer wurde beauftragt, Regenwürmer zu suchen, was er dann zähneknirschend auch gemacht hat. Wir haben dann gewartet, bis die Angelei vorbei war und der General wieder zurück wollte.«

Spione in Badehosen

Die Perspektive vom Westen auf Sacrow während der Zeit der deutschen Teilung war ernüchternd: Hundelaufanlagen, Streckmetallzäune, der Kolonnenweg und die mit einer Röhre bewehrte Betonmauer – alles direkt hinter dem denkmalgeschützten Persius-Bau.
Die Grenzanlagen zogen sich am gesamten Sacrower Park, dem Meedehorn und den Wassergrundstücken des Ortes an der Sacrower Lanke fast bis nach Kladow hin. Ganz unbeeindruckt von Grenze, Mauer und Schießbefehl tummeln sich West-Berliner Erholungssuchende auch an

West-Spione?

den kleinen Stränden genau gegenüber der *Heilandskirche*. Die Grenzer und das MfS wittern darunter Agenten in Badehose. Der Klassenfeind war für sie immer in Sichtweite. Konnte es nicht sein, dass dort drüben getarnte West-Spione das Grenzsystem erkunden wollten?

Die Paranoia von Horch & Guck: Wer selbst spioniert hat wohl Angst, selbst Opfer von Spionage zu werden. In einer ›Geheimen Verschlusssache‹ wird – auch mit Fotos – gewarnt:

»Seit dem 13.06.1970 befinden sich auftragsgemäß bezahlte feindliche Kräfte zur Erkundung des Festland-Grenzgebietes Sacrow/Meedehorn und der in diesem Bereich vorhandenen Grenzsicherungsmaßnahmen der DDR im Bereich Wannsee-Krughorn. (…)
Getarnt als Badegäste, Urlauber, Wassersportler und ausgerüstet mit optischer Technik erfolgt die zielgerichtete Beobachtung und Auskundschaftung der Sicherungssysteme des Grenzgebietes Sacrow. (…)
Eine männliche Person, Alter ca. 35 Jahre, blondes, welliges Haar, bekleidet mit weißer Badehose beobachtet fortlaufend mit Doppelglas die Staatsgrenze in Richtung *Heilandskirche*.
(…)
17.00 Uhr: Person bewegte sich auf die Westseite Krughorn, wo er einen Liegestuhl hinter dem Hang im Gebüsch stehen hatte.
Es konnte nur der Strohhut gesehen werden.«

BStU-Nr. 11

Bild 11: Blick auf die Nordfassade der Kirche von Sacrow aus, im Vordergrund die Grenzsicherungsanlagen mit dem zu Beginn der Baumaßnahmen eingesetzten Tor, gegenwärtiger Zustand

BStU-Nr. 12

Bild 12: Blick von Südwesten auf den eingerüsteten Kirchbau, im Vordergrund der vor der Westfassade angeordnete, von einer Brüstungsmauer eingefaßte, rechteckige Vorplatz, gegenwärtiger Zustand (Haupteingang siehe Pfeil)

BStU-Nr. 5

Bild 5: Blick vom Turm aus auf die stark beschädigte Wellblechdachabdeckung in Richtung Süd-Ost (Berlin-West)

BStU-Nr 6

Bild 6 bis 10: Innenaufnahmen vor Beginn der Baumaßnahmen

Alles Spione, oder was? Der Klassenfeind beobachtet tatsächlich – nämlich den Verfall der *Heilandskirche* vor der Mauer. Besonders die Schäden am Dach sind vom Westen aus zu sehen. Auf Ausflugsdampfern wird den Umgang der DDR mit dem Denkmal thematisiert. Immer wieder mahnt Joachim Strauss, der alte Pfarrer der *Heilandskirche*, den Verfall des Baudenkmals aufzuhalten.

Ein deutscher Dachschaden

Das Dach der Kirche war im Krieg durch eine Luftmine beschädigt worden. Nach 1945 begann man den Schaden zu reparieren, doch hat der Dachdecker nur zwei Drittel dicht gemacht, sich dann aber über das Wasser nach West-Berlin abgesetzt, kolportiert der *Tagesspiegel* in seiner Ausgabe vom 20.5.1982.
In seinen Memoiren schreibt Pfarrer Strauss, dass die Gemeinde nach Kriegsende begonnen hatte, die Schäden der Minenexplosion zu beseitigen, aber der 13. August die Fortführung der Arbeiten abrupt beendete. »So klaffte weiterhin ein etwa drei Meter breites Loch im Dach, eine Schwachstelle, an der fortan Wind und Wetter ihr freies Spiel übten und damit den Verfall des Bauwerkes massiv vorangetrieben hatten. Im Laufe der Jahre wurden die Schäden immer offensichtlicher.«

Dokumentation der Bauschäden

In einem Gutachten wird festgestellt, dass Nassfäule, Hausschwamm und Insektenbefall der Dachkonstruktion und der hölzernen Innenausstattung das Gebäude bedrohen.

Am 14.1.1975 beklagt Pfarrer Joachim Strauss in einem Schreiben an den für den Grenzbereich zuständigen Stadtrat Müller den schlimmen Zustand der Sacrower *Heilandskirche*. Sein Brief war der Beginn einer weit über zehn Jahre dauernden Diskussion über Abriss oder Sanierung des Gotteshauses. Strauss schrieb, dass er den Zustand der Kirche im verbotenen Grenzgebiet von Fotos kenne, welche Freunde – sie mussten aus dem Westen sein – ihm zukommen ließen:

> Da sich auf diesem Foto alarmierende Verfallserscheinungen zeigen – bereits über die Hälfte des Daches abgehoben ist, eine Birke herauswächst und auch das Dach über der Apsis (mit dem wunderbaren Mosaik, das sie auf den Weihnachtsfotos sehen konnten) in Mitleidenschaft gezogen ist, wodurch das Mosaik unmittelbar gefährdet ist und schließlich das Dach über dem Rundgang beschädigt ist – meine ich, Ihnen diese Übersendung schuldig zu sein. Herr Oberst Hirtenreiter in Groß-Glienicke teilte mir übrigens auch mit, daß die NVA die Auflage erhalten hatte, die Erhaltung dieser Kirche zu ermöglichen. Vielleicht ist Ihnen hiermit eine Handhabe für eine gewisse Vordringlichkeit in der Behandlung dieser Frage ermöglicht.

In einem Schreiben des Rates der Stadt Potsdam/Ref. Kirchenfragen an die Bezirksleitung der SED Potsdam zur Eingabe des Pfarrers Strauss in Sachen *Heilandskirche* wird am 14.7.1980 ausgeführt, dass man durchaus Maßnahmen zu einer Sanierung der Kirche im Sperrgebiet

Todesstreifen vor der Heilandskirche

vornehmen wollte, dies aber bis heute an fehlenden Geldern gescheitert sei: »Es kam nicht zu den geplanten Arbeiten, da es wegen der Probleme in der Bausituation in Potsdam nicht möglich war, die Zimmererarbeiten durch die *PGH Herbert Ritter* durchführen zu lassen. Diese Kapazitäten wurden zugunsten der Fertigstellung des Restaurant *Minsk* umgelagert. Dies hatte zur Folge, daß keinerlei Arbeiten an der *Heilandskirche* durchgeführt werden konnten. Auch in den kommenden Jahren war es nicht möglich, mit den im Bereich Inneres zur Verfügung stehenden 50 TM Aktivitäten zur Werterhaltung der *Heilandskirche* einzuleiten.«

Forderung: Abriss

Auch ein Jahr später bessert sich die Lage nicht. Im Gegenteil, sie wird bedrohlicher für den weiter verfallenden Persius-Bau. Bei den Organen redet man schon von »Kirchenruine« und fordert deren »Abriss«. In einem Aktenvermerk über eine Beratung beim Rat der Stadt/Bereich Inneres (v. 07.08.1981) unter Beteiligung von Vertretern der Grenztruppen und des MfS wird protokolliert:

> Ein Vertreter des Grenzkommandos Mitte äußert sich dahingehend, das Gebäude für den Abriss vorzubereiten. (...) Der Genosse der BV (Bezirksverwaltung /Anm. d. Verf.) des MfS ergänzte dahingehend die Aussagen, daß zu prüfen wäre, ob der Abriss nicht durchgesetzt werden kann, um später wiederkehrende Baumaßnahmen grundsätzlich auszuschließen.

Ein drastischer Vorschlag, der an anderer Stelle durchaus Realität wurde. So wurde im Januar 1985 die im Grenzgebiet liegende Versöhnungskirche in der Bernauer Straße in Berlin gesprengt.

Am 20.8.1981 berichtet Stadtrat Müller der SED-Bezirksleitung von der rigorosen Einschätzung der Grenztruppen beim letzten Treffen: »In dieser Beratung haben sich die Vertreter der Grenztruppen und des Sicherheitsorgans energisch dazu ausgesprochen, nach Möglichkeit den Abriss dieser Ruine durchzuführen. Damit sind weitere Überprüfungen erforderlich, vor allem, ob eine Herausnahme aus der Denkmalliste möglich und angebracht ist. (...)
Aus Sicht der Bereitstellung notwendiger Baukapazitäten gab es beim Rat der Stadt die Vorstellung, für 1983 Anlauf zu nehmen, alle Vorraussetzung zur Baudurchführung zu schaffen. Auf Grund der exponierten Lage dieses Objektes kann jedoch nichts passieren, wenn nicht die Grenztruppen und die Sicherheitsorgane mitwirken.«

Joachim Strauss nervt weiter die Organe mit Eingaben, doch alle Bemühungen des alten Pfarrers verfingen sich in den Mängeln der Planwirtschaft und im politisch-bürokratischen Gestrüpp.

»Exponierte Lage«

Die West Perspektive

Vom Westen aus, besonders von der Landzunge Krughorn, erschien die verlassene Geisterkirche fast unwirklich nah und gleichzeitig mitleiderregend. Aus 200 Meter Entfernung sah man den traurigen Zustand der von der DDR dem Verfall überlassen, vergessenen Denkmalschönheit, die von vergangenen Zeiten zeugte.

Richard von Weizsäcker, damals Regierende Bürgermeister von West-Berlin, kannte den Anblick gut von vielen Spaziergängen an der Havel: »Die Sacrower Kirche steht an einem landschaftlich derartig exponierten Platz, dass niemand aus West-Berlin an der Havel vorbeigehen konnte, ohne voller Staunen und Sehnsucht hinüberzublicken. Die *Heilandskirche* stand da ungenutzt, allmählich verfallend. Wir wussten nicht, wie das Gemeindeleben in Sacrow selbst aussah, es lag im Sperrgebiet. Zugleich ging es uns in der exponierten Lage Berlins darum, dem normalen Empfinden der Menschen in dieser geteilten Stadt gewisse Brücken zu bauen.«

In der ersten Hälfte der 1980er Jahre startet in West-Berlin eine Initiative zur Erhaltung des für die gesamte Landschaft so prägenden Kirchenbaus von Persius. Von Weizsäcker selbst führte langwierige Verhandlungen mit kirchlichen Einrichtungen und zuständigen Regierungsstellen der DDR. Die Spendengelder – eine Million D-Mark – sollten vom Senat und der *Stiftung Tagesspiegel* kommen und Ost-Berlin für die Sanierung des Gotteshauses bereitgestellt werden.

Alexander Schalck-Golodkowski

»West-Sanierung der Heilandskirche«

Westgeld

Franz Karl Maier, der Herausgeber des *Tagesspiegel*, und Richard von Weizsäcker treiben die Initiative zur Sanierung der maroden Kirche an der Havelbucht voran. »Wir mussten ja das Geld auf einem staatlichen Weg überweisen und dann der Gemeinde zukommen lassen. Solche Transaktionen wurden in der DDR durch den Vertreter des Bundes der Evangelischen Kirchen abgewickelt, nämlich durch Manfred Stolpe. Stolpe hatte natürlich Freude an dieser Transaktion, musste sie sich aber genehmigen lassen oder sie durchschleusen«, sagte von Weizsäcker 2007 in einem Interview.

»Ich musste sondieren, ob das geht. Mir war völlig klar, das würde ein Außenhandelsprojekt. Das hieß: die D-Mark war eine Erleichterung. Und dazu kam, man muss im Innern bei den politischen Stellen die Zustimmung haben. Bei einer Kirche im Grenzgebiet«, erinnert sich Manfred Stolpe, der damals Konsistorialpräsident der Ostregion der Evangelischen Kirche Berlin-Brandenburg war.

Erster Ansprechpartner war Alexander Schalck-Golodkowski. Der geheimnisumwitterte Devisenbeschaffer der DDR leitete die Abteilung Kommerzielle Koordinierung. Für ihn war die Westmillion ein verlockendes Geschäft. Am 16. Juni 1983 informiert Schalck das Politbüro-Mitglied Günter Mittag über die Bereitschaft des West-Berliner Senates, für die Restaurierung der Fassade der *Heilandskirche* im Grenzgebiet 1 Million DM bereitzustellen. Dieser im Ori-

Manfred Stolpe, Richard von Weizsäcker gemeinsam in Brandenburg

ginal-Brief ganze dreizehn Zeilen lange Satz schafft es, sechs DDR-Institutionen aufzuzählen, die mit dem Vorhaben »West-Sanierung der *Heilandskirche*« zu tun haben:

> Es wird ausschließlich eine Wiederherstellung der Fassade gewünscht, an einer Nutzung der Kirche besteht kein Interesse.
> Da der Standort der Kirche im Grenzbereich am Wasser (zwischen letztem Sicherungszaun und tatsächlichem Verlauf der Grenze) liegt, schlage ich vor, in Zusammenarbeit mit dem Ministerium für Bauwesen, dem Staatssekretariat für Kirchenfragen, dem Ministerium für Staatssicherheit, dem Ministerium für Nationale Verteidigung und dem Rat des Bezirkes Potsdam die Möglichkeit der Durchführung von Bauarbeiten zur Wiederherstellung der Fassade der *Heilandskirche* konkret zu prüfen und eine Vorlage für die Arbeitsgruppe des Politbüros auszuarbeiten.
> Bitte um Zustimmung.
> Mit kommunistischem Gruß
> Alexander Schalck

Widerstände

Dass Manfred Stolpes Sondierungsarbeit bei den staatlichen Institutionen in der DDR eine extrem schwierige, nur mit äußerstem Fingerspitzengefühl zu bewältigende Aufgabe war, ist leicht nachzuvollziehen. Doch es gab auch unerwarteten Widerstand aus dem Bereich der Kirche. »Die eigentlich spannende Frage wurde kirchenintern, also bei der Kirchenleitung gestellt:

›Wollen wir das? Wollen wir das da im Grenzbereich eine Kirche saniert wird, an die keiner rankommt?‹ Die Mehrheit war der Meinung, dass wir da wir kein Geld hinlotsen können. Wir haben so viele bauliche Probleme mit unseren Kirchen im Lande.«

Das Kirchenamt stellt Bedingungen für eine Zustimmung zur Sanierung. Man will zumindest Ostern und Weihnachten wieder rein. In einem Schreiben vom August 1983 heißt es:

> Gemeinde und Kirchenkreis haben nicht das geringste Interesse an einer Restaurierung der Kirche, wenn diese nicht genutzt werden kann. Es besteht in kirchlichen Kreisen eine breite Missstimmung gegen Potemkinsche Dörfer.

Was nun? Die Gelder aus dem Westen stehen bereit. Stolpe besucht den Gemeindekirchenrat der Potsdamer Pfingstkirche, zu der die *Heilandskirche* seit 1977 gehört: »Ich war sehr überrascht, dass die Stimmung ganz positiv war. Und einer, da erinnere ich mich noch heute daran, der sagte: ›Der Tag wird kommen, wo wir die Kirche wieder nutzen. Und wir sind verpflichtet jede Chance zu ergreifen, sie zu erhalten.‹ Das haben wir dann brühwarm der Kirchenleitung erzählt und dann haben die gesagt, gut, dann sehen sie zu, was sie daraus machen können.«

Doch die wohl größte politische Hürde in den Verhandlungen musste Stolpe noch überwinden. »Die Politik war zwar erstaunlich offen dabei. Aber die Organe an der Grenze, die Kommandeure, die waren gar nicht begeistert davon. Die haben lange diskutiert darüber, das wäre eine Störung ihrer Arbeit und eine Gefährdung der Sicherheit der Grenze, wenn da Bauarbeiter rumlaufen würden. Klar, ein Bau im Grenzstreifen – außerhalb der Mauer, das war absolut neu. Da wusste man nicht, was das wird. Ich hatte auch Zweifel«, sagt Stolpe.

Die Grenztruppen stellen Bedingungen für die Zustimmung: Sie fordern, dass Material und Arbeitskräfte nicht über Land, sondern über das Wasser zur Baustelle transportiert werden. Und: die Handwerker müssen überprüft linientreu sein. Hans Kahle bekommt 1984 einen Anruf von einem Grenzoffizier. Sein Privatbetrieb soll das marode Dach der *Heilandskirche* dicht machen. Kahle ist ein in Potsdam bekannter Kunsthandwerker und Spezialist für Metalldächer. Es kommt zur bedrohlichsten Baubesprechung seines Lebens. »Wir waren am Schlagbaum in Sacrow verabredet. Dort wartete ein LKW mit zwei Grenzern auf mich. Und jeder hatte eine Maschinenpistole. Ich wurde auf den LKW verladen und dann ging es los. Wir fuhren durch den Park zur Kirche. Immer auf dem Todesstreifen entlang, bis wir an der *Heilandskirche* waren. Da stellten die Grenzer eine Leiter an die Mauer. Einer kletterte hoch, nahm eine weitere Leiter in Empfang und steckte die zur anderen Seite runter, kletterte dann selbst runter und empfing mich dann auf der anderen Seite mit vorgehaltener MP«, erinnert sich Hans Kahle. Er kam damals auch in die Kirche rein. Modergeruch und Verfall in dem verwahrlosten Denkmal schockieren den Handwerker. »Das war schlimm. Der ganze Dachstuhl hing nach innen durch – ein trauriges Bild. Es war ein riesengroßes Loch im Dach. Man konnte praktisch von Innen in den Himmel gucken.«

Kahle geht davon aus, den Auftrag zur Dachsanierung zu bekommen. Doch kurze Zeit später kommt die unerwartete Absage von den Grenztruppen. »Wir haben den Auftrag wahrscheinlich nicht gekriegt, weil wir keine Reisekader waren. Weder ich noch meine Leute. Reisekader waren ja in der DDR kontrollierte Leute, und wenn die in West-Berlin schon gearbeitet hatten, dann hatten die sozusagen freie Fahrt. Und das konnten wir nicht bieten.«

Der Campanile als Horch & Guck-Posten

Wie soll es mit der Kirche weitergehen? Eine klare Entscheidung gibt es immer noch nicht. Aber 1984 erinnert sich die Stasi wohl an die erste deutsche Funkverbindung von hier. Der Turm soll nun als Horchposten gen Westen genutzt werden. Im Juli 1984 unterzeichnet MfS Generalmajor Männchen die geheime Anordnung dazu.

> In Abwägung aller Umstände schlage ich Ihnen folgende Entscheidungsvariante vor:
> 1. Ihrem Vorschlag, den Turm als Antennenträger für einen zeitweilig zu errichtenden operativ-technischen Stützpunkt zu nutzen, wird entsprochen.
> 2. Zwischen dem Turm und dem an den Kontrollstreifen angrenzenden Objekt der Zollverwaltung (Hundeausbildungsobjekt auf dem Gelände des historischen Parks in Sacrow, direkt neben der *Heilandskirche*; Anm. d. Verf.) wird eine Kabelverbindung geschaffen.
> Diese Verbindung, bestehend aus drei Koaxialkabeln und einem Steuerkabel, endet im Turm auf einem Verteilerkasten, der so gestaltet ist, dass er als Elektroenergie-Verteilung für jedermann erkennbar ist. Die andere Seite endet im Zollobjekt auf einer analogen Verteilung, die im Freien an einem Mast oder Schutzgehäuse angebracht ist.
> Im Bedarfsfalle erfolgt im Turm die zeitweilige Unterbringung von Antennen.
> (...) Die Realisierung der praktischen Maßnahmen sollten terminlich mit der Rekonstruktion des gesamten Bauwerkes korrespondieren, so dass sich die operative Maßnahme als normale Aktivität in das gesamte Baugeschehen einordnet.

Der Horch & Guck-Campanile wurde wohl nie Realität, aber es gibt dazu eine Skizze des MfS. Darauf ist neben dem Turm schon gar keine Kirche mehr zu sehen.

Ende 1984 fällt dann die Entscheidung: Sanierung statt Abriss. Die Grenztruppen aber haben weiter Sicherheitsbedenken. Zumal der Zugang zur Kirchen-Baustelle doch nur über Land – durch den Todesstreifen – möglich ist. Ein Tor muss extra in die Mauer eingebaut werden. Bis ins kleinste Detail planen die Bewacher den täglichen Sicherheitsablauf, damit nicht der Supergau passiert: Die Flucht von Arbeitern in den Westen.

Die Baustelle hinter der Mauer

Bauarbeiten unmittelbar am oder im Grenzstreifen lösten bei den verantwortlichen Offizieren der Grenztruppen grundsätzlich eine von Panik getriebene Absicherungswut mit seitenlanger Befehlsanordnung aus.

An der *Heilandskirche* war die Situation besonders kritisch: Zivile Handwerker von einem Potsdamer Baubetrieb sollten zum Einsatz kommen. Hinter dem Grenzzaun – also fast schon im Westen. Zur Absicherung gegen Fluchten mussten extra Streifenpatrouillen zu Fuß, mit Krad und mit Diensthunden eingesetzt werden. Das Boot des Grenzregimentes 44 lag ständig vor dem Bauplatz, ›zur wasserseitigen Sicherung‹. Geregelt werden musste auch die tägliche Zu- und Abfahrt der Arbeiter durch den Todesstreifen, die Verpflegung der Grenzposten, die Kontrolle über alle stromerzeugenden Aggregate, die Genehmigung der Aufstellung eines Bauwagens und einer Trockentoilette und für den Lagerplatz von Baumaterial und die Abfahrt von Schutt. Überwacht werden musste auch, ob nach Abschluss der Arbeiten Leitern angeschlossen waren, wie es vorgeschrieben war.

»Die Arbeitskräfte, die hier eingesetzt waren, wurden in ihrem Betrieb vorgeschlagen und überprüft. Ihr ganzes Umfeld, West-Verwandtschaft und dergleichen mehr. Genommen wurden dann in der Regel die Reisekader«, erklärt Grenzaufklärer Manfred Michaelis. Doch nicht nur auf die Arbeiter musste aufgepasst werden. »Die eingesetzten Sicherungsposten wurden ständig gewechselt, damit es untereinander keine Kumpeleien gibt. Es könnte ja der andere eingeschläfert werden in seiner Aufmerksamkeit – und ich könnte als Posten den Schritt wagen, die Baustelle und damit die Republik in die falsche Richtung zu verlassen. Deswegen wurde der Einsatz der Soldaten der Grenzkompanie immer gewechselt. Das größte Problem für uns war das Personal zusammenzustellen. Prinzip war, Soldaten auszuwählen, die eine materielle Bindung hatten. Also ein Auto, die Familie zu Hause, möglichst noch ein Haus, so dass es lebenswert und liebenswert ist hierzubleiben und nicht abzuhauen.«

Major Michaelis war der Chef der Bewachertruppe. Von der Baustelle sind es nur gute 200 Meter über das Wasser in den Westen. »Als wir hier die Sicherung übernommen haben, da waren Grenzaufklärer dabei, die auch als Kampfschwimmer ausgebildet waren. Und somit hätten wir auch, wenn einer republikflüchtig geworden wäre, den aus dem Wasser holen können.«

Zudem wurden die Bauarbeiten nicht nur vom Westen bezahlt, sie konnten auch von dort eingesehen werden. »Vom Grenzregiment 44 und von der Wasserschutzpolizei sind auch die Boote hier an der Baustelle entlang gefahren. Aber die haben sich meistens im Hintergrund gehalten, denn es ging ja auch darum, dass nicht so auffällig gezeigt werden sollte, dass aufgepasst wurde, dass keiner abhaut. Damit es nicht so aussieht, dass man auf die eigenen Leute aufpasst«, erklärt Michaelis.

Isfried Würzberger und Jochen Bandur arbeiteten damals für den VEB Stadtbau Potsdam, der den Auftrag zur Sanierung der Außenhülle der Kirche bekommt. Bandur war in einer Maurerbrigade, die 1984 zu den allerersten Arbeitern auf der Baustelle gehört. »Man hat nichts gesehen von der Kirche. Außer den Turm, der hat oben rausgeguckt. Hier war alles hoch mit Bäumen bewachsen. Zu Anfang haben wir also erst mal gerodet«, erklärt Bandur.

Isfried Würzberger war damals Gerüstbauer. »Arbeitsbeginn war halb sieben. Wir waren also ca. sechs Uhr da mit dem Bus. Vor dem Ort Sacrow war ja auch schon eine Mauer, und da war ein Pförtnerhäuschen mit Schlagbaum. Dort mussten wir die Ausweise zur Kontrolle abgegeben. Wir warteten dann auf die Grenztruppen, die uns zu unserem Bauwagen begleiteten, wo wir uns umgezogen haben. Zur Baustelle sind wir gelaufen und zu jeder Pause mussten wir das Objekt verlassen. Immer hin und her und immer in Begleitung durch den Todesstreifen. So einen Todesstreifen habe ich vorher noch nie gesehen. Wir wurden darauf hingewiesen, dass wir diesen schmalen, ca. drei Meter breiten Asphaltweg nicht verlassen dürfen nach rechts oder links, sondern nur darauf laufen, weil es sonst lebensgefährlich ist.«

Die wohl bestbewachte Baustelle Deutschlands im Jahr 1985 funktioniert nach ganz eigenen Regeln. Auch für die Bauleitung eine außergewöhnliche Situation. Günther Köpping war im

Auftrag des Landesdenkmalamtes auf der Baustelle im Niemandsland: »Das war eine unvorstellbare Situation. Mitten durch Europa geht so ein eiserner Vorhang. Und diese Kulturlandschaft, die sich rüber zieht auf die andere Seite nach Berlin und nach Potsdam, die ist vollkommen zerschnitten gewesen und wir standen fassungslos vor diesen Grenzsicherungen.«

Helga Liebenau war im Auftrag der Außenhandelsfirma Limex vor Ort, die offizieller Auftraggeber für die Sanierung war. »Wenn man bei den Baubesprechungen im Säulengang der Kirche stand und den freien Blick aufs Wasser hatte, dann kamen immer die Ausflugsdampfer aus West-Berlin hier vorbei gefahren. Und jedes Mal kam dann die Ansage über Lautsprecher: ›Und hier sehen sie die Sacrower *Heilandskirche* in ihrem schlechten baulichen Zustand. Es ist untragbar, dass man ein historisches Denkmal so verfallen lässt.‹ Dann habe ich hier gestanden und mir war das immer ungemein peinlich als DDR-Bürgerin, dass die Kirche in einem so desolaten Zustand war«, erinnert sie sich. »Und es war absolut schockierend für mich, als ich zum ersten Mal die Kirche betreten habe, da drin war ja alles regelrecht mutwillig zerstört – das ganze Interieur. Das war bedrückend.«

Für die Architekten, Bauingenieure und Denkmalpfleger war die Sanierung der Außenhülle der *Heilandskirche* eine schwierige Aufgabe. Es gab kaum historische Pläne, und die komplizierte Materialsituation erschwerte zudem ihre Arbeit. Günther Köpping erinnert sich: »Wir hatten für eine fachgerechte, denkmalgerechte Sanierung im Grunde viel zu wenige Unterlagen. Es ging also weniger um Denkmalpflege, sondern um reine Bestandssicherung. Dennoch brauchten wir hier ja besonders fähige Handwerker, die z.B. diese Bögen an der Außenwand der Kirche ziehen und diese ganzen besonderen Arbeiten ausführen konnten. Die mussten aber gleichzeitig sicherheitsüberprüft sein. Deshalb konnte der Betrieb nicht jeden herschicken. Es war schwierig für uns von der Bauleitung, beim Betrieb durchzusetzen, dass sie genügend gute Leute hatten, die auch hierher kommen durften«, erklärt der Denkmalpfleger.

»Wir hatten aber den klaren Auftrag, eine schöne Außenansicht der Kirche zu schaffen. Denn das Geld kam aus dem Westen – und die Wessis wollten eine schöne Ansicht der Kirche haben. Wir versuchten natürlich trotz der schwierigen Situation, uns Mühe zu geben. Zum Beispiel haben wir die wunderschönen Zierfliesen, die den Baukörper umspannen und von denen viele kaputt waren, bei Hedwig Bollhagen nach dem Original herstellen lassen.«

Eine Million D-Mark aus dem Westen – über welche Kanäle sie wo tatsächlich gelandet ist, wusste keiner von den ausführenden Bauleuten. Helga Liebenau, die im Auftrag von Limex den Bau regelmäßig überwachte, erklärt: »Natürlich haben wir keine D-Mark gesehen. Das ist ja dann wohl alles zwischen der Kirche und dem Ministerium für Außenhandel geflossen. Die Betriebe, die hier gearbeitet haben, wurden in Mark der DDR bezahlt.«

Ende 1985 ist es dann so weit: der Verfall der Außenfassade ist gestoppt. Doch wie soll es nun weitergehen mit der sanierten Kirche vor dem Todesstreifen? Ein Gerücht besagte, sie solle für West-Berliner als *Schifferkirche* geöffnet werden.

Deutsch-deutsche Gerüchteküche

Nie war klar, woher überhaupt die Idee kam, die wiederhergestellte Kirche für West-Berliner Schiffer zu öffnen. Ein weiteres Gerücht bringt sogar Erich Honecker mit ins Spiel. Oberst Bock vom MfS macht im März 1986 die merkwürdige Mutmaßung, die *Heilandskirche* könnte ein ›Mitbringsel‹ des SED-Chefs zum anstehenden Staatsbesuch in der BRD sein, genauso aktenkundig wie das ›Schifferkirchen‹-Gerücht:

> Im Zusammenhang mit der Rekonstruktion der Heilands-Kirche in Potsdam Sacrow wurde u. a. spekulativ geäußert, dass diese durch den Generalsekretär der SED, Genossen Erich Honecker, bei seinem zu erwartenden Besuch in der BRD als Geschenk an die BRD bzw. Westberlin übergeben wird.
> (…) Nicht ausgeschlossen werden auch Möglichkeiten einer Nutzung der Kirche in ihrer ursprünglichen Funktion als ›Schifferkirche‹ und damit verbundene Genehmigungen, Westberliner Booten/Schiffen ein Anlegen am DDR-Ufer zu ermöglichen. Diese Äußerungen können nicht personifiziert werden.

Entgegen dem Gerücht verschenkt Honecker bei seinem Besuch 1987 in Bonn die *Heilandskirche* nicht an den Westen. Und MfS und Grenztruppen lehnten eine Öffnung der Kirche im vordersten Grenzabschnitt strikt ab. Der Persius-Bau bleibt bis zum Fall der Mauer ein Symbol der Deutschen Teilung.

Wahrzeichen der deutschen Teilung

Mit dem 9. November 1989 war abzusehen, dass auch die *Heilandskirche* aus ihrer Isolationshaft des Grenzsystems befreit werden würde. Am 11. November fiel zwar der Schlagbaum zum bis dato abgeriegelten Grenzgebiet Sacrow, doch die *Heilandskirche* blieb noch wochenlang unerreichbar für die Sacrower hinter den Sperranlagen. Die Grenzsoldaten verweigerten den Zugang – sogar dem »Papst«. Erika Schultz aus Sacrow, die bald darauf Kirchenälteste werden sollte, bekam am 15. November einen Anruf von Pfarrer Schalinski von der Potsdamer Pfingstkirchengemeinde, zu der die unerreichbare *Heilandskirche* seit 1977 gehörte. »Pfarrer Schalinski fragte, ob ich mitkommen will mir die *Heilandskirche* anzusehen und Probst Furian vom Konsistorium aus Berlin käme auch mit. Natürlich wollte ich endlich unsere Kirche wieder sehen. Wir kamen also zum Kontrollpunkt Meedehorn und wollten da durch, aber der Grenzer sagte, das gehe nicht. Daraufhin stellte sich Probst Furian vor und sagte: ›Ich bin der Probst der Evangelischen Kirche Berlin-Brandenburg und ich möchte zur *Heilandskirche*.‹ Darauf rief der Grenzer in Groß Glienicke beim Regiment an und sagte, ›der Papst ist hier, der möchte zur Kirche.‹« Doch selbst der vermeintliche Papst darf nicht zum Gotteshaus hinter der Mauer. Die erste Begegnung der Sacrower mit ihrer verlorenen Kirche sollte es erst fast einen Monat später – am 13. Dezember – geben.

Die Heilandskirche vor und während der Maueröffnung

Inzwischen kam ein Vorschlag zum Umgang mit der denkmalgeschützten Kirche, die zu einem Wahrzeichen der deutschen Teilung geworden war. Der West-Berliner Polizeipräsident Georg Schertz regte an, die *Heilandskirche* zu einer Gedenkstätte für alle Opfer der deutschen Teilung zu machen: »Ein Ort, der wie geschaffen wäre, der Opfer, der Toten und des Leids zu gedenken. Aber auch ein Ort, ausersehen für den Dank und die Hoffnung dieser Tage.«

Neues Leben

»Pfarrer Strauss war selbstverständlich dabei. Er war hoch aufgeregt, aber er strahlte vor Glück«, erinnert sich Karl-Heinz Schultz an den 13. Dezember 1989. Diese erste Begegnung der Sacrower mit ihrer weggesperrten Kirche fand noch unter Aufsicht der Grenztruppen statt. Major Michaelis führte in der Kirche die Verhandlungen mit der Gemeinde über die Zustimmung der Grenzer zu einem Weihnachtsgottesdienst.

Der Zustand des Innenraumes war ernüchternd. Wie sollte hier nur elf Tage später Weihnachten gefeiert werden? Die herausgerissenen Holzpanele standen gestapelt herum und der modrige Geruch zeugte von der jahrelangen Verwahrlosung der Kirche. Einzig das Apsisgemälde ›Christus und die vier Evangelisten‹ – ein Fresco im byzantinischen Stil, 1845 von Carl Joseph Begas entworfen – hatte die Wirren der Zeit gut überstanden. Nun ein sehr symbolisches Motiv: Jesus Christus mit dem Buch des Lebens umgeben von den vier Evangelisten. Das Fresco leuchtete fast aus dem sonstigen monochromen Braungrau der kahlen Wände hervor.

Die Kirchenälteste Erika Schulz erinnert sich: »Diese Zeit war so aufregend. Wir hatten ja nur wenige Tage Zeit bis zum 24., wir mussten Schutt beseitigen, putzen und vor allem Stühle besorgen. Das Licht und die Bauheizungsanlage waren Spenden aus dem Westen.« Ihr Mann Karl-Heinz ist Elektriker und sorgte für die Strominstallation. »Er zapfte einfach illegal den Strom von den Beleuchtungsanlagen der Grenze an. Im Grund haben wir da noch die DDR geschädigt.« Erika Schultz hatte 28 Strohsterne für den Weihnachtsbaum gebastelt – »für jedes Jahr Grenzgebiet einen Stern«.

Weihnachten in der Heilandskirche

Heiligabend sind die Glocken der *Heilandskirche* das erste Mal seit 1961 wieder zu hören. So viele Menschen waren hier seit 30 Jahren nicht mehr. Hunderte wollen in die längst überfüllte Kirche. Medien und Prominenz aus Ost und West sind dabei. Auch der Berliner CDU-Chef Diepgen mit seinen Töchtern. Und Manfred Stolpe begleitet den Regierenden Bürgermeister von West-Berlin, Walter Momper. 2017 kommen beide noch einmal nach Sacrow zur *Heilandskirche*. Ihre Erinnerungen an diesen besonderen Tag sind noch sehr lebendig: »Ich habe immer im Senats-Sitzungssaal auf die *Heilandskirche* geguckt. Da war ein Bild, das Matthias Koeppel gemalt hatte. Ein schönes Sommerbild mit Badenden, und hab dann hab ich mir oft gedacht: Mensch, ob Du da wohl mal hinkommst? Und dann hier nun Weihnachten '89. Dass war ein außergewöhnliches Gefühl, dass man praktisch durch den Todesstreifen ging. Der war ja noch geharkt und schneeweiß der Sand. Ich hätte nie gedacht, dass ich da mal durchgehen würde und in diese Kirche kommen würde«, erinnert sich Walter Momper.

Am Heiligen Abend 1989 predigt Pfarrer Joachim Strauss wieder in »seiner« Kirche. »Es war eine starke Veranstaltung und für uns beide ein Glücksmoment«, sagt Manfred Stolpe. Und Walter Momper fügt hinzu: »Ich erinnere mich auch an dieses große Glücksgefühl hier zu sein mit der Familie. Und dann der Gesang – der Gottesdienst. Also, der hat mich richtig aufgerichtet.«

Für Pfarrer Strauss – eigentlich längst im Ruhestand – ist es ein ganz besonderer Gottesdienst. Auf den Tag genau 28 Jahre nach dem letzten hier – Weihnachten 1961. Danach war Schluss.

Selbst sehr berührt, und von seinem Manuskript abweichend, sagte er: »Und das ist auch das Wunder Gottes, dass vor 40 Jahren die DDR gegründet worden ist, mit dem erklärten Ziel, die Kirche zwar zur Zeit noch ertragen zu müssen, aber dafür Sorge zu tragen, dass sie in spätestens vier Jahrzehnten überflüssig geworden ist. Und, meine Lieben … in diesem Überfluss leben wir!«

Nach dem Gottesdienst gingen alle Besucher entgegen der Befürchtungen der Grenztruppen ganz friedlich durch den Grenzstreifen nach Hause. »Du wurdest übermütig – ein Souvenir wolltest Du haben«, erinnert sich Manfred Stolpe. »Ja, das war das Grenzgebietsschild. Das wir dann mit genommen haben, nachher beim Rausgehen. Denn auf dem Wachturm war ja oben niemand«, erwidert Momper. »Jedenfalls haben wir gedacht, wir sollten es für die Nachwelt sichern. Du hattest eine Schraube abgekriegt, die andere hattest Du weggebrochen. Das hängt heute noch bei mir im Treppenhaus.«

Beide ehemaligen Politiker betonen den Symbolwert der Grenzöffnung an der Kirche zwischen den Welten. »Die *Heilandskirche* war eben auch eine Station bei dem Zusammenwachsen. Der 9. November war ganz klar so eine Station. Es gibt viele andere vorher und hinterher auch, aber dieses war für die Berliner glaube ich ein ganz wichtiger Punkt, weil du sahst, es war eben Schluss mit der Grenze«, sagt Momper. Stolpe ergänzt: »Das war eine Bestätigung: die Mauer ist wirklich weg und die Einheit kommt.«

Sanierung

»Als Heiligabend '89 alles vorbei war und alle den einstigen Todesstreifen wieder verlassen hatten, schlossen die Grenzer die Tore wieder und sicherten den Zaun elektrisch«, erinnert sich Erika Schultz. Doch sehr schnell mussten die einstigen Bewacher ihre Position aufgeben – zu groß war der Ansturm. Immer mehr Menschen aus Ost und West pilgerten zur Kirche hinter der Mauer. »Ein Sacrower richtete sogar einen Kutsch-Dienst mit seinen Ponys zur Kirche ein«, sagt Erika Schultz.

Frauen aus der Gemeinde backten Kuchen und verteilten ihn gegen Spenden für die anstehende aufwändige Sanierung der Kirche. Erika Schultz organisierte Benefizkonzerte und Treffen mit der Partnergemeinde aus dem Schwarzwald. Ihre ganze Familie half später mit bei der Wiedergeburt der *Heilandskirche*. »Unser Sohn hat mitgeholfen, die hölzernen Apostel-Figu-

Der Persius-Bau im UNESCO Welterbe

ren aus der Kirche in Paaren-Glien, wo sie ausgelagert waren, abzuholen«, sagt Erika Schultz. »Sie standen dann tagelang bei uns im Wohnzimmer. Weil die Hebebühne nicht kam, mit der sie an ihren angestammten Platz oben an der Kirchenwand transportiert werden sollten. Wir hatten einfach Angst, dass sie geklaut würden, deshalb blieben sie eine Weile bei uns.«

Der Fall der Mauer im November 1989 bedeutete die Rettung für die *Heilandskirche am Port*. Der Architekt Klaus Günther aus West-Berlin war 1990 das erste Mal vor Ort. »Als Denkmalpfleger standen einem die Haare zu Berge, soviel Substanz war vernichtet.«
Er plante von 1992 bis 1997 und dann noch einmal 2014 die Sanierung des denkmalgeschützten Persius-Baus. Eine detektivische Arbeit: »Wir hatten hier anfangs eine Art ›Schatzsucher‹ – ein Verrückter, der uns unglaublich geholfen hat. Der hat an der Bucht neben der Kirche gebuddelt und fand Teile der Orgel und des Altars im Boden. Das hatten wohl die Grenztruppen nach der Vandalen-Aktion 1962 dort vergraben«, sagt Günther.

Die 12 Apostel-Figuren aus Lindenholz waren von Grenzsoldaten schwer beschädigt worden. Einigen wurden die Gesichter abgeschlagen. Eine Bildhauerin übernahm die Wiederherstellung. Seit 2002 stehen sie wieder perfekt restauriert in der Kirche. »Ich hätte sie eher nicht saniert. Die Grenztruppen hatten auf sie wohl auch mit Messern geworfen. Ich hätte sie gerne in diesem Zustand stehen gelassen, einfach um die Spuren dieser Zeit einzufangen«, sagt Architekt Günther.

Die aufwändigen Sanierungsarbeiten, vor allem die Restaurierung des Innenraumes der Kirche, begannen in den 1990er Jahren und wurden 2014 abgeschlossen. Dabei konnten Altar, Pult, Taufbecken und Hochkreuz im Kirchenschiff wieder an ihren alten Plätzen aufgestellt werden. Landesmittel, viele private Spenden und Mittel der evangelischen Kirche flossen in die Instandsetzung der denkmalgeschützten Kirche.

Kirchenleben

Die *Heilandskirche* und der Sacrower Park gehören bereits seit 1992 zum UNESCO Welterbe.

Neben den normalen Gottesdiensten wird heute jedes Wochenende im Sommer in der *Heilandskirche* geheiratet. »Wir haben 50 bis 60 Trauungen und Taufen pro Jahr«, erzählt Küsterin Regina Mollenhauer. »Die Hochzeitspaare kommen aus ganz Deutschland, aber auch aus aller Welt. Es kam schon vor, dass die Braut in New York lebt, ihren Mann auch dort kennengelernt hat, aber hier geheiratet hat. Auch Leute aus London, aus Australien oder aus China hatten wir hier schon. Dann frage ich immer, ›wie kommen Sie denn auf diese Kirche?‹. Die Antwort ist fast immer gleich: ›Es ist so toll hier! Auch der schöne Park und das Wasser rundherum – hier möchten wir heiraten!‹ Es ist scheinbar ›in‹, sich in unserer schönen Kirche an der Havel trauen zu lassen. Der Kirchengemeinderat findet, das sollte eigentlich nicht so im Vordergrund stehen. Es sollte schon ein Bezug zum Ort und zur Gegend da sein, das ist

Die sanierten Apostelfiguren

uns natürlich angenehmer, als wenn man die Kirche nur als Location betrachtet«, erklärt die Kirchendienerin.

Sie steht mit ihrer Arbeit in der Familientradition: »Meine Tante Anna Busse war auch schon Küsterin der *Heilandskirche*. In den 1950er Jahren fing sie unter Pfarrer Strauss an. Nach dem Mauerbau 1961 war ja die Kirche für die Sacrower unerreichbar hinter den Sperranlagen. Als Ersatz wurde dann 14-tägig Sonntags in der kleinen Kapelle auf dem Friedhof eine Andacht abgehalten. Anna Busse ist immer mit einem kleinen Bollerwagen losgezogen, mit den Leuchtern, dem Teppich und den Gesangsbüchern drauf. Das war alles zu Hause bei uns und wurde jedes Mal hingefahren, wenn die Andacht stattfand«, erinnert sich Regina Mollenhauer.

Neben Konzerten, Hochzeiten und Taufen gab es auch eine bedeutende Trauerfeier in der *Heilandskirche*. Der Publizist und Mitherausgeber der *Frankfurter Allgemeinen Zeitung* Frank Schirrmacher lebte seit ein paar Jahren in Sacrow. Nach seinem Tod im Juni 2014 fand in der *Heilandkirche* eine vielbeachtete und von der »A-Liga der deutschen Gesellschaft« (*Märkische Allgemeine Zeitung*) besuchte Trauerfeier statt. So viel Prominenz aus Politik, Medien, Kultur und Wissenschaft hatte das ›Schiff‹ an der Havel noch nicht beherbergt. Es mussten Stuhlreihen im Freien aufgestellt werden. Frank Schirrmacher fand anschließend seine letzte Ruhe auf dem Sacrower Friedhof.

Beliebter Feierort

Der Geschichtsort

Doch die *Heilandskirche* ist nicht nur ein Ort des Glaubens, sondern auch ein Gebäude, das eng mit der jüngsten deutschen Geschichte verbunden ist.

Besonders für Künstler ist die Kirche immer wieder anziehend. Jeder entdeckt den Ort für sich neu. Auch Silvia Klara Breitwieser hat sich jahrelang mit der Kirche auseinandergesetzt. »All diese Fliesen haben es mir angetan, diese Inschriften darauf. Mal eingeritzt, mal mit Filzstift oder Kugelschreiber. Für jeden Denkmalschützer sicherlich das Grauen, aber für mich ist das lebende Geschichte, die da an den Wänden zu lesen ist. Ein lebendes Bilderbuch – ein Geschichtsbuch. Das ist wunderbar«, so die Künstlerin. »Schicksale kann man entdecken – Biografien. Man kann sich Lebensmomente von Menschen vorstellen. Am Campanile, dem freistehenden Turm der Kirche, entdeckte ich, was drei Grenzsoldaten eingeritzt hatten: ›Hier standen wir zu mancher Nacht und niemand hat an uns gedacht.‹ Die Sicherung auch solcher Spuren ist das, was ich Erinnerungsarbeit nenne.«

Ihre fotografische Spurensicherung an der Kirche hat die Künstlerin in unzähligen collageartigen Montagen verarbeitet. Erinnerung an Menschen, die sich jahrzehntelang an der Kirchenwand verewigt haben. Silvia Klara Breitwieser nennt ihren Werkzyklus mit den verfremdeten Fotos der *Heilandskirchen*-Wände ›Vierungen‹

Sacrower Vierungen von Silvia Klara Breitwieser

Lichtachse von Rainer Gottemeier

Anlässlich des 55. Jahrestages des Mauerbaus und der Ausstellung ›Gärtner führen keine Kriege‹ im Schloss Sacrow hat der Künstler Rainer Gottemaier am 13. August 2016 auf dem ovalen Wiesenstück zwischen Uferweg und *Heilandskirche* in unmittelbarer Nähe zum Campanile eine gekrümmte Lichtachse gestellt, die den ehemaligen Verlauf der Grenze als transparenten Lichtvorhang markiert. Seine blau pulsierenden Leuchtstäbe standen genau auf der Linie, auf der hier einst die Berliner Mauer verlief.

»Eine Metapher der Reflektion von Grenzlinie, Sichtachse und wechselvoller Geschichte dieses zauberhaften Ortes. Eine poetische Licht- und Sichtachse als Memento an die Zeit der deutschen Teilung«, erklärt Gottemeier. »WAS HIER JETZT IST; WAS HIER EINST WAR – im Gedenken an die durchtrennten, eingrenzenden Lebens- und Kulturräume.«

Ein
PARADIES?

THOMAS FRIESE (*1967) ist selbständiger Handwerker und lebt in Sacrow mit Blick auf die Pfaueninsel. Er ist einer der wenigen Alt-Sacrower, der in so exponierter Lage wohnt. Seine Familie gilt als eine der ältesten im Ort. Ihr gehörte einst der gesamte Uferstreifen an der Havelbucht.

» Ich entstamme einer Schifferfamilie. Man sagt ja ›Berlin ist aus dem Kahn gebaut‹. Damit haben meine Vorfahren ihr Geld verdient – mit Frachtkähnen brachten sie Ziegel aus den Brennereien im Umland auf dem Wasserweg in die Hauptstadt. Meine Familie mütterlicherseits ist schon sehr lange im Ort ansässig. Ich habe viel recherchiert und rausbekommen, dass sie das erste Mal 1661 im Zusammenhang mit Sacrow erwähnt werden. Sie lebten aber nicht im eigentlichen Ort, das waren damals die Häuser nahe dem Schloss. Als Schiffer hatten sie ihr Haus ganz allein am Wasser. Heute undenkbar, aber meinen Vorfahren gehörte der ganze Uferstreifen an der Sacrower Lanke, der Havelbucht bis zum Hämphorn, wo jetzt die schönsten Villen des Ortes stehen. Das sieht man sehr deutlich auf alten Flurkarten. Das letzte Grundstück – bis auf unseres – hatten sie 1928 verkauft.

Neu eröffnet: Cafe Inselblick

Es waren damals neun Geschwister, viel Geld blieb da leider nicht übrig. Nur eins der neun Geschwister hat seinen Grund nicht verkauft, und das ist das schmale Stück, auf dem ich mit meiner Familie heute lebe.

Fast alles kann Thomas Friese mit Dokumenten und vor allem Fotos belegen. Der 51-jährige sammelt leidenschaftlich Bildmaterial über das Grundstück, das Leben seiner Familie und allgemein über Sacrow. Damit ist er quasi zum Ortschronisten geworden.

Anfang der 1930er Jahre hat meine Familie hier auf unserem Grundstück ein Cafe eröffnet. Die Tante meines Großvaters hatte das Geschäft geführt, aber alle haben mitgearbeitet und viel Herzblut reingesteckt. Auf alten Fotos sieht man, wie schön dieses *Cafe Inselblick* war, mit den Tischen zwischen den Weiden und dem Blick über das Wasser auf das Pfaueninsel-Schloss. Ich habe auf dem Dachboden unseres Hauses eine alte Kiste gefunden, voller Familienfotos, Postkarten, Dokumente und anderen Erinnerungsstücken. Die war da irgendwie eingemottet. Vielleicht auch, weil einige Bilder darin zur DDR-Zeit gefährlich gewesen wären. Zum Beispiel Fotos von 1936, wo anlässlich der Olympischen Spiele am *Cafe Inselblick* die Hakenkreuzfahne hing und uniformierte SA vorbeimarschierte.
Anfangs war viel los, die Leute kamen aus Berlin zur ›Sommerfrische‹, zum Ausflug nach Sacrow. Bei uns konnten sie mit ihren Paddel- oder Segelbooten sogar am Steg anlegen. Der untere Teil des kleinen Grundstücks war der sogenannte Sommergarten. Neben unserem

Cafe Inselblick zu den Olympischen Spielen 1936

Cafe Inselblick gab es noch das *Restaurant zum Sacrower See*, dann das große Ausflugslokal *Dr. Faust* am Fähranleger Sacrow nahe der *Heilandskirche* und einen Kaffee-Ausschank der Familie Busse – auch eine alteingesessene Familie – im alten Dorf am Schloss Sacrow.

Im Februar 1945 starb die Tante meines Großvaters, und meine Großmutter übernahm das Cafe. Großvater war im Krieg – erst 1947 kehrte er heim nach Sacrow. Am 26.4.1945, während der letzten Kampfhandlungen, ist das Wohnhaus durch Granaten getroffen worden und bis auf die Grundmauern abgebrannt. Es musste komplett neu aufgebaut werden. Damit war der Familie das erste Mal die Lebensgrundlage entzogen worden. Nach dem Krieg ging es aber weiter mit dem Cafe. Es kamen auch wieder Gäste aus Berlin und dem Umland. Bis dann auf einmal Knall auf Fall das Ende kam.

> *Auf Anordnung der Gewerbeaufsicht des Rates der Stadt Potsdam musste die Gastwirtschaft geschlossen werden. Zur Begründung hieß es am 16. Februar 1953: »Infolge der Lage Ihrer Gewerberäume ist die Gefahr, dass durch eine Ausnutzung des Gewerbebetriebes von Schiebern, Spekulanten oder Agenten eine Gefährdung der Sicherheit für die Bevölkerung und für Sie selbst eintritt.« Unterschrieben hatte der Potsdamer Oberbürgermeister.*

Eine fadenscheinige, absurde Begründung. Die wollten einfach kein Publikumsverkehr so nah an der Grenze, denn die verlief letztlich direkt am Wasser, ohne dass sie damals schon mar-

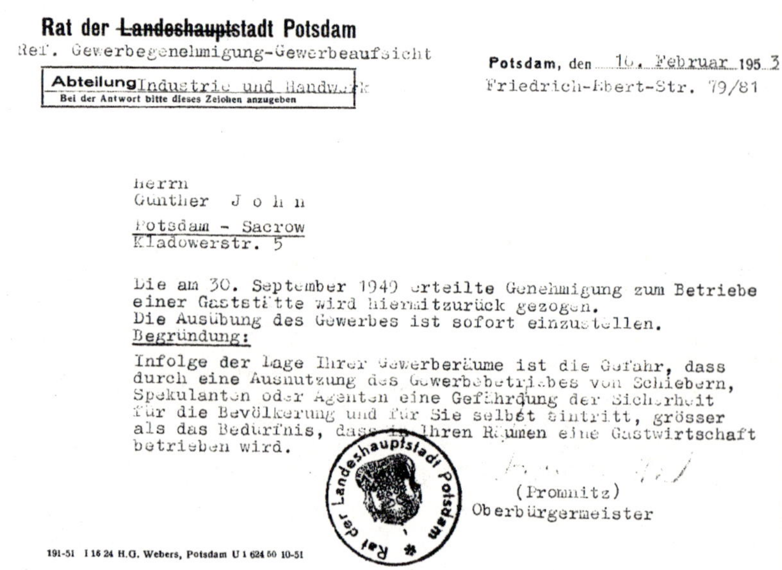

Rat der ~~Landeshaupt~~stadt Potsdam
Ref. Gewerbegenehmigung-Gewerbeaufsicht

Abteilung Industrie und Handwerk
Bei der Antwort bitte dieses Zeichen anzugeben

Potsdam, den 16. Februar 1953
Friedrich-Ebert-Str. 79/81

Herrn
Gunther J o h n
Potsdam - Sacrow
Kladowerstr. 5

Die am 30. September 1949 erteilte Genehmigung zum Betriebe einer Gaststätte wird hiermitzurück gezogen.
Die Ausübung des Gewerbes ist sofort einzustellen.
Begründung:
Infolge der Lage Ihrer Gewerberäume ist die Gefahr, dass durch eine Ausnutzung des Gewerbebetriebes von Schiebern, Spekulanten oder Agenten eine Gefährdung der Sicherheit für die Bevölkerung und für Sie selbst eintritt, grösser als das Bedürfnis, dass in Ihren Räumen eine Gastwirtschaft betrieben wird.

Rat der Landeshauptstadt Potsdam

(Promnitz)
Oberbürgermeister

191-51 I 16 24 H.G. Webers, Potsdam U 1 624 50 10-51

Entzug der Betriebsgenehmigung 1953

kiert oder gar abgesichert war. Das war eine harte Zeit, die meine Großeltern in große wirtschaftliche Schwierigkeiten gebracht hat. Sie hatten kurz vorher Kredite wegen der Beseitigung der Kriegsschäden aufgenommen. Hatten investiert, um das Cafe auszubauen, es größer zu machen. Mit der angeordneten Schließung wurde die Existenz meiner Großeltern zerstört.

Wegen des Mauerbaus wurde der untere, am Wasser gelegene Teil des Grundstücks der Familie enteignet. Das Schreiben der Abteilung Inneres dazu kam aber erst am 29.9.1962: »Bescheid über die Inanspruchnahme eines Grundstücks aufgrund des Paragraphen 10 des Gesetzes vom 20.9.1961 zur Verteidigung der Deutschen Demokratischen Republik. – Verteidigungsgesetz. (…)
Die Inanspruchnahme erfolgt mit Wirkung vom 13.8.1961.«

Sofort wurde begonnen unten am Wasser, im späteren Grenzstreifen, alles platt zu machen. Sie fällten die schönen großen Weiden, um den Grenzstreifen frei zu bekommen, damit sie ungehindert sehen konnten, ob jemand abhaut. Bald stand am Wasser der erste Stacheldrahtzaun und später dann natürlich die Mauer, die wir jahrzehntelang vor der Nase hatten.

Für die Familie war das Ende des Cafes die Katastrophe schlechthin. Leider sind Erzählungen darüber sehr rar. Ich vermute, dass so wenig darüber gesprochen wurde, weil es so schmerzlich war und sie daran fast zerbrochen wären.

Enteignung des Grundstücks 1961

Nach der Schließung mussten die Großeltern sehen, wie sie wieder zu Geld kommen, um den Lebensunterhalt für sich und für meine Mutter zu verdienen und auch, um die alten Kredite abzubezahlen. Das Haus ist nie richtig fertig geworden. Nur einige Zimmer waren nutzbar – der Rest war blanker Rohbau. Erst im Jahr 1995 zahlte meine Großmutter die letzte Rate an die Bank. Sie hatte nach der Schließung 1953 im Altenheim gearbeitet. Und Großvater hat sich ein Zubrot in der Bootswerft Buchholz verdient. Bis 1980, als die Eigentümerin Frau Buchholz gestorben ist, war er dort beschäftigt.

Thomas Frieses Mutter lernte in Sacrow ihren späteren Mann kennen. Nach der Heirat 1963 zogen sie nach Babelsberg, weil es im Haus, das immer noch ein Rohbau war, nicht genügend Wohnraum gab. 1964 wurde sein Bruder geboren, 1966 seine Schwester. In dem Jahr zog die Familie wieder zurück nach Sacrow. Thomas kam 1967 zur Welt.

Wir haben gegenüber der Großeltern auf der anderen Straßenseite gewohnt. Ich wuchs als Kleinkind in Sacrow auf, bis wir 1973 eine Neubauwohnung in Potsdam bekamen. Eine Badewanne und fließend Warmwasser aus der Wand war für uns natürlich ein Traum, aber ich vermisste Sacrow doch sehr. Wenn man auf dem Land groß geworden ist, dann mag man so einen Betonplattenbau nicht wirklich. Am Wochenende ging es also immer raus zu Opa und Oma.

Die Mauer auf dem Friese-Grundstück nach 1961

Diese Wochenenden hier waren das Nonplusultra – das Schönste, was man als Kind erleben konnte. Es hat sich sehr viel am Badestrand, am Sacrower See abgespielt. Morgens gingen wir zum See hinunter, mittags kurz zum Essen, und sind dann erst abends wieder nach Hause gekommen. Für Kinder war das schlichtweg ein Paradies. Viele dachten: ›Oh, Grenzgebiet! Die armen Leute, die da gewohnt haben …‹ Für uns Kinder war die Grenze nicht maßgeblich. Für die Großeltern und andere war das natürlich ein Problem, gerade wenn man vorher zum Wasser runter konnte oder sein Cafe hier geführt hatte, und dann war auf einmal Schluss – das war einschneidend für die Großeltern. Für mich war die Freiheit hier draußen das Größte.

Ich kannte es ja nicht ohne Mauer, und wenn ich bei den Großeltern war, dann war das Grundstück eben 15 Meter vor dem Ufer zu Ende. Da hat der Streckmetallzaun gestanden mit dem Grenzstreifen, dem sogenannten Todesstreifen und der Mauer. Ich bin damit groß geworden und das war für mich normal.

Im Grenzstreifen war der Kolonnenweg für die Posten, wo sie mit ihrem Trabant-Kübel oder den Motorrädern Streife gefahren sind. In den 1980er Jahren haben sie den Grenzstreifen noch mal verbreitert, um darauf mit LKW entlangfahren zu können. Da wurde noch mal was vom Grundstück enteignet. In dem Zusammenhang haben sie auch den Streckmetallzaun, der kurioserweise, wie man heute weiß, aus der Bundesrepublik kam, höher gebaut und einen Signalzaun oben drauf gesetzt. Wie gesagt, als Kind hat mich das alles nicht gestört. Aber aus

heutiger Sicht fällt es mir schwer zu verstehen, wie die Großeltern damit zurechtkommen konnten.

DDR-Familienalltag

Wenn ich am Wochenende hier war, wussten die Grenzer das sehr bald, weil sie mich dann meist oben auf der Birke in unserem Garten sahen. Da saß ich auf einem Ast und guckte aufs Wasser zur Pfaueninsel über den zum Greifen nahen Streckmetallzaun. Rückblickend frage ich mich, warum sie die Birke nicht gefällt haben, weil man von da oben ohne Probleme über den Zaun rüber gekonnt hätte. Die Posten, die im Grenzstreifen patrouillierten, haben manchmal angehalten und mich angequatscht, ob ich ihnen Bier oder Schnaps besorgen könnte. Dann haben sie mir unter dem Zaun hindurch Geld gegeben, und ich bin zum *Konsum* geflitzt, ein paar Bierflaschen holen. Ohne darüber nachzudenken oder die Gefahr zu sehen, was ich da eigentlich tue, habe ich die Grenzer mit Bier versorgt. Als ich das später einem Major erzählte, hat er gesagt: ›Was? Das gibt es doch wohl gar nicht!‹ Ich sah damals nur die tolle Aufbesserung meines Taschengeldes und nicht, dass man mir den Vorwurf machen könnte, dass ich die Grenzer besoffen mache, und sie dadurch nicht mehr aufpassen können. Wenn das rausgekommen wäre, hätte es wahrscheinlich bedeutet, dass ich nicht mehr in den Ort rein gedurft hätte. Oder dass sogar die Großeltern aus Sacrow raus gemusst hätten.

Das wäre furchtbar gewesen, weil mir Sacrow so viel bedeutete. Auch als ich älter wurde, hatte ich bei den Großeltern viel mehr Möglichkeiten und Freiheiten als bei den Eltern zu Hause.

Eine Zeit lang bin ich sogar mit dem Fahrrad von Potsdam hergefahren. Ich hatte einen Passierschein, da stand drauf ›Einreise nur in Begleitung der Eltern‹, das bedeutete, dass bis zum achtzehnten Lebensjahr immer ein Erziehungsberechtigter dabei sein musste. Damit gab es aber nie Schwierigkeiten. Ich bin immer allein rein- und rausgefahren, das hat keinen Grenzer interessiert. Wahrscheinlich kam dann eines Tages wieder eine Verschärfung, so dass ich vorne am Schlagbaum stand und nicht reinkam. Meine Großmutter war nicht da. Was macht man nun? Ich sagte, man solle einen Major von den Grenztruppen, der auch im Ort wohnte, zum Schlagbaum kommen lassen, weil der mich kannte. Der war aber auf dem Sacrower See zum Angeln. Handys gab es ja damals noch nicht. Also bis man dem auf dem See Bescheid gesagt hatte, dass er mal bitte zum Kontrollpunkt kommen soll, weil da einer steht, der rein möchte, hat das gedauert. Vier Stunden stand ich da vor dem runtergelassenen Schlagbaum. Zum Glück hatte ich meinen Fahrradanhänger mit Radio dabei, um mir die Zeit zu vertreiben. Der Major kam schließlich leicht angesäuert, weil er durch mich beim Angeln gestört wurde, und ließ mich, nach Rückruf bei seinem Vorgesetzten, dann endlich nach Sacrow rein.

Es war immer schwierig, jemanden nach Sacrow reinzukriegen wegen der Passierscheinregelung. Als mein Großvater starb, hatte nicht mal mein Bruder einen Passierschein bekommen. Obwohl er vorher als Familienmitglied ersten Grades sogar einen Dauerpassierschein hatte, durfte er zur Beerdigung nicht mehr rein. Das war einfach nicht zu verstehen.

Es gab einige Leute, die in den Ort zogen, zum Beispiel von der Armee, da wurde man darauf hingewiesen: ›Überlege dir, was du dem oder dem sagst!‹ Die Gaststätte in Sacrow war so ein Treffpunkt, wo wir oft waren. Eines Abends – nach ein paar Bier – sagte ich: ›Ich hab genug, ich hau' jetzt ab.‹ Da kam mir der Wirt hinterher geflitzt und raunte mir zu: ›Pass auf, was Du da sagst!‹ Ich fragte konsterniert: ›Wieso?‹ Und er antwortete: ›Du hast eben gesagt, Du haust jetzt ab. Überlege mal, wer hier sitzt und das hören kann. Dann fliegst du hier raus!‹ Da wurde mir klar, was der meinte. ›Ich hau ab‹ hieß für mich und jeden normalen Menschen ›nach Hause gehen‹, und die dachten ›in den Westen‹. Wenn diese Äußerung jemand gehört und an die entsprechenden Stellen weitergeleitet hätte, wäre ich die längste Zeit in Sacrow gewesen.

Thomas Friese begann 1982 eine Ausbildung im GRW Teltow. Immer noch fuhr er am Wochenende zur Großmutter nach Sacrow.

Meine Geschwister und ich wurden politisch so erzogen, dass wir zu Hause in Potsdam keine Westmedien hören oder sehen durften. Das war bei unserer Oma hier draußen anders – da konnten wir ungestört Westfernsehen gucken. Zu dieser Zeit gab es viele Western im TV und wir haben uns manche Nacht mit John Wayne um die Ohren geschlagen. Bis mein Vater eines Abends überraschend aufkreuzte, bei Oma durch das Fenster lugte und mitbekam, dass wir die ›Tagesschau‹ schauten. Damit war das Thema Sacrow für uns Jugendliche erst mal gestorben – wir durften nicht mehr zu Großmutter fahren. Ich verstand das einfach nicht. Mein Vater war ein ganz Überzeugter, war beim Zoll angestellt. Mit ihm konnte man einfach nicht reden.

Dazu kam, dass ich während der Lehre im *GRW Teltow* Leute kennenlernte, die nicht so linientreu erzogen wurden wie ich. Das war für mich eine andere Welt – eine ganz andere Welt. Viele von den Kollegen hatten als ›Politische‹ im Gefängnis gesessen. Manche sogar mehrmals. Das waren Arbeitskollegen, mit denen ich gut zurechtkam. Ich habe ganz naiv – weil ich eben ganz anders erzogen war – versucht, mit denen bestimmte Fragen auszudiskutieren. Dabei lernte ich ganz andere Sichten kennen, die für mich völlig neu waren. Ich erfuhr Sachen, über die ich mir früher gar keine Gedanken gemacht hatte. Und als ich über diese Dinge zu Hause mit meinem Vater reden wollte, hat er nicht auf meine Fragen geantwortet und ist irgendwann völlig ausgerastet. Es kam fast zur Prügelei zwischen uns. Das war dann der endgültige Bruch mit ihm.

Mitte der 1980er Jahre gingen die Aufenthalte über die Wochenenden hinaus, bis Thomas Friese zu Hause auszog und bei der Großmutter in Sacrow lebte. Im Januar 1989 fing er an, als Wasserinstallateur bei einer ortsansässigen Firma zu arbeiten.

Wir hatten damals hier im Ort viel Arbeit, weil es ja mit Handwerkern, die von außen kamen, wegen der Passierscheinregelung nicht so einfach war. Wir hatten also gut zu tun, aber die Materialbeschaffung war immer schwierig. Es gab schlichtweg kein Material. Zwar gab es Sonderkontingente für Grenzgebiete, aber das musste alles langwierig beantragt werden, und dann hat man häufig nur ein Viertel des Bestellten gekriegt – wenn überhaupt. Da merkte man schon sehr deutlich, dass es bergab ging.

Am 9. November kam ich abends aus der Gaststätte, schaltete den Fernseher ein, bekam auch mit, dass die Grenze offen sein sollte, aber der Schlaf übermannte mich. Aber am nächsten Morgen habe ich mich sofort auf das Motorrad gesetzt und geguckt, ob der Weg nach Kladow offen ist. Nichts. Alles zu – auch der Schlagbaum am anderen Ende des Ortes. Die Grenzöff-

Rebellische Jugend 1982

nung in Berlin hatte unsere Grenzer hier anscheinend nicht interessiert. Ich bin dann zur Glienicker Brücke, aber auch da war noch alles zu. Nachmittags schaffte ich es endlich vom Grenzübergang Drewitz (Dreilinden) nach West-Berlin zu fahren. Mit einem komischen Gefühl, denn man wusste ja nicht, was einen da wirklich erwartet. Wir hatten immer gehört, da drüben steppt der Bär und man kommt nicht lebendig von einer Straßenseite zur anderen.

Aber es gab dann eine schöne Situation. Ich hatte mir kurz vor der Wende einen gebrauchten Trabant angeschafft, mit dem ich in Berlin unterwegs war, um mir den Ku'damm anzugucken. Irgendwo in West-Berlin war mein Benzin alle. Nur Ost-Geld in der Tasche, D-Mark Preise an der Tankstelle und einen Trabi – das war eine sehr schlechte Kombination. Da habe ich dann eine sagenhafte Solidarität erfahren. Ein paar Leute, die da an der Tankstelle waren, bemerkten mich mit meinem Problem und fragten: ›Wie viel passt in dein Auto rein?‹ Ich sagte: ›20 Liter – als Gemisch für den Trabi-Motor‹. Die meinten: ›Tank‹ mal, das schenken wir Dir.‹ Das war so ein Moment, wo man merkte, dass das komische Gefühl, das man hatte, da rüber zu fahren, irgendwie falsch war. Das sind ja hier eigentlich auch ganz normale Menschen.

Am 12. November 1989 fielen auch in Sacrow der Schlagbaum und die Grenzkontrollen der neuen Zeit zum Opfer. Nach dem Weihnachtsgottesdienst in der Heilandskirche öffneten die Grenztruppen den ehemaligen Todesstreifen. Das einst abgeriegelte, verbotene Terrain zog Neugierige und Abenteuerlustige an. Auch Thomas Friese.

Crash-Fahrten im Mauerstreifen 1990

Nach der Wende gab es DDR-Autos im Überfluss. Für die interessierte sich keiner mehr, alle wollten ein schickes Westauto. Wir haben uns diese Autos, hier aus dem Ort oder vom Meedehorn, an Land gezogen, und sind damit Rallye im ehemaligen Todesstreifen gefahren. Das war ein wilder Spaß, der irgendwie in die Zeit damals passte. Bei unseren Crash-Fahrten haben wir die Autos zu Schrott gefahren. Wer erlebt schon, wie es ist, gegen einen Baum zu fahren? Spannend. Hier war es allerdings kein Baum, sondern ein Grenz-Lichtmast, an dem wir das Fahrverhalten oder besser das Aufprallverhalten des alten Wartburgs oder Trabants testeten. Das war wirklich verrückt, wir haben uns Schanzen gebaut, sind mit den Autos gesprungen. Die haben wir alle so richtig schön kurz und klein gefahren im Grenzstreifen. Uns ist bis auf ein paar Verstauchungen und Schürfwunden nichts passiert.

1990, die erste Zeit nach der Wende, da war einem ja noch gar nicht bewusst, wie sich alles entwickeln würde. Da hat ja keiner daran gedacht, dass sich im Ort mal alles so sehr verändert. Das war gar nicht vorstellbar. Man hat gesagt, jetzt kommt eine neue Zeit, die hoffentlich besser wird. Und wenn man sah bzw. später hörte, wie viele Leute zur DDR-Zeit unter dem System gelitten haben, dann kann man nur froh sein, dass es ein Ende gefunden hatte. Ich hätte mich auch gefreut, wenn mein Opa die Wende erlebt hätte, weil das, was er und die Familie erlebt hatten, ihn fertig gemacht hat.

Eine neue Zeit?
Thomas Friese 1989

Oma Friese 1992

Aber andererseits, dass dann durch die Restitutionen die Bevölkerung so radikal ausgetauscht wurde, das war schon ein Hammer. Man glaubt gar nicht, wie viele darüber heute noch enttäuscht und sauer sind. Gerade bei Leuten im Alter meiner Eltern, die hier groß geworden sind, ist viel Verbitterung da. Zum Beispiel mein Schwiegervater. Der ist aus Ostpreußen mit seiner Mutter und seinen vier Geschwistern vertrieben worden und hierhergekommen, ist hier aufgewachsen und war in den Jahrzehnten mit dem Ort fest verwurzelt. Als er die Nachricht gekriegt hat, dass sie raus müssen, hat man deutlich gemerkt, was für ein Nackenschlag das für ihn war. Wenn er irgendwas machen sollte, hat er gesagt: ›Warum soll ich das noch machen, ich muss sowieso bald raus.‹ Als er dann ausziehen musste, ist er gestorben. Ertrunken. Hier im Wasser vor unserem Grundstück. Obwohl er ein guter Schwimmer war … Er hat das alles wohl nicht mehr ertragen.

Wenn Besuch zu uns kommt und auf das Wasser und die gegenüberliegende Pfaueninsel guckt, dann sagen die meisten: ›Das ist ja ein Paradies hier! Warum fahrt ihr überhaupt noch in den Urlaub? Schöner kann es doch nirgendwo sein.‹ Und wenn sie dann fragen: ›Wie oft gehst Du hier baden?‹ und meine Antwort ›Nur ein- bis zweimal im Jahr‹ hören, dann kann das natürlich keiner begreifen. Aber wenn du zugucken musstest, wie dein Schwiegervater hier ertrinkt …. Später guckst du Tag für Tag hier runter, wie schön dieses Wasser ist. Du siehst aber immer auch die Situation wie an dem Tag, als er ertrunken ist. Das krempelt sich hoch, immer wieder, regelmäßig. Ist das ein Paradies?

Familie Friese nach der Wende

Paradies hört sich so schön an. Aber im Paradies dürfte nicht passieren, was uns in Sacrow passiert ist. Zweiter Weltkrieg, dann Gaststättenschließung während der DDR-Zeit. Paradies? Nach der Wende: Viele mussten ausziehen. Paradies? Und jetzt? Vielleicht wird es ein Paradies? Für einige, die es sich leisten können. Für einige ist es das jetzt schon, aber nicht mehr für alle.

Das Sacrow, das ich als Kind kennengelernt habe, gibt es nicht mehr. Das, was es damals ausgemacht hat, warum ich hier rausgefahren bin, warum es hier schön war. Weil es ein Dorf war. Und jetzt ist es kein Dorf mehr, wie wir es kannten.

Die Verwurzelung mit Sacrow ist und bleibt natürlich ein wichtiger Teil meiner Familiengeschichte. Wenn man in Briefen aus der alten Kiste vom Dachboden liest, dass die Erben das Grundstück, auf dem ich jetzt mit meiner Familie lebe, nie verkaufen sollten, dann hält man sich dran fest. Vielleicht trägt diese Kiste dazu bei, Sacrow besser zu verstehen. Den Lauf der Zeit. In 'zig Jahrzehnten ging es rauf, runter, rauf, runter – egal welche Regierung, egal wer an der Macht war. Und wenn man überlegt, das meine Vorfahren schon im 17. Jahrhundert hier waren. Dann Erster Weltkrieg, Zweiter Weltkrieg, DDR-Zeit, nun Bundesrepublik …

Mit der Kiste hat meine Beschäftigung mit Familie und Sacrow angefangen – als ich die ersten Postkarten mit Abbildungen vom Ort gefunden hat. Ein Großteil der Postkarten kaufe ich über eBay oder auf Sammler-Portalen im Internet. Von denen kriege ich E-Mails, wenn etwas Neues

Großeltern Friese beim Segeln

zum Thema Sacrow reinkommt. Und bin natürlich glücklich, wenn ich wieder was ergattern kann, was ich noch nicht habe. Circa eine Stunde pro Tag beschäftige ich mich mit dieser Recherche nach Material und Informationen über Sacrow.

Was mir am Herzen liegt, ist die Bootswerft Buchholz. Weil ich als Kind oft meinen Opa dort besucht habe, als er da gearbeitet hat, und ich viele Erinnerungen daran habe. Und in der Kiste habe ich tolle Fotos gefunden. Von den schönen Schiffen, wie sie gebaut wurden, wie sie zu Wasser gelassen wurden, wie sie ausgeliefert wurden. Ich hatte immer nur schemenhaft diese Kindheitsbilder im Kopf, aber dann diese Fotos von Großvater zu finden – das hatte schon was.

Thomas Friese, Ortschronist

Ein Sehnsuchtsort
HIER BIN ICH
ANGEKOMMEN

JOACHIM VON VIETINGHOFF (*1941) ist ein bekannter deutscher Filmproduzent und lebt seit 1998 in Sacrow.

» Meine Familie stammt aus dem Baltikum. Mein Vater ist 1907 in Marienburg auf unserem Schloss bei Riga geboren worden. Die von Vietinghoffs sind schon im 14. Jahrhundert mit der Hanse die Ostsee hoch gefahren und haben Riga mitgegründet. Vom Mittelalter bis zur Russischen Revolution gehörten der Familie mehrere große Güter und Ländereien in Lettland.

Als die Bolschewiken kamen, sagte meine Großmutter: ›Wir müssen hier weg, das wird gefährlich!‹ In benachbarten Herrenhäusern gab es im Zuge der Revolution schon Szenen, wo sie den Adligen die Axt in den Kopf gehauen haben. Also sind ›die baltischen Barone nach 700 Jahren wieder heim ins Reich gekehrt‹, wie Großmutter sagte.

Sie hat in Deutschland in der Nähe von Würzburg ein kleines Gut, eine Art Bauernhof gekauft.

Das »Neue Schloss« Alūksne (Marienburg, Riga)

Ich habe Fotos von meinem Vater, wo er dort zwischen den Obstbäumen die Hühner füttert. Mein Vater starb 1941, kurz vor meiner Geburt. Als Kind bekam ich in München den Krieg mit Bomben und Flucht in den Bunker hautnah mit. Meine Mutter ist drei Mal in Schwabing ausgebombt worden. Und dann hat Arnold von Vietinghoff, ein Familienmitglied, das bei Dresden lebte, zu den Verwandten, die mit ihrem Nachwuchs in den bombenbedrohten Städten wohnten, gesagt: ›Bringt doch die Kinder zu uns auf das Land, wo es sicherer ist.‹ Das war quasi eine adlige Kinderlandverschickung. So kam ich als Zweijähriger mit meinem sechs Jahre älteren Bruder da hin und habe drei Jahre mit zwölf anderen Kindern der Familie dort im Schloss gelebt. Dann wurde es sehr dramatisch. Als die Rote Armee kurz vor der Grenze stand, schickte Onkel Arnold Ende Dezember 1944 ein Telegramm an meine Mutter nach München: ›Bitte Elisabeth, hole sofort die Kinder.‹ Mutter kam dann Anfang Januar 1945, um uns abzuholen. Mit einem der letzten Züge, die noch fuhren, im offenen Güterwaggon, wobei sie sich die Zehen erfroren hat.

Wir sind dann bis zum Ende des Krieges in München gewesen. Meine Mutter, mein älterer Bruder und ich haben zusammen in einem Zimmer gewohnt in der Herzogstraße. Da ich ja am 8. Mai geboren bin, ist meine Kindergärtnerin an diesem Tag 1945 mit mir auf der Schulter raus auf die Straße, wo gerade die Amis mit ihren Panzern nach München rein gefahren sind. Die haben dann mit mir meinen Geburtstag und den Tag der Befreiung gefeiert.

Seite 244–245:
Haus im Weinmeisterweg

1950er: Joachim von Vietinghoff

Dreharbeiten mit Veruschka von Lehndorff und Mario Adorf

Wir blieben bis 1949 in engen Verhältnissen in Schwabing, wo ich auch eingeschult wurde. Dann zogen wir in das Haus meines Großvaters auf dem Land. Und so bin ich dann quasi vom Stadtkind zum Landkind geworden. In diesem Haus habe ich meine Jugend und meine Schulzeit verbracht – und eben in diesem Garten. Wir Kinder saßen in den Sträuchern und haben tagelang Beeren gepflückt, und Mutter hat daraus Marmelade eingekocht. Dort bin ich eigentlich zum Gärtner geworden. Meine Mutter hat auch viel gegärtelt. Wir waren viel zugange da. Und das ist eigentlich der große Bogen zu dem Ort, an dem ich heute bin, weil ich das einfach hier in Sacrow wiedergefunden habe. Und der Garten hier, das ist jetzt wirklich ›mein Garten‹. Und man sagt ja, der Garten ist die Seele des Gärtners. Man kann hier also sehen, wer ich bin.

Meine Mutter erzählte mir eine schöne Geschichte von meinem Vater, den ich ja nicht kennengelernt habe. Er sagte immer: ›Wenn ich vierzig bin, höre ich auf zu arbeiten, kaufe mir einen Bauernhof und werde Landwirt.‹ Wenn man so will, waren diese baltischen Barone ja Landwirte. Und das hatte ich immer im Kopf. Als ich einunddreißig wurde, habe ich dann tatsächlich im Oberbayern, zwischen Ammersee und Starnberger See, einen alten Bauernhof gekauft. Und das war dann auch mein erstes eigenes Heim. Dort kam 1975 meine Tochter Julia auf die Welt. Wieder ein großer Garten und ein sehr alter, verfallener Bauernhof mitten in einem sehr romantischen Dorf. Und nur sechzig Kilometer von München entfernt. Ich war damals schon junger Filmproduzent, und mich haben da draußen natürlich Kollegen besucht. Regisseure, Autoren, Schauspieler, die begeistert waren von diesem Landleben, und die das dann auch

für sich wollten. Die kauften dann tatsächlich andere Höfe. Das war genauso wie viel später in Sacrow, wo Freunde und Kollegen hinzogen, weil sie den schönen Ort kennen und lieben gelernt hatten, als sie mich besuchten. Damals wie heute ist somit eine kleine Enklave auf dem Land entstanden.

Nach der Schule machte Joachim von Vietinghoff eine Journalisten- und Fotografenausbildung. Mit Anfang Zwanzig begann er bei der renommierten Agentur Keystone erst als Korrespondent in Bonn, später als Bildjournalist in Hamburg.

Als Keystone-Korrespondent erlebte ich Zeitgeschichte auf eine ganz wunderbare Art und Weise, habe zum Beispiel das ›shake hands‹ von Adenauer und Charles de Gaulle fotografiert. John Lennon habe ich fotografiert, als er mit Richard Lester einen Film drehte. Ich hatte mich wie ein Paparazzi in der Lüneburger Heide nahe dem Filmset auf die Lauer gelegt und es gelang mir, Lennon, der zur Entspannung das Set verlassen hatte, anzusprechen. Ich hatte für Keystone vorher schöne Fotos der Beatles bei einer Pressekonfernenz in Hamburg gemacht. Die wurden auch in England abgedruckt. Ich zeigte ihm also den *Daily Mirror* und die *Sun* mit den Fotos, und er sagte Okay. Die Fotos, die ich da in der Heide von ihm machte, waren eine kleine Sensation: Ein Beatle mit kurzen Haaren. Er spielte ja einen Soldaten in Lesters Film. Es ging damals alles so schnell weiter, ich arbeitete dann in der Pressestadt Hamburg. Irgendwann dachte ich: ›Du bist jetzt 25 und rennst den Rest deines Lebens irgendwelchen Leuten

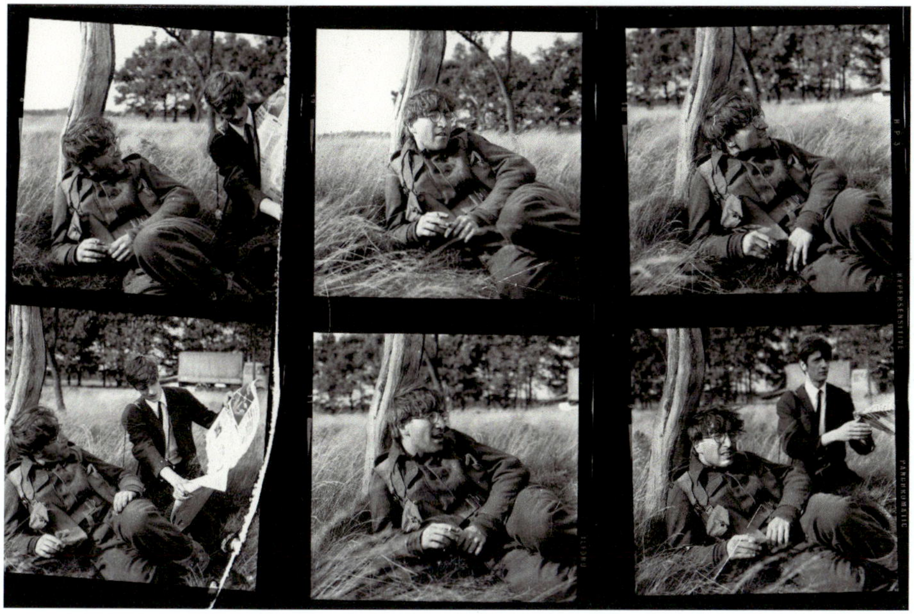

Joachim von Vietinghoff fotografiert John Lennon

hinterher und machst ständig shake hands-Reportagen. Also, das kann es nicht gewesen sein. Dann kam ich auf die Idee, dass ich gerne Kameramann werden wollte. Ein Bild, da weiß ich was das ist, aber es ist weniger langweilig, wenn ich 24 Bilder pro Sekunde davon haben kann. Also Film. So naiv bin ich dann nach München zurück. Da gab es plötzlich das neue Kino. Ich bin ein Kind aus der Wiege des Neuen Deutschen Films. In München fingen lauter Leute an, auch welche, die keine Ausbildung hatten, eigene Filme zu machen. Mit neuen Geschichten, wo nicht der ›Förster im Silberwald‹ vorkam. Wir wollten die Wirklichkeit unserer Zeit auf die Leinwand bringen und unsere eigenen Geschichten erzählen. Fassbinder, Schlöndorff und Fleischmann – alle wollten Filme machen, aber keiner wollte produzieren. Und es gab auch keine jungen Produzenten. Ich hab mich bis heute nicht dazu berufen gefühlt, selbst Regie zu machen. Ich wurde immer wieder gefragt: Warum machst Du nicht mal selber was? Das bin ich nicht. Ich bin jemand, der organisieren kann, der einem Team helfen kann, der einem Künstler helfen kann, seinen Film, sein Werk zu machen. Das ist meine eigentliche Berufung geworden.

Ich hab als Fahrer angefangen und Mario Adorf vom Flughafen abgeholt und zum Synchron gefahren. Ein paar Jahre später habe ich dann zwei Filme mit ihm in der Hauptrolle produziert. Ein toller Weg letztlich, der so eben nur damals möglich war.

›Bomber & Paganini‹ mit Mario Adorf und Tilo Prückner in den Hauptrollen war 1976 ein erster großer Erfolg für die Vietinghoff-Filmproduktion. Im Laufe der Jahre war Joachim

Mit Mareike Carriere in Cannes

von Vietinghoff als Produzent insgesamt vier Mal mit Filmen im Wettbewerb des internationalen Festivals in Cannes vertreten. Er gewann mehrere Bundesfilmpreise und 1979 einen Goldenen Bären für ›David‹ von Peter Lilienthal auf der Berlinale.

Wegen des ›David‹-Drehs habe ich Ende der 1970er Jahre vermehrt in Berlin gearbeitet. Ich wohnte damals noch in München und lebte in Berlin im Hotel, um hier alles vorzubereiten. Das war ein aufwändiger historischer Film, eine Geschichte, die zwischen den 20er Jahren und 1945 spielte. Mit Bombennächten, mit riesigen Settings. Für einen unabhängigen deutschen Film eine gigantisch große Produktion, fast schon Hollywood. Ich habe von 1977-79 an dieser Produktion gearbeitet, und bin immer mit der PanAm aus der Stadt rein und raus geflogen. Oder auch leidvoll mit VW-Bussen und irgendwelchen Requisiten durch die Ostzone gefahren.

›David‹ war eine Co-Produktion mit der DEFA. Ich war also sofort auch im Osten. Und das zur Zeit des Kalten Krieges, wo Kontakte nach drüben immer sehr beschwerlich waren. Wir haben viele Szenen in Ost-Berlin drehen müssen, weil einfach Straßenszenen aus den 20er, 30er Jahren in West-Berlin gar nicht vorhanden waren. Da sind Kontakte entstanden, die bis zur Wende geblieben sind. Nach ›David‹ bin ich nie mehr nach München zum Drehen zurück. Aber Berlin war für mich damals sehr merkwürdig. Es war sehr grau. Nicht nur Ost-Berlin, auch West-Berlin war grau. Es gab viele alte Menschen und es hat ein bisschen gedauert, bis ich bemerkt habe, dass es gleichzeitig eine unglaubliche Subkultur gab. Also off, off, off Theater

Mit Tony Curtis und Volker Hassemer

und off, off, off Kunst, die verrücktesten Geschichten. Und natürlich Musik – eben viele, viele Künstler.

1979 habe ich in Cannes meine Frau kennengelernt, die Schauspielerin Mareike Carriére, die zu der Zeit in Paris lebte, und ich habe eben in Berlin gearbeitet. Nach einem Jahr haben wir beschlossen zusammenzuziehen. Und sie sagte: ›Ja, aber wenn ich aus Paris weggehe, dann nur nach Berlin, ich geh nicht mit Dir nach München.‹ So bin ich dann ein Berliner geworden. Vom Bauernhaus auf dem Land mitten in die Stadt, und ich wollte auch mitten in die Stadt nach Schöneberg. Ich wollte ein Städter sein. Garten war da völlig vergessen, und es hat mir auch nicht gefehlt. Aus Witz sage ich bis heute: ›Ich bin ein Münchner in der Diaspora.‹ Warum habe ich dieses romantische, gemütliche, angenehme Bayern verlassen? Weil das Berlinische, das Preußische doch mehr mit meiner Heimat, mit meiner Herkunft zu tun hatte als mein Geburtsort München.

Nach der Trennung von Mareike Carriére lernte Joachim von Vietinghoff seine spätere zweite Frau Mirjam kennen. Mit ihr lebte er in einer Schöneberger Penthouse-Wohnung.

Eines Morgens las ich einen Zeitungsartikel, in dem die schönsten Seen um Berlin herum beschrieben wurden. Da hatten wir das erste Mal das Wort Sacrow gehört. Aber nicht als Ort, sondern als See. Es war Hochsommer, es war heiß und ich sagte: ›Komm wir gehen nach dem

Frühstück schwimmen.‹ Es gab noch kein Navi – wir sind mit der Straßenkarte aus Berlin raus, dann die Havel hochgefahren und vorne an der Gärtnerei Schultz steht ja das Schild, dass man noch 800 Meter zum See laufen muss. Das war die allererste Begegnung mit dem Ort. Wir haben das Auto geparkt, ich steige aus, stehe da vor unserem späteren Haus und bin sofort elektrisiert. So eine Architektur hatte ich noch nicht gesehen. Aber es war sehr runtergekommen, keine richtige Farbe. Absolut verwunschen, und auch der Garten war völlig verwildert. Das Haus stand schon zwei Jahre leer.
Es liefen da Leute herum, und jetzt kommt wieder der Zufall dazu. Meine Frau Mirjam sagte, ›Komm, lass uns jetzt schwimmen gehen‹, und ich meinte, ›ich muss jetzt wissen was hier los ist‹. Ich ging also rein, sprach jemanden an und der antwortete: ›Wir sind Dekobauer, wir drehen hier einen Kinderfilm.‹ Kollegen! Das war natürlich eine wunderbare Geschichte. Wir sind dann erst mal schwimmen gegangen und ich hab die ganze Zeit gedacht: ›Mensch…! Ein Haus am See – das kann ja alles nicht wahr sein.‹ Ich habe dann schlaflose Nächte gehabt. Es war eigentlich gar nicht unser Programm, wieder aufs Land zu gehen.

Als wir das erste Mal zusammen in das Haus reinkonnten, hat man sofort den Geist gespürt, der da ist. Wir erfuhren, dass der Tänzer Carl Quaritsch es von 1926 bis 1935 als Sommerhaus nutzte. Der Ballettmeister der kaiserlichen Oper hat wahrscheinlich seine Choreographien im Treppenhaus, in dem großen Raum geprobt. Das war natürlich phantastisch, und das hat man

Sanierung des Sommerhauses am Weinmeisterweg

irgendwie gespürt. Das Haus hatte eine tiefe Verwurzelung in seiner Geschichte. 1896 gebaut, gehörte es zu den allerersten Sommerhäusern in Sacrow.

Es war dann aber sehr problematisch mit den Besitzern. Viele Häuser waren ja enteignet und wurden rückübertragen, aber hier gab es eindeutige Besitzer. Es waren ostpreußische Flüchtlinge, die das Haus in den 1950er Jahren gekauft hatten. Dann haben es die Kinder geerbt, danach die drei Enkel. Einer ist in den 1970er Jahren in den Westen gegangen und hat dort einen Lastenausgleich bekommen. Der lebte zu der Zeit in Bochum, und die zwei anderen in Dresden. Die Dresdner wollten es verkaufen, aber der Bochumer sagte, ›nein, ich will nicht verkaufen, ich will das für meine Kinder später‹. Es hat anderthalb Jahre gedauert, diese zerstrittenen Parteien zusammenzukriegen und irgendwann – wir hatten es längst aufgegeben – kommt einer von denen und sagt, er hätte jetzt eine Vollmacht und dürfe verhandeln, und ob ich nicht noch mal Lust hätte, ein Angebot zu machen. Das war 1997. Dann kam ich eines abends nach Hause mit dem Schlüssel in der Hand, und da fing Mirjam an zu weinen und sagte: ›Wir ziehen doch nicht wirklich da raus?‹ Es war fremd. Zu der Zeit waren hier nur die alten Einwohner, die hier geboren wurden, und dann in der DDR in diesem Grenzgebiet gelebt hatten. Es gab keine Geschäfte – die gibt es ja bis heute nicht. Es gab keine richtige Verkehrsanbindung – die gibt es bis heute auch nicht. Aber auf der anderen Seite ist dies genau das Besondere an dem Ort. Dass man zum Einkaufen woanders hin muss und hier wirklich nur lebt – mit den Freunden, mit den Nachbarn.

Auch die Sanierung des Hauses war ein Problem. Wir erfuhren, dass das Haus denkmalgeschützt ist. Da gab es Auflagen für die Renovierung, aber letztlich ging es vor allem um die Farbe. Die haben dann wirklich unter 35 Schichten die ursprüngliche Farbe des Hauses ermittelt, und waren natürlich glücklich, dass jemand kommt und es wieder instand setzt, weil es wirklich total kaputt war. Zum Beispiel die Schrägen oben im Flur – da war nur Dachpappe. Bei den Vorbesichtigungen ist niemand auf die Idee gekommen, diese Dachpappe mal wegzumachen. Und als wir sie dann entfernten, war der Himmel über uns! Da war gar kein Dach mehr. Es lief Wasser rein. Es gab keine Heizung, überhaupt keine Haustechnik. Im Prinzip war das Haus kurz vor dem Exitus. Niemand hatte etwas daran gemacht. Es gab auch kein Material. Aber das war auf der anderen Seite auch ideal, weil das Haus somit noch original erhalten war. Die Böden, die Türen, ein Teil der Fenster konnten wir erhalten, das war im Grunde perfekt so wie es war.

Auch um im Ort anzukommen, haben wir versucht, alle Arbeiten, die anstanden, mit den im Ort ansässigen Handwerkern zu machen. Dadurch haben wir ganz schnell Leute kennengelernt. Familie von Bothmer war schon vor uns da. Das waren die ersten neuen Sacrower. Mit vier kleinen Kindern und Pferden – ich hab mich sofort irgendwie zu Hause gefühlt. Und das Gasthaus vorne und die Gärtnerei – das ist wie ein Paradies gewesen.

Immer häufiger besuchten uns unsere Freunde hier auf dem Land – die kamen hierher zum Kaffeetrinken, und fast alle haben gesagt: ›Wir wollen auch hier leben.‹ Die haben sofort verstanden, was das für ein einmaliger, romantischer Ort ist. ›Das ist hier alles wie im Film‹, haben viele gesagt. Ich glaube, dass über die Jahre jetzt der Ort wieder das geworden ist, was er immer war – ein Sehnsuchtsort. Und ich denke auch die Menschen, die hier zur DDR-Zeit eingesperrt waren, im ›Sperrgebiet‹, dass die auch – und so habe ich es auch von den Leuten gehört – immer das Gefühl hatten, sie leben im Paradies. Selbst in der DDR. Selbst mit dem Stacheldraht außen rum.

Ich wusste ja damals noch fast gar nichts über den Ort. Ich erfuhr erst später, dass die wundervolle Bauhaus-Architektur gegenüber der jüdischen Kunsthändlerin Grete Ring gehörte. Dass dort in den 1920er und 1930er Jahren bedeutende Maler – Barlach und Kirchner, die wirklich großen Expressionisten – ein- und ausgegangen sind. Marianne und Walter Feilchenfeldt, sie eine großartige Fotografin, er Kollege von Grete Ring beim weltberühmten Kunsthändler Paul Cassirer – die waren hier in Sacrow. In Berlin machten sie ihr Business, aber am Wochenende sind raus aus der Stadt und haben sich hier erholt. Sehr bald nach der Machtergreifung der NSDAP mussten sie weg, wie so viele jüdische Bewohner Sacrows. Feilchenfelds sind schon 1933 raus aus Nazi-Deutschland, Grete Ring war aber noch bis 1938 da. Dann hat sie eine Warnung bekommen: ›Wenn Du jetzt nicht abhaust, dann bist Du weg.‹ Sie ist nie mehr wiedergekommen. Während der Nazi-Zeit sind die jüdischen Besitzer alle vertrieben oder im KZ ermordet worden. 1945 war für Sacrow eine wirkliche Stunde Null. Insofern fing da eine neue Zeitrechnung an.

Die DDR-Zeit war ja damals, als wir herzogen, noch sehr spürbar. Unsere Nachbarn hatten sie ja größtenteils erlebt. Unser Garten war völlig verwildert, und ich habe beim Gärtner Schultz Blumen gekauft und mich dabei mit ihm unterhalten. Ich hörte alle diese Geschichten von Schlagbäumen und von Russen, die hier waren. Also diese ganze – unsere gemeinsame Geschichte – ist mir sozusagen hautnah begegnet. Die konnte ich plötzlich anfassen. Ich brauchte keine Bücher lesen – ich habe praktisch in der Nachbarschaft Geschichte erlebt.

Fast wie unter einem Brennglas ist die deutsche Geschichte im Ort ablesbar. Die Mauer verlief hier, und Ost und West war sich so nah und doch meilenweit voneinander entfernt. In München zum Beispiel hast Du nie drüber nachgedacht, dass Deutschland ein geteiltes Land ist. Als ich 1977 nach Berlin kam, habe ich das jeden Tag gelebt. Und die Leute, die hier in Sacrow waren, die haben das doppelt erlebt. Die mussten ja sogar einen Antrag stellen, wenn sie die Großmutter zu Besuch hier reinkriegen wollten. Die Sacrower mussten sich damit irgendwie arrangieren, aber sie haben auch ihre Badestelle am See gehabt, haben da ihr Sprungbrett gebaut und Feste gefeiert. Mir hat jemand erzählt, dass die Einheimischen völlig entsetzt waren, dass nachdem die Mauer fiel nun plötzlich andere Leute zum Baden gekommen sind. Nach dem Motto: ›Entschuldigen sie, was wollen sie hier?‹ Dann kamen diese blöden Wessis, die Naturschützer, und haben ihnen den ganzen Badeplatz, Rutschen und alles Mögliche, einfach abgerissen. So dass wieder von außen das Paradies auf eine Art und Weise zerstört wurde. Und natürlich war es bestimmt ganz schwierig für einige Leute, die in der Nachkriegszeit auf die Welt gekommen sind und hier gelebt haben – letztlich in fremdem Eigentum. Das war aber ihr Garten, das war ihr Haus, das war ihr Grund und Boden. Und dann fällt die Mauer und dann werden diese Häuser an die ursprünglichen Besitzer rückübertragen. An die vielleicht 90 Jahre alte Oma irgendwo in Kanada, die dann sagte: ›Was? – Das gibt es noch?‹ Es ist ja kaum jemand zurückgekommen. Aber die Häuser kamen auf den Markt, wurden verkauft, und die Leute, die da jahrzehntelang drin gelebt hatten, mussten raus. Also, da fällt mir nix dazu ein.

Es sind viele Wunden. Aber eine Wunde vernarbt ja im günstigsten Fall. Also die Heilung ist am Ende die Narbe. Und diese Narben gehören zu Sacrow. Das ist ein Teil des Ortes – sehr heftig sind die Narben. Ich möchte mir nicht vorstellen, dass die Nazis hier glücklich waren. Aber es wird wahrscheinlich so gewesen sein. Die Verbrecher, die hier ungerechterweise gehaust haben, hier getötet haben und Leute ins KZ gebracht haben. Das möchte man sich nicht vorstellen, aber die waren auch hier in Sacrow. Das ist Geschichte. Und das heilt nie ganz. Der Ort hat diese Narben, aber er ist für mich wieder ein Paradies.

2002 wurde ›Ars Sacrow e. V.‹ – größtenteils von Neu-Sacrowern – gegründet. Seitdem macht Joachim von Vietinghoff als Vereinsmitglied Filmabende im Schloss. Meist zeigt er Filme, die thematisch zu den verschiedenen Kunst- und zeitgeschichtlichen Ausstellungen passen. Darunter eine 12-teilige Kinoreihe zum Thema ›Mauer‹ anlässlich des 20. Jahrestages des Mauerfalls. Er präsentierte auch eine erfolgreiche Reihe über die Gewerke beim Film. Eine Kostümbildnerin, ein Drehbuchautor, ein Regisseur und ein Tonmeister waren zu Gesprächen über ihre Arbeit mit ihren Lieblingsfilmen hier. Michael Ballhaus sprach in Sacrow über die Arbeit eines Kameramannes.

Als wir Ende der 1990er Jahre herzogen, war das Schloss zu. Kein Mensch wusste, was damit passieren soll. Es gehört der *Stiftung Preußische Schlösser und Gärten*. Normalerweise wird ja so ein Schloss saniert, und dann kommt irgendeine Sammlung rein. Im Gespräch sagte mir der damalige Generaldirektor Hartmut Dorgerloh: ›Wissen Sie Vietinghoff, ich habe über 30 Schlösser und Herrenhäuser zu verwalten. Überall fehlt Geld, wir können hier erst mal gar nichts machen.‹ Wir haben uns dann zusammengesetzt – also die Neu-Sacrower – und haben überlegt, einen Verein zu gründen. Wie soll der heißen? Wir schrieben verschiedene Vorschläge auf: ›Verein zur Pflege und Erhaltung des Schlosses, des Parks und der *Heilandskirche* in Sacrow‹. Also ein sooo langer Name. Wir haben dann herzlich gelacht. Bis uns bei einer guten Flasche Wein plötzlich dieses simple ›Ars Sacrow e. V.‹ als Idee kam.

Da habe ich auch meine Kontakte in der Kunstszene eingebracht. Unsere erste Ausstellung war ›Räume der Macht – Macht der Räume‹, eine internationale Gruppenausstellung. Danach wussten wir alle: okay, Kunst – hier geht die Reise hin. Ich kenne Rebecca Horn sehr gut und lud sie ein, sich Park und Schloss mal anzusehen. Ich werde das nie vergessen. Das war im Januar – es lag Schnee im Park und dann dieser unglaubliche Blick über die Havel nach Potsdam. Rebecca hat feuerrote Haare und diese roten Haare in diesem weißen Schnee – sagenhaft.

Dann sind wir durch das Schloss gegangen, und sie steht oben auf dem Balkon und weint, weil sie so ergriffen war. Und ihre Idee, mit ihren Meisterschülern hier die Räume zu bespielen und die Geschichte des Schlosses dabei zu thematisieren, das war einfach grandios. Egal ob Ausstellungen, Kino, Musik oder Lesungen – was wir mit unserer Mannschaft vom Verein hier machen, das ist schon grandios. Wir lieben das alle sehr. Am Anfang von ›Ars Sacrow‹ war uns klar: wir sind so weit ab vom Schuss – ›Sacrow‹ heißt ja slawisch ›hinter dem Busch‹ – wenn wir hier Kultur haben wollen, dann müssen wir sie selber veranstalten, müssen die Kunst hierher holen.

Joachim von Vietinghoff produzierte über 70 Spielfilme für Kino und Fernsehen. 2001 zeigte die Stiftung Deutsche Kinemathek anlässlich seines 60. Geburtstages eine Ausstellung – im selben Jahr erhielt er für sein Wirken für den deutschen Film das Bundesverdienstkreuz erster Klasse. Noch immer produziert er Filme – Dokumentationen, die sich mit der wechselvollen Geschichte von Sacrow und der umgebenden Kulturlandschaft auseinandersetzen.

Ich habe hier zu meinem Geburtstag einen Gast aus England gehabt, der ist hier durch den Garten gegangen und hat immer nur gesagt: ›Tschechow, Tschechow‹. Später am Nachmittag kam er dann zu mir und sagte: ›Komm, jetzt sag mal, was stimmt denn hier nicht? Das ist doch spooky – gleich geht hier der Himmel auf und alles ist nur ein fake. Es ist gar nicht wahr. Das ist so traumhaft schön – es kann ja gar nicht wahr sein.‹
›Preußisches Arkadien‹ – das steht oben drüber. Das Schloss, der wundervolle Park und diese märchenhafte *Heilandskirche.* Der König hatte schon ein Gespür dafür, dass hier ein besonderer Ort ist. Das spürst du überall. Die alten Bäume, die weiten Sichtachsen und das Wasser außen rum – die Havel. Dieses bewegte Wasser. Ich denke, dass von so einem bewegten Wasser auch etwas ausgeht. Und dann dieser ruhende See dahinter. Da entsteht so ein Zaubermix. Wenn man wach und sensibel ist, dann spürt man das und lebt das.

Sacrow ist für mich vor allem auch die wiedergefundene Heimat. Zurück zu meinen Wurzeln. Schon beim Wechsel von München nach Berlin, also Richtung Osten, bin ich der alten Heimat der Familie nähergekommen. Von Sacrow aus ist es nun noch näher ins Baltikum. Aber vor allem die Lebensart, die preußische Lebensart, das Östliche, ist mir dann letztendlich näher als das Bayerische. Ich liebe das Bayerische, ich liebe Weißwürste. Aber dann noch mal so einen Schritt zu machen, in so eine Natur zu kommen und hier zu leben und eben auch einen Schlosspark zu haben. Eigentlich fast wie zu Hause. Das ist ja nicht mein Schloss, aber ich habe

In Sacrow angekommen

keine Berührungsängste, weil meine Familie in vielen Generationen so gelebt hat. Ja, ich bin wirklich in der neuen Heimat angekommen. Mit dem Familienbesitz im Baltikum ist es vorbei, und das ist endgültig. Das wird es nie wieder geben, und das ist auch gar nicht erstrebenswert. Es ist eine andere Zeit, es hat zwei Weltkriege gegeben, und es ist vollkommen richtig, dass sich alles neu gefunden hat, und so passt es.

Ich fühle ganz intensiv, dass dieser Zweig der Familie Vietinghoff nun hier angekommen ist. Wir haben vor ein paar Jahren das elterliche Grab von München nach Sacrow geholt. Mein Bruder Kurt, der in München lebte, hatte das veranlasst – er wollte das Familiengrab hier haben. Vor zwei Jahren ist er verunglückt. Und jetzt ist das für ihn in Erfüllung gegangen, auf eine tragische Art und Weise, denn auch er liegt jetzt hier auf dem Dorffriedhof. Nun kann ich ihn jeden Tag besuchen, wenn ich will. Die Familie ist jetzt in Sacrow und ich bin nun der Älteste von Vietinghoff. Auch ich werde hier mal liegen und meine Frau, meine Kinder und Enkelkinder werden mich hier hoffentlich besuchen.

Joachim von Vietinghoff,
Filmproduzent

DAS FILMHAUS
oder
WEISSENSEE IN SACROW

MARKUS PEICHL (*1958) hat viele Berufe. Heute betreibt er die *Galerie Crone* in Berlin und Wien. In Deutschland wurde er in den 1980er Jahren bekannt als Chefredakteur des Zeitgeist-Magazins *Tempo*. Später hat er über 400 Musikvideos produziert, die tägliche Interviewsendung ›0137‹ mit Roger Willemsen erfunden und die Talkshow ›Beckmann‹ geleitet. Er ist Ausrichter der Lead Awards, eines der bedeutendsten Print- und Onlinepreise in Deutschland, arbeitet als Politikberater und engagiert sich gegen die geplanten An- und Abflugrouten des neuen Flughafens BER. Sein Vater war der bekannte Wiener Architekt Gustav Peichl.

Markus Peichl und sein Mann Andreas Osarek sind es gewohnt, dass Menschen vor ihrem Haus in der Kladower Straße 12 stehen bleiben. Einige betrachten die Klinkerfassade der Villa wegen ihrer vom Stil der Neuen Sachlichkeit geprägten architektonischen Schönheit. Die meisten aber kommen gezielt an den Ort, um das »Haus Kupfer« zu suchen. ›Weissensee‹, die erfolgreiche ARD-Serie, wird zu einem großen Teil in Sacrow – im Haus von Peichl und Osarek – gedreht. Die Stasi-Familie Kupfer bewohnt in der Serie das Haus, das im Laufe mehrerer Staffeln zu einer vertrauten Szenerie der Serie geworden ist.

Peichl und Osarek sind 2003 zufällig, als Gäste einer Grillparty, das erste Mal nach Sacrow gekommen. »Als wir die Kladower Straße entlang gingen, waren wir sofort komplett

Haus Perlis

geflasht. Diese Mischung aus Moderne und verwunschener Idylle hatte etwas Magisches. Wir dachten: Wahnsinn – so etwas gibt es? Hier wollen wir sein!«, erinnert sich Peichl.

Ein glücklicher Umstand: Sie bemerkten, dass ein paar Häuser weiter gerade das Baugerüst abgebaut wurde. In dem sanierten Haus waren drei Wohnungen zu vermieten. Schon fünf Wochen nach ihrer ersten Begegnung mit Sacrow unterschrieben Markus Peichl und sein Mann den Mietvertrag für eine Wohnung in der Kladower Straße 2. Beide hatten zuvor ihr Leben lang in Städten gelebt. »Sacrow hatte damals noch einen anderen Sound. Es mag ein merkwürdiger Ausdruck sein, aber man hat damals noch die Stille, die Natur und die Nacht gehört«, sagt Peichl. »Heute ist dieser ganz besondere Klang ein bisschen verflogen. Es sind jetzt einfach mehr Menschen hier. Bewohner oder auch Besucher des Badesees. Damals gab es in Sacrow die Erfüllung des Nichts: Abgeschiedenheit, Ursprünglichkeit, Ruhe, Einsamsein. Das hat allerdings auch einige abgeschreckt. Manche Leute kamen und sagten: »Wir wissen gar nicht, wie ihr das hier aushaltet? Da ist ja gar nichts. Aber genau das war das Reizvolle für uns.«

Markus Peichl und sein Partner gehören zu den wenigen Leuten in Sacrow, die in zwei Häusern gewohnt haben. Zuerst in der Kladower Straße 2 – und jetzt in der Nummer 12. In der Nummer 2 hatten sie nur einen befristeten Mietvertrag. »Wir haben uns total verliebt in diesen Ort, er wurde einfach unser Zuhause. Die Liebe wuchs mit jedem Jahr, und wir konnten uns nicht mehr vorstellen, aus Sacrow wegzugehen. Das war – und ist – der Platz, wo wir bleiben und alt

Indian Summer an der Sacrower Lanke

werden wollen«, sagt Peichl. »Als unser Mietvertrag dem Ende entgegenging, haben wir uns – fast in Panik – wirklich jedes freie Haus in Sacrow angeschaut und darauf geboten. Irgendwann entstand die absurde Situation, dass wir für drei Häuser gleichzeitig den Zuschlag bekamen.«

Es gelang, aus zwei Vorverträgen wieder auszusteigen und letztlich das Haus zu kaufen, das sie schon lange im Blick hatten. »Auf dem Weg zur Arbeit nach Berlin sind wir jahrelang die Kladower Straße entlanggefahren und immer an dem Haus Nummer 12 vorbeigekommen. Es stand ewig leer und war ziemlich verwunschen. Der Garten war komplett zugewuchert, fast wie ein kleiner Dschungel. Je öfter wir das Haus sahen, umso klarer wurde uns: Das wollen wir unbedingt haben. Von so etwas hatten wir immer geträumt. Aber zu der Zeit, als unser Mietvertrag langsam endete, war es sehr schwierig, an den damaligen Eigentümer des Hauses Nr. 12 ranzukommen. Viele Leute vor uns hatten es schon probiert. Dann kam uns der Zufall zu Hilfe: Die Eltern einer Praktikantin in meiner Firma kannten zufällig diesen Hauseigentümer. So haben wir Kontakt zu ihm bekommen, und am Ende hatten wir das Glück, dass wir das Haus auch kaufen konnten.«

Die Faszination, die von Sacrow ausgeht, hat sich immer wieder auf Besucher übertragen. Auch auf Frank Schirrmacher. Als Markus Peichl und Andreas Osarek den Mitherausgeber der *FAZ* und seine Frau Rebecca Casati zum Essen einluden, war er zuvor noch nie im Ort gewesen. »Das Essen war fertig und wir warteten und warteten. Wer nicht kam, war Frank

Schirrmacher«, erinnert sich Markus Peichl. »Er rief dann an und sagte: Das ist ja schrecklich, das ist ja eine wahnsinnig lange Fahrt. Ich finde da nicht hin. Es stellte sich heraus, dass er im Navigationssystem Bad Saarow statt Sacrow eingegeben hatte. Nachdem wir das aufklären konnten, kam er schließlich mit fast zwei Stunden Verspätung an. Normalerweise sind solche Situationen ja die beste Voraussetzung, um richtig genervt zu sein. Aber bei Schirrmacher und seiner Frau war das genaue Gegenteil der Fall. Trotz des Umwegs, trotz der Verspätung, trotz ihrer Odyssee waren sie komplett begeistert von dem Ort. Wir haben gut gelaunt gegessen, uns bestens unterhalten, auf den See geschaut, geschwiegen. Plötzlich meinte Schirrmacher: Das ist der beste Platz der Welt. Warum wohnen wir in der schrecklichen Stadt? Warum leben wir nicht hier? Ich erwiderte: Können Sie! Ein paar Meter weiter, die Straße runter, ist ein Haus, das verkauft wird. Wenn Sie wollen, zeige ich es Ihnen. Damals standen viele Häuser in Sacrow leer, und es war fast ein Hobby einiger Sacrower, in diese Gebäude einzusteigen und sie mit Freunden zu erkunden. Schirrmacher war bei der Sache sofort dabei. Also sind wir rüber zu dem Haus, haben die Balkontüre aufgeschoben, die immer nur angelehnt war, und sind durch die leeren, holzgetäfelten Räume gestreift. Schirrmacher meinte nur: Wahnsinn – und das ist wirklich zu kaufen? Zwei Monate später hatte er den Kaufvertrag für das Haus unterschrieben«, erzählt Peichl.

Frank Schirrmacher zog nach Sacrow und machte aus seinem Haus eine Begegnungsstätte. Persönlichkeiten aus Politik, Kunst, Literatur, Musik, Film, Fernsehen besuchten ihn. Sacrow entwickelte eine große Anziehungskraft auf Intellektuelle und Menschen aus dem Kulturbetrieb. Einige blieben, sind Bewohner geworden. Markus Peichl hat dafür eine einfache Erklärung: »So wie Sacrow in den 1920er Jahren entstanden ist, so wie der Ort gedacht und angelegt wurde, war das ein intellektueller Traum. Es war die Projektion, Naturidylle und Moderne miteinander zu verknüpfen. Die Erde und den Geist – wenn man so will. Das ist, glaube ich, die Faszination, die der Ort noch heute auf die Menschen ausübt, auf alle, die in den letzten 20 bis 25 Jahren hierhergezogen sind oder irgendwann zu Besuch kommen. Auf gewisse Weise wird hier eine Brücke in die Zeit vor dem Nationalsozialismus geschlagen.«

Peichl ist hoch interessiert am Narrativ über den Ort. In Sacrow spiegeln sich Zeitgeist und Ereignisgeschichte der letzten 130 Jahre so eindrücklich wieder wie kaum anderswo in Deutschland. Es ist die Dialektik, auf die man immer wieder beim Blick auf die Geschichte des Ortes stößt, die erschreckend, aber auch faszinierend ist. »Sacrow wird ja von vielen Leuten als paradiesisch beschrieben, wenn sie das erste Mal hierher kommen. Auch die Menschen, die hier leben, sprechen gerne von einem kleinen Paradies. Aber in jedem Paradies schlummert auch die Hölle und der Schrecken. Das ist hier natürlich nicht anders. Man muss sich nur die Ortsgeschichte vor Augen führen. Das Sacrow der 1920er Jahre, das Sacrow der Moderne wurde größtenteils von der jüdischen Bohème errichtet. Und all diese Eigentümer sind während der NS-Zeit enteignet, ins KZ geschickt und fast ausnahmslos umgebracht worden«, sagt Peichl.

Später, in der DDR, war Sacrow Sperrgebiet. Am Ortseingang standen Wachposten, nur die Einwohner durften passieren, zu besonderen Anlässen auch ihre engsten Verwandten. Ansonsten kam niemand rein. Der Ort war hermetisch abgeriegelt, mitten drin befand sich eine NVA-Kaserne, Soldaten patrouillierten mit Maschinengewehren. Manche erzählen von dieser Zeit mit nostalgischen Glücksgefühlen. Sicher sei es gewesen, friedlich, beschaulich, vertraut. Türen mussten nicht abgesperrt werden, Fenster konnten weit offenstehen, der Zusammenhalt war groß. »Gleichzeitig«, sagte Peichl, »waren der Schrecken und das Grauen ständig präsent. Es war für jeden zu sehen, zu greifen, zu spüren. Die Berliner Mauer führte mitten durch die Gärten, durch die idyllische, paradiesische Landschaft. Der Kapo am Ortseingang überwachte jeden Besucher, meldete alles an die Stasi, hörte Gespräche ab. Auf der Straße wurde ein Mann erschossen. Von den Grenzern. In den Rücken. Das war die andere, die dunkle Seite dieses paradiesischen Ortes. Ein Freund, der ebenfalls in Sacrow wohnt, hat zu mir gesagt: Ich glaube, wir alle, die wir in den letzten 25 Jahren hierhergezogen sind, wir sind auch gekommen, um hier etwas zu heilen. Zuerst dachte ich, er hat einen an der Klatsche. Aber vielleicht ist da ja was dran. Vielleicht ist es die Aufgabe von uns allen – derjenigen, die schon immer hier gelebt haben, und derjenigen, die nach der Wende her kamen – gemeinsam so etwas wie Aussöhnung und Frieden herzustellen. Dauerhaften, wahren Frieden. Oder, wie mein Freund es etwas pathetisch nannte, eine Heilung.«

Heilung bedeutet für Markus Peichl auch die Erforschung und intensive Auseinandersetzung mit seinem Haus in Sacrow. Dies ist auch ein Blick auf die NS-Geschichte des Ortes und des Landes. Bauherr der 1929 in der Kladower Straße 12 errichteten Villa war der jüdische Bankier Julius Perlis. Auch der Architekt war ein deutscher Jude: Leo Nachtlicht. Beide haben die Nazi-Zeit und den Holocaust nicht überlebt. Als Sohn des bekannten Wiener Architekten Gustav Peichl interessiert sich der heutige Eigentümer besonders für den Erbauer des Hauses.

Leo Nachtlich (*1872 †1942) bekam als jüdischer Architekt mit Beginn der NS-Zeit Berufsverbot. 1938 hatte er sich erfolglos um eine Arbeitserlaubnis in London beworben. Weitere

Der Architekt Leo Nachtlicht mit seiner Frau Anna und Purzel

Versuche zu emigrieren scheiterten. Einem seiner Brüder gelang mit der Familie die Ausreise nach Australien, der andere Bruder überlebte im Untergrund. Leo Nachtlicht starb 1942 im Jüdischen Krankenhaus in Berlin, wahrscheinlich an den Folgen eines Selbstmordversuchs. Er wurde auf dem Jüdischen Friedhof Weißensee beigesetzt. Seine Ehefrau Anna wurde genau einen Monat später in Riga ermordet.

Leo Nachtlicht ereilte das Schicksal vieler jüdischer Architekten – er ist fast komplett in Vergessenheit geraten. Bis zur Machtübernahme der NSDAP hatte Nachtlicht ein großes Büro in Berlin. Er war ein anerkannter und einflussreicher Architekt, war bekannt mit Walter Gropius, und in seinem Büro haben junge Architekten gearbeitet, die später Weltruhm erlangten: Hermann Henselmann, Hans Scharoun und Egon Eiermann. Den Namen Leo Nachtlicht kennt hingegen fast niemand. Dabei hat er wichtige und bedeutende Bauten in Berlin geplant und errichtet. Unter anderem das Sezessionsgebäude und 1928 den sogenannten ›Gourmenia Palast‹. Ein riesengroßer Vergnügungstempel im Stil der Neuen Sachlichkeit, mit dutzenden Restaurants und Geschäften und einem subtropischen Garten im Inneren des Gebäudes, an zentraler Stelle in der Budapester Straße gelegen. Der Baukörper war langgestreckt und dreigeteilt. In der Nazi-Zeit wurde er in ›Germania Palast‹ umbenannt und im Krieg durch Bomben zerstört. Die Architekten Paul Schwebes und Hans Schoszberger, die dann Mitte der 1950er Jahre an exakt dieser Stelle das ›Bikini Haus‹ bauten, haben sich in der Formensprache und dem Grundriss an Nachtlichts bahnbrechendem Entwurf orientiert.

Haus Perlis – im Originalzustand erhalten

»Die Nazis haben dafür gesorgt, dass dieser herausragende jüdische Architekt und sein Werk fast gänzlich ausgelöscht wurden. Das Haus in der Kladower Straße ist der letzte Bau, der noch Zeugnis von Nachtlichts Arbeit ablegt. Es gibt noch eine Villa in Brandenburg und ein Einfamilienhaus in Berlin-Grunewald«, erzählt Markus Peichl, »aber beide wurden umgebaut und verunstaltet. Da ich mich durch meinen Vater für Architektur interessiere, betrachte ich es auch als meine Aufgabe, das letzte Nachtlicht-Haus, das sich weitestgehend im Originalzustand befindet, zu erhalten und der Öffentlichkeit zugänglich zu machen. Und Leo Nachtlicht damit zumindest wieder ein bisschen bekannt zu machen.«

Eines Tages bekamen Peichl und sein Partner Andreas Osarek Besuch aus Australien. Verwandte von Leo Nachtlicht standen vor der Tür. »Das war wirklich toll, dass seine Nachfahren nach Sacrow kamen. Wir haben ihnen natürlich alles gezeigt: Den Garten, die Wohnräume, das Dachgeschoss, den langgestreckten, eleganten Baukörper mit seinen etwas merkwürdigen, aber doch gekonnten Proportionen, mit der fast klassisch nach Gründerzeitregeln gehaltenen Fassade zum See und der schlichten, nach reinen Funktionalitätskriterien entworfenen Front zur Straße. Es war ein sehr berührender Moment, mit Nachtlichts Nachfahren durch das Haus zu gehen. Sie haben uns alles erzählt, was sie über ihn wussten, und wir haben ihnen berichtet, was wir in Erfahrung gebracht hatten. So entstand ein kleines Mosaik über einen Menschen und ein Schaffen, das niemand mehr auf dem Schirm hat, das in der Dunkelheit des Naziregimes verschwunden war, und das sich hier jetzt zumindest in Partikeln – inmitten des letz-

Terrassengarten von Georg Pniower

ten Bauwerks, das er geplant und errichtet hatte – wieder zusammensetzte. Für uns sind all diese Informationen sehr wichtig, denn wir wollen das Haus in den nächsten Jahren möglichst originalgetreu renovieren. Vor uns liegt ja immer noch eine ziemlich große Herausforderung.«

Das Haus ist ein architektonisches Denkmal. Obwohl es weitestgehend im Originalzustand erhalten ist, wurde ein wesentliches bauliches Element in der DDR-Zeit zerstört: »Die Besonderheit der Nachtlicht-Villa war ein riesiger Hochsteg, der vom Haus bis runter an die Havel ging – am Ende fast 17 Meter hoch. Dieser Steg war ein prägendes architektonisches Merkmal, nicht nur für das Haus, sondern für den ganzen Ort«, erklärt Peichl. »Der Hochsteg wurde vor dem Mauerbau abgerissen. Er stand der Berliner Mauer, die ja durch den Garten führte, im Weg. Also wurde er einfach gekappt und geschliffen. Jetzt ragt er wie ein Stummel aus der Fassade und endet im Nichts. Im Moment stellt sich die Frage, baut man den Hochsteg wieder auf? Was unter Denkmalschutz- und architekturhistorischen Aspekten richtig wäre. Oder lässt man es sein – was unter Landschafts- und Naturschutzaspekten präferiert wird. Das ist ein Konflikt, vor dem wir stehen. Ich glaube, dass es richtig wäre, den Steg wieder aufzubauen. Wahrscheinlich siegt hier der Architekten-Sohn über den leicht grün angehauchten Bürger Peichl. Aber wie es ausgeht, wissen wir nicht. Man muss in die Überlegungen natürlich auch die Erinnerung an die Mauer einfließen lassen. Die Unmenschlichkeit dieser Grenzanlage wird durch den brutal abgeschnittenen Steg – diese Wunde, diesen Stummel – manifest und sichtbar.«

Ganz wichtig für Peichl und seinen Mann ist auch zu erfahren, was in den letzten 70 Jahren mit dem Haus geschehen ist. Wer hier gewohnt hat, was hier stattgefunden hat. »Das gehört einfach dazu, wenn man ein solches Haus kauft. Man erwirbt ja nicht nur die Mauern, sondern auch die gesamte Geschichte«, sagt Peichl. Im Haus befand sich während der DDR-Zeit ein Kinder- und Jugendheim, das auch nach dem Mauerfall noch zehn Jahre lang dort existierte. »Vor dem Wissen über Missbrauch und Gewalt an Kindern in den 1960er, 70er und 80er Jahren, denkt man sich: Oh, Gott – Kinderheim! Aber diese Sorge bestätigte sich nicht. Alle drei, vier Wochen klingelt es an der Tür. Man öffnet, und dann stehen da Menschen, die sagen: Wir haben hier als Kinder gelebt. Wir sind hier im Heim aufgewachsen. Dürfen wir mal kurz reinkommen? Und dann sagen sie, fast schon mit einem Leuchten in den Augen: Wir haben hier die schönste Zeit unseres Lebens verbracht und wollen einfach alles nochmal sehen. Offenkundig war das Kinderheim sehr gut geführt. Nach allem, was wir von den Besuchern wissen, hat der Heimleiter einen richtig tollen Job gemacht. Wir zeigen den ehemaligen Insassen immer den Garten, führen sie durch die Räume und sprechen mit ihnen. Sie erzählen uns, wie sie hier ihre Kindheit verbracht haben und welche schönen Erinnerung sie daran haben.«

Peichl spricht die früheren Bewohner auch regelmäßig auf die Berliner Mauer an, die seinerzeit quer durch den Garten verlief. Wie es für sie gewesen sei, diesen Betonwall direkt vor der Nase gehabt zu haben, den See aus dem Erdgeschoss gar nicht zu sehen, beim Spielen nur ein paar Meter vom Stacheldraht entfernt gewesen zu sein und dahinter die Militärjeeps patrouillieren zu hören. »Darauf sagen die immer nur: Wir haben es ja nicht anders gekannt. Außerdem haben wir auf der anderen Ortsseite, gleich im Wald, den Sacrower See gehabt. Für uns war das eben das Wasser.«

Es sind diese Geschichten, durch die der neu Zugezogene aus dem Westen versucht, den Zwiespalt zu begreifen, in dem sich die Alt-Sacrower zu DDR-Zeiten befunden haben müssen, ihr ambivalentes Lebensgefühl nachzuvollziehen und sich von schwarzweißen Denkmustern zu befreien.

»Natürlich war dieser Ort durch die Mauer abgeriegelt. Auf eine der menschenverachtendsten und schlimmsten Arten, die es gab. Hier, wo wir jetzt sitzen, haben sie damals auf eine Betonwand geschaut, nicht auf diese wunderschöne, einzigartige Seenlandschaft, die sich vor uns ausbreitet. Gleichzeitig gab es aber offenbar eine unglaubliche Offenheit und Freiheit innerhalb des Ortes. Diese kleine Idylle haben die Menschen als ihre Identität begriffen. Ihren Wert. Die hermetische Abriegelung durch das System, die Beschränkung der Freiheit und gleichzeitig das Gefühl von Zusammengehörigkeit – das hat sich hier offenbar manifestiert, hier, wo eine traumhafte Naturidylle, elegante Villen und die brutale Berliner Mauer samt Schießanlage zusammenkamen, und die Menschen mittendrin lebten. Ich selbst habe es nicht erlebt, aber so wurde es mir sowohl von ehemaligen Bewohnern des Kinderheimes als auch von Alt-Sacrowern geschildert. Und ich glaube, es ist wichtig, diesen Widerspruch, der diesen Ort ausgemacht hat und der immer noch in diesen Gemäuern, in diesen Gärten und in den Straßen steckt, als Teil der Geschichte des Ortes zu begreifen. Wir Westler, die wir hier wohnen, müssen versuchen, das zu verstehen und zu akzeptieren. Man kann aus diesem kleinen Sacrow etwas über das große Deutschland lernen. Wie wir miteinander umgehen sollten – Westler und Ostdeutsche –, es aber leider nicht tun.«

Seit 2010 ist das Haus Kladower Straße 12 deutschlandweit bekannt. Die ARD drehte hier die TV-Serie ›Weissensee‹. Dass das Haus entgegen dem Serientitel gar nicht im Berliner Bezirk Weissensee liegt, sondern an der Sacrower Lanke, hat dem Erfolg der Produktion keinen Abbruch getan. Auch sonst erfreut sich das Haus als Filmkulisse großer Beliebtheit. Seit 2017 wird hier unter anderem die erfolgreiche Netflix-Serie ›Dark‹ gedreht.

»Es fing alles damit an, dass eines Tages ein Filmscout in unserem Garten stand und sagte: Wir suchen für eine neue Serie ein Haus. Das hier könnte passen. Können wir es mieten? Weil ich aus den Medien komme und früher selber Fernsehen gemacht habe, konnte ich den Kollegen den Wunsch schwer abschlagen. Also haben wir das Haus für die erste Staffel von ›Weissensee‹ zur Verfügung gestellt«, erinnert sich Peichl. »Die Sache entpuppte sich schließlich als Glücksfall. Das ganze Team, vom Regisseur über den Ausstatter bis zu den Schauspielern – alle sind mit dem Haus wirklich gut umgegangen. Sie haben es mit Leben und einem besonderen Spirit erfüllt. Irgendwie hatte man das Gefühl, dass das Haus zu einem ganz wichtigen Bestandteil der Serie wurde, zu einem Art Hauptdarsteller aus Ziegeln und Beton. Der DDR-Stil, die Möbel, die Spießigkeit hat mit dem, wie es hier bei uns normalerweise ausschaut, nichts zu tun. Das wird jedes Mal aufwändig ›reingebaut‹. Teilweise werden sogar Wände eingezogen, alles wird umgestrichen, Tapeten kommen ran, es wird völlig ummöbliert. Das Haus mutiert in die 1970er und 1980er Jahre, und danach wieder zurück. Das Team baut nach dem Dreh alles mit großer Sorgfalt und Respekt wieder zurück.«

Fünf Staffeln der ausgesprochen erfolgreichen ARD-Serie ›Weissensee‹ sind in der Villa gedreht worden. »Als Hauseigentümer und Vermieter hätte man schlechtere Fernsehserien erwischen können«, lacht Peichl. »Man erlebt als Hausherr natürlich auch tolle Geschichten bei diesen Dreharbeiten. Als die erste Staffel ›Weissensee‹ gerade gedreht wurde, kam ich ins Haus, um mit dem Produktionsleiter etwas zu besprechen. Ich öffne die Haustür, gehe ins Treppenhaus und plötzlich drückt mich jemand gegen die Wand, legt den Zeigefinger auf seinen Mund und signalisiert eindringlich Psst, psst! Im selben Moment kommt die große Schauspielerin Kathrin Sass die Treppen herunter, rauscht an mir vorbei, guckt mich etwas verdutzt an, als wollte sie sagen: Was will der denn hier, lässt mich aber links liegen und tritt ins Wohnzimmer. Sie bleibt auf dem kleinen, merkwürdigen Podest stehen, das dort die Verbindung zum Treppenhaus schafft und von dem ich mich immer schon gefragt hatte, was der Architekt Leo Nachtlicht damit eigentlich bezweckt hat. Sass hält also auf diesem kleinen Podest, ich stehe schräg hinter ihr und schaue über ihre Schulter, direkt in das Wohnzimmer, von wo Kamera, Scheinwerfer, Dutzende Schauspieler, Komparsen, Kabelhilfen, Assistenten gebannt auf sie blicken. Ein kurzes, tiefes Atemholen, dann schmettert die Sass ein Chanson in den Raum, dass sich jedes, aber auch wirklich jedes Körperhaar in Ehrfurcht erhebt. Als sie fertig ist sekundenlange Stille, nicht mal die berühmte Stecknadel, die man jetzt fallen hören könnte, rührt sich, dann donnernder Applaus. Das ganze Team, jeder Schauspieler, jeder Beleuchter, jede Kabelhilfe – alle klatschen begeistert in die Hände. Und das stand nicht im Drehbuch. Was für ein Moment. Was für ein Geschenk im eigenen Haus.«

Markus Peichl arbeitet tagsüber wie viele Neu-Sacrower in Berlin. Er betreibt dort die renommierte *Galerie Crone*, die in der Fasanenstraße und auf dem Tempelhofer Damm zwei Standorte hat. Zusätzlich organisiert er einmal pro Jahr die LeadAwards, Deutschlands einflussreichste Auszeichnung für Print- und Online-Medien, und berät Politiker wie Frank-Walter Steinmeier, Martin Schulz oder Andrea Nahles. Um die »Villa Kupfer« oder »Villa Nachtlicht«, das Haus in der Kladower Straße 12, kümmert sich vorrangig sein Mann Andreas Osarek, der hier die meiste Zeit verbringt. Peichl kommt in der Regel erst abends oder am Wochenende. »Sacrow bedeutet für mich Instant-Urlaub«, sagt er. »Man kommt aus dem hektischen Berlin, fährt entweder durch den Königswald oder von Kladow hier rein, und spätestens am Ortseingang fällt sofort alles von einem ab. Das ist wirklich ein Segen. Die Stadt würde mich viel mehr schlauchen, wenn ich nicht diese Möglichkeit dieses Instant -Urlaubes hätte."

Im Haus arbeitet gerade ein junger Künstler der *Galerie Crone*. Antony Valerian hat im Obergeschoss für mehrere Monate sein temporäres Atelier eingerichtet. »Wenn man an einem solchen Ort wohnt, will man ihn mit anderen teilen. Mit Freunden, mit Menschen, die einem etwas bedeuten. Im Laufe der Jahre waren viele Leute bei uns zu Gast. Manche sind geblieben und haben sich selbst hier niedergelassen.« Ein Gast war Martin Schulz, der SPD-Kanzlerkandidat für die Bundestagswahl 2017. Er war hier am Tag des TV-Duells mit Angela Merkel. »Auf ein TV-Duell muss man sich tagelang intensiv vorbereiten«, sagt Peichl, der Politiker bei Dutzenden solcher Duelle betreut und beraten hat. »Aber am Tag selbst braucht man Ruhe.

Markus Peichl, Galerist, Publizist

Markus Peichl und Andreas Osarek

Man muss sich sammeln und fokussieren. Deshalb schlug ich Schulz vor: Lass uns nach Sacrow rausfahren, einfach auf die Terrasse setzen und auf den See schauen. Alles noch mal sacken lassen und das tun, was man in Sacrow so gut kann, nämlich Kraft tanken. Abends im TV-Duell fragte einer der Moderatoren, wann die beiden – Merkel und Schulz – das letzte mal in der Kirche waren. Worauf Martin Schulz antwortete: Ich war heute nicht in der Kirche, aber in einer Kapelle. Am Grab meines Freundes Frank Schirrmacher. Das stimmte, denn als wir vor der Sendung hier den Nachmittag verbrachten, nutzte er die Gelegenheit, rüber auf den Friedhof zu gehen, am Grab von Schirrmacher innezuhalten und auch die kleine Kapelle zu besuchen. Mit dieser spontanen Antwort hatte keiner gerechnet. Die Moderatoren nicht, die Zuschauer nicht, und Merkel natürlich auch nicht. Sie guckte etwas indigniert, und man konnte in ihrem Gesicht lesen: Oh, Mist, da hat er jetzt einen Punkt gemacht. Darauf schob sie ganz eifrig hinterher, dass auch sie immer sehr brav und fleißig in die Kirche geht.«

Dank geht an …

Klaus von Dohnanyi, Eva Tanner, Gerhard Pahl, Christel Hempelmann, Ilona Lange, Thomas Friese, Bärbel Stürzebecher, Joachim von Vietinghoff, Markus Peichl, Rita Bergemann, Karl-Heinz Schultz, Hannes Richter, Hans-Jürgen Büsch, Frédéric Batier, Stiftung Preußische Schlösser und Gärten Berlin-Brandenburg, Ars Sacrow e. V., Thilo Hempelmann, Alfred Schollbach, Uwe Held, Herrn Joneleit, Armin Herrmann, Lutz Helfricht, Christian von Rumor/Hotel Mondial, Ursula Ruhs und Manuela Arndt

Mit freundlicher Unterstützung

der Bundesstiftung zur Aufarbeitung der SED-Diktatur und der Brandenburgischen Literaturlandschaft e. V.

Bildnachweis

Cover vorn oben: **Thilo Hempelmann**; vorn unten: **BstU**; Cover innen vorn: **Armin Herrmann**; Cover innen hinten: **BstU**; hinten (v.l.n.r.): **Thilo Hempelmann**, Sacrower See; **Markus Peichl**, Villa Lesser; **Armin Herrmann**, Gäste mit Heimleiterin; **SPSG**, Heilandskirche; **Alliierten Museum**, Luftbild Heilandskirche vor Todesstreifen; **Karl Heinz Schultz**, Schlagbaumabbau 1989; **Thilo Hempelmann**, Villa Nachtlicht; **Alliierten Museum** S. 205; **Jens Arndt** S. 49, 181, 194 (m.), 197 (r.), 222; **Aufbau Verlag** S. 117; **Leo-Baeck-Institut, Center for Jewish History** S. 266; **Frédéric Batier** S. 68, 70, 71, 73, 74, 132 (r.), 262; **BLHA** S. 29 (r.o./u.); **Bpk** S. 104 (r.); **Silvia Breitwieser** S. 226; **BstU** S. 9 (m.), 42, 43 (l.), 45 (r.), 46–48, 52 (l.), 54, 55–58, 62 (l.), 127, 162, 175, 178, 179 (l.), 188, 198/199, 200, 201 (r.), 202–204, 206–209, 210 (r.), 219 (l.); **Bundesarchiv** S. 128, 129 (l.), 211; **Klaus von Dohnanyi** S. 76/77, 78 (r.), 79, 80, 81, 85; **Thomas Friese** S. 6, 8 (l./r.), 9 (l.), 10/11, 12 (r.), 13–18, 19 (l.), 20, 21, 24, 25, 37, 40, 41, 45 (l.), 61, 82, 83, 90 (l.), 98/99, 101 (r.), 136/137, 170/171, 180, 189, 192/193 (m.), 194/195 (m.), 195, 196, 197 (l.), 218, 228–242; **Rainer Gottemeier** S. 227; **Uwe Held** S. 129 (r.), 130; **Christl Hempelmann & Ilona Lange** S. 60, 152/153, 154–161, 162, 163; **Thilo Hempelmann** S. 4, 22, 54 (r.), 66, 67, 69, 72, 75, 144 (l.), 168, 219 (r.), 244/245, 260/261, 263; **Armin Herrmann** S. 104 (r.), 105–115, 119, 120, 151, 179 (r.), 243, 259 (r.). 272, 273; **Marta Huth** S. 23 (l.); **Eckhard Jelonek** S. 121–124; **Jörg Johow** S. 84; **Kölnische Illustrierte Zeitung** S. 32, 33; **Literaturzentrum Neubrandenburg** S. 116, 118; **Manfred Michaelis** S. 201 (l.); **Gerhard Pahl** S. 8 (m.), 43 (r.), 44, 138, 140–143, 144 (r.) 145–149; **Markus Peichl** S. 19 (r.), 23 (r.), 267–269; **Potsdam Museum** S. 101 (l.); **Potsdam Stadtarchiv** S. 28, 29 (l.o.); **Anna-Maria Reinhold** S. 225; **Schacht** S. 133, 135, 223; **Alfred Schollbach** S. 59; **Karl-Heinz Schultz** S. 62 (r.), 63–65, 224; **SPSG** S. 9 (r.), 12 (l.), 100 (l.), 131, 132 (l.), 186/187, 190/191, 192 (l.); **Bärbel Stürzebecher** S. 53, 172–174, 176, 177, 179 (m.); **Eva Tanner** S. 86/87, 88, 89, 90 (r.), 91–95; **Günther Vögele** S. 100 (r.), 134, 139; **Joachim von Vietinghoff** S. 246–258, 259 (r.); **Wikimedia Commons** S. 78 (l.), 194 (l.), 210 (l.)

Der Verlag hat sich bemüht alle Rechteinhaber ausfindig zu machen. Eventuelle Auslassungen wird der Verlag bei entsprechendem Hinweis gern in einer folgenden Auflage korrigieren.

Impressum

Bernauer Str. 8a, 10115 Berlin
www.lh-verlag.com

Autor: Jens Arndt
Redaktion und Lektorat: Thies Schröder, L&H Verlag
Projektbetreuung und Herstellung: Manuel Lindinger, L&H Verlag
Satz und Cover: typegerecht berlin
Druck und Bindung: Grafisches Centrum Cuno GmbH & Co. KG, Calbe

Bibliografische Information der Deutschen Bibliothek
Die Deutsche Bibliothek verzeichnet diese Publikation in der Deutschen Nationalbibliografie. Detaillierte bibliografische Daten sind im Internet über http://dnb.ddb.de abrufbar.

ISBN 978-3-939629-62-7

Erste Auflage 2020

FSC® MIX Papier aus verantwortungsvollen Quellen FSC® C043106 www.fsc.org

Dieses Buch wurde auf FSC®-zertifiziertem Papier gedruckt. FSC (Forest Stewardship Council) ist eine nicht staatliche, gemeinnützige Organisation, die sich für eine nachhaltige Nutzung der Wälder unserer Erde einsetzt.